가족정책론(5판)

도미향 강기정 박경애 이무영 정지영 공저

SJ 신정

| 머 | 리 | 말 |

최근의 장기적인 경제적 위기와 가족해체 및 기능의 약화는 더이상 가정이 개인의 행복을 위한 복지기능을 담당하기에 어려움이 있음을 시사한다. 특히 저출생과 고령화, 결혼 기피, 근로빈곤층, 돌봄노동의 위기(care crisis) 등은 개인과 가족의 문제를 넘어 사회적 위험으로 제기되고 있는 실정이다. 무엇보다 2020년에 전 세계를 강타한 COVID-19는 가족 내 돌봄과 관계의 변화를 가져왔고, 가족복지정책과 실천패러다임에 있어서 새로운 전환점이 되었다.

우리나라는 이미 이와 같은 가족위기에 대한 개별 가족적 차원의 대응은 많은 한계가 있으며, 사회적 책임과 국가 차원의 대책 마련이 시급하다는 사회적 공감대가 형성되었으며 국가적 차원의 통합적인 가족정책 마련에 대한 요구에 따라 정부는 2004년 2월 「건강가정기본법」을 제정한 바 있다. 이후 「건강가정기본법」에 근거하여 2006년 한국 최초의 가족정책으로 '건강가정기본계획(2006~2010)'을 시작으로 '제4차 건강가정기본계획(2021~2025)'을 추진하기에 이르렀다. 따라서 최초의 가족정책으로서의 「건강가정기본법」이 시행된 이후 한국 가족정책의 변화에 대한 이해가 필요하다.

이 책은 가족정책의 비중이 날로 높아져 가는 현시점에서 한국 가족정책에 대한 기본적인 이론들과 방향을 이해할 수 있도록 구성하였다.

이 책은 크게 3부로 구성되어 있다. 1부의 가족정책의 기초 편에서는 사회변화와 가족의 변화, 가족정책의 이해, 가족정책의 발달에 대해 살펴보았다. 정책의 대상이 되는 가족과 정책의 개념에 관하여 개괄적으로 다루었으며 우리나라와 주요국의 가족정책의 발달에 대해 다루었다.

2부의 가족정책의 실제 편에서는 가족정책과 서비스, 가족정책 관련법, 가족정책의 행정 및 전달체계에 대해 살펴보았다. 현재 시행되는 가족정책의 실제를 구체적으로 다루고자 하였으며, 「건강가정기본법」과 관련한 쟁점들을 통해 가족정책의 과제에 대해 모색할 수 있도록 하였다.

3부 가족정책의 분야 편에서는 저출생가족정책, 일가정 양립정책, 한부모가족정책, 1인가구정책, 빈곤가족정책, 다문화가족정책에 대해 살펴보았으며, 각 분야별로 관련 정책들의 현황과 대책 및 과제에 대해 제시하였다.

또한 각 장마다 생각할 문제를 제공하여 각 장에서 다루었던 정책 쟁점과 과제에 대해 모색할 수 있는 장을 제공하고자 하였다. 본 저자들은 공동 집필 과정에서도 가족정책과 관련된 논쟁과 변화 등으로 인해 집필 방향의 일관된 관점을 잃지 않도록 여러 차례의 의견 교환과 원고의 교정을 거치며 조율하려고 노력하였다. 그럼에도 불구하고 미흡하고 부족한 부분이 있으므로 독자들의 양해를 구하며 이 책이 보완될 수 있도록 가족정책에 관심 있는 분들의 따뜻한 애정과 조언을 부탁드린다.

이 책을 통하여 한국의 다양한 가족들이 건강하게 삶을 영위하도록 하며, 건강가정사 및 사회복지사들에게는 이론적, 실천적, 이해를 돕고 국가의 가족정책 수립에도 폭넓게 기여하기를 바란다.

끝으로 이 책이 개정되어 나오기까지 많은 도움을 주신 분들께 감사를 드린다. 특히 출판을 맡아주신 도서출판 신정의 최용구 사장님과 편집부 직원에게 감사를 전한다.

2024년 2월

대표저자 한국부모교육학회 회장 도미향

| 차 | 례 |

Chapter 10 | 1인가구정책

Chapter 11 | 빈곤가족정책

01부

가족정책의 기초

Chapter 01

사회변화와 가족의 변화

가족은 사회를 구성하는 가장 기본적 단위이자 개인의 삶의 유지를 위해 무엇보다 필요한 제도이다. 건강한 가족생활이 유지될 때 사회도 건강할 수 있다. 가족 구성원 각자가 사회에서의 활동함으로써 가족과 사회가 서로 연관되어 상호 영향을 주고받기 때문이다.

먼저 우리의 현대사회가 어떠한 변화를 나타내고, 어떤 양상을 보이며, 이와 같은 사회변화는 또 가족의 변화에 어떠한 영향을 미치는 지 살펴볼 필요가 있다.

우리나라는 특히 20세기 후반 근대화와 산업화를 통해 세계에 유래 없는 급격한 경제발전과 도시화를 거치며 정보화 시대에 빠르게 접근하였다. 이러한 사회 변화는 우리의 가족생활에도 커다란 변화를 초래하였다. 산업화, 도시화, 노동시장의 다변화, 출산율의 저하, 여성의 경제활동 참여 증가 등 거시적인 사회변화가 전통적이고 유교적 가족문화에 영향을 미칠 수밖에 없었다.

사회의 변화와 가족의 변화를 따로 떼어 생각할 수 없으므로 본 장에서는 먼저 가족과 관련된 사회 변화의 큰 흐름, 가족의 변화를 야기하는 주요 사회 인구학적 배경을 살펴보고, 이러한 사회변화의 흐름이 가족구조와 가치, 가족의 형성과 생활방식 등의 측면에서 가져온 변화를 살펴보고자 한다.

1 현대 사회의 변화

글로벌 시대에 우리나라는 천연자원의 부재로 국제무역에 의존하여 경제가 성장해온 만큼 세계무대의 무한경쟁 속에서 단연 주도적으로 활동하여 왔다. 한국전쟁 후 지난 70여 년간 성장위주의 경제 정책을 실시하면서 노동의 가치와 부의 축척에 집중해 왔고 고도의 산업화 및 정보화의 영향으로 의료기술의 혁신적 발전을 이루어 인구구조 역시 선진국의 특성을 보이는 저출생·고령화 현상이 빠르게 심화되고 있다. 또한 산업화와 함께 질 좋은 노동력의 확보를 위해 교육의 선진화를 통해 여성의 경제활동참여를 꾸준히 증가시켜왔다.

이러한 사회 현상은 가족생활과 문화에 비교적 짧은 기간에 엄청난 변화를 이끌어왔다. 첫째, 학업과 노동 중심의 사회에서 출산율 저하 현상과 함께 의료기술의 발달로 평균수명 연장과 고령화라는 인구학적 변화를 가져왔다. 둘째, 교육의 발전으로 인한 고학력 여성 노동자의 증가는 여성의 경제력 향상과 함께 과거 가정에 국한되어 있던 여성의 돌봄 역할을 사회적으로 확대 시키면서 일·가정양립이라는 역할 변화와 함께 가족 관계도 변화를 일으키고 있다.

1) 저출생 및 고령화의 심화

저출생·고령화는 우리나라뿐 아니라 선진국에서 일찍이 사회적 문제로 부각되어왔다. 이는 저출생과 고령화의 여파가 생산인구의 감소와 부양인구의 증가로 이어져 국민의 총 부양부담을 증가시키기 때문이다.

우리나라는 지속적인 가족계획으로 1983년 이후 합계출산율이 2.06이하로 떨어져 '저출생 사회'로 진입하였으며, 이후 1.6명 수준에서 안정되었으나 2000년대에 들어와 다시 2001년 1.3명 이하로 떨어져 '초저출생 사회'에 진입하였다.

그림 1-1 **출생아 수 및 합계출산율 추이(1970-2022)**

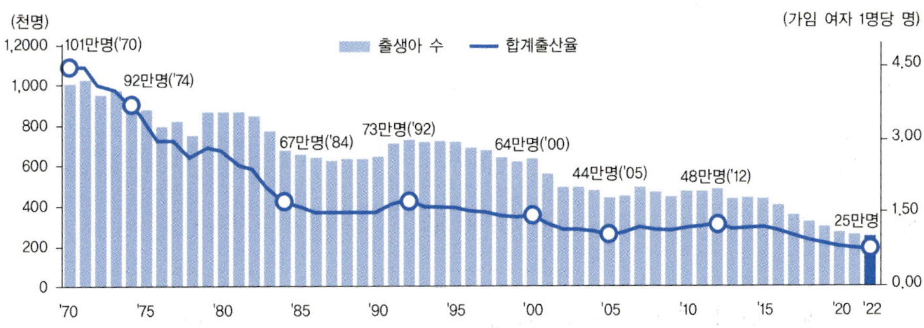

출처: 통계청(2022). 인구주택총조사 결과.

우리나라는 합계출산율이 1970년 4.53명에서 2001년 1.3명으로 떨어진 뒤, 줄곧 인구유지율인 1.3명을 밑돌고 있어 세계 최고의 저출생 국가이다. 2019년 이후 합계출산율이 1명 이하로 떨어져 초저출생에 머물고 있고 지난 20년간 최저출생율을 기록하면서 한국의 출산율은 세계에서 가장 빠른 속도로 초저출생 국가로 변하였다. 이와 같은 유소년인구의 급격한 감소는 우리나라 고령화속도에 영향을 미쳐 2000년 고령화사회에 진입한 이래, 2018년 고령사회에 진입하였으며, 2025년 초고령사회에 세계에서 가장 빠른 속도로 진입할 것으로 예측되고 있다. 우리나라의 합계출산율은 2023년 0.73명으로 OECD(경제협력개발기구)의 평균이하이며, 전체 인구수에도 영향을 미쳐 2022년 5,143만명을 기점으로 감소하기 시작하여 20만 명이 줄어들었다. 이는 소도시 하나가 사라지는 수준이다.

그림 1-2 고령인구(65세 이상) 비율

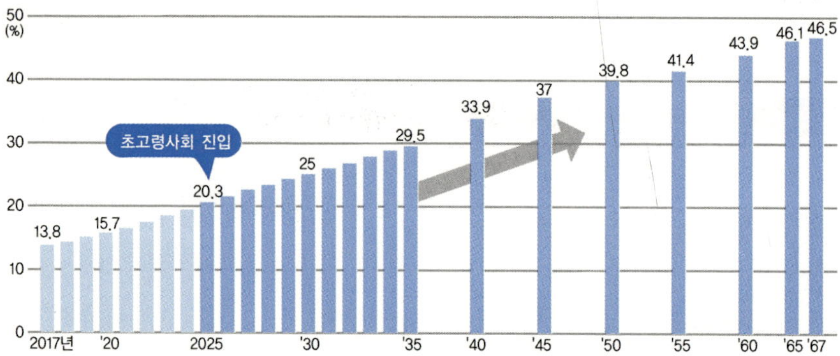

출처: 뉴시스(2019. 03.28) 2025년 초고령사회 진입. 40년 후엔 부양비 OECD중 최고.

2020년 우리나라 국민의 평균 기대수명은 83.5세로 OECD평균에 비해 3년 더 긴 것으로 나타나고 있다. 현재, 대부분의 국가들의 수명이 연장되고 있으며, 우리나라는 의료기술의 발달로 더 빠르게 기대수명이 증가하고 있다([그림 1-3] 참조). 1970년 우리나라 성인남녀의 기대수명은 62.3세(남자 58.7세, 여자 65.8세)였으나 2010년 80.2세(남자 76.8세, 여자 83.6세), 2020년 83.5세(남자 80.5세, 여자 86.5세), 지난 50년간 21.2년이나 증가했다. 기대수명의 증가는 지속되고 있으며, 2021년에는 83.6세(남자 80.6세, 여자 86.6세)로 꾸준히 오르고 있다(통계청, 2022). 출산율의 지속적인 감소와 기대수명의 증가는 고령화 현상으로 집중되어 부양인구의 증가와 생산인구의 감소로 인한 인구학적 변화가 오늘날 우리 사회의 가족생활에도 커다란 영향을 미치고 있다. 즉 저출생으로 인한 유소년 및 생산인구의 부족, 고령화로 인한 공적연금, 의료보험 등 노인부양을 위한 급속한 재정부담의 증가는 향후 국가의 미래 존립의 위기를 초래할 만큼 중요한 사회문제로 부각되어 빠른 속도 만큼이나 시급히 정책적 대안이 모색되어야 할 사안이 되고 있다.

그림 1-3 평균기대수명 추이와 성별 기대수명 및 남녀 기대수명의 차이

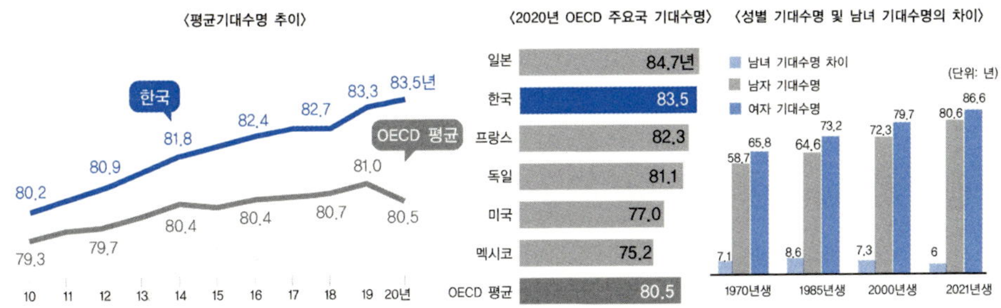

출처: 연합뉴스(2022. 07. 26.). 평균기대수명 추이.

2) 여성의 경제활동 참여 증가

한편 교육수준의 향상으로 고학력 여성이 증가하면서 여성의 경제활동 참여, 특히 기혼여성의 경제활동 참여의 증가는 가족관계와 가정생활에 있어서의 다양한 변화를 초래하고 있다.

우선 여성의 경제활동 참여의 증가는 고도의 산업화 과정에서 1980년대 이후 노동시간 확보를 위한 가족규모의 축소와 핵가족화 현상을 빠르게 확산시켰으며, 여성의 고학력화 및 대학 진학률 증가 현상과 함께 결혼 시기가 늦어지면서 저출생화와 돌봄의 사회화가 빠르게 진행되었다. 여성들이 더 이상 출산과 자녀양육으로 가정 내에 머무르기보다 사회적 역할을 수행하는데 적극적으로 참여하고 경제력을 갖게 되면서 가사노동과 자녀양육과 돌봄의 상품화, 서비스화가 확대되었다.

현재 여성의 경제활동 참여율은 남성이 다소 줄어드는 경향인 반면(그림 1-4 참조), 꾸준히 증가하고 있다. 특히 40대 후반과 50대의 중·장년층 이상의 여성들의 경제활동 참여율이 높은 것으로 나타나고 있다. 이는 출산과 육아시기에 경제활동을 중단한 여성들이 중·장년 시기에 다시 노동시장에 재진입하는 비율이 증가하고 있는 것을 의미한다. 결국 인구 고령화가 가속화 될 한국 사회에서 중·장년층 여성들의 노동시장 진입이 여성 경제활동 참여 확대를 이끄는 중요한 동력이 될 것이다.

그림 1-4 여성의 경제활동참가율 추이(성별 · 연령별) (단위: %)

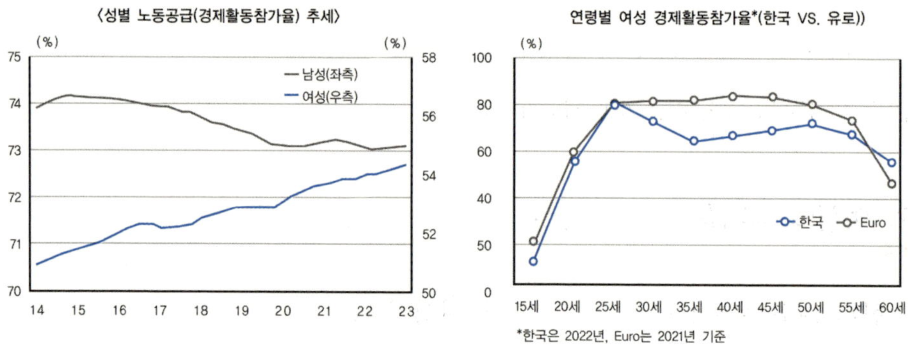

출처: 한국은행(2023). '여성 고용 회복세 평가' 연구 보고서.

이는 기혼의 남편과 아내가 모두 직업을 가지고 경제활동을 하는 맞벌이가족의 증가 현상에서 보다 명확히 알 수 있다. 맞벌이 가구가 2021년 평균 46.3%로 코로나-19로 인한 사회적 거리두기 이후 바로 그 비중이 회복되었으며, 연령별로는 40대에서 가장 높고, 그다음으로 30대와 50대에서 높게 나타났다. 이는 전체 여성의 경제활동인구 비율에서 M자형을 이루며 '경력단절'기간을 나타내는 것과 달리 맞벌이 가구의 경우에는 30대(53.3%), 50대(50.8%)에서 오히려 높은 경제활동 비중을 나타내고 있다.

그림 1-5 2021년 맞벌이 가구 비중현황

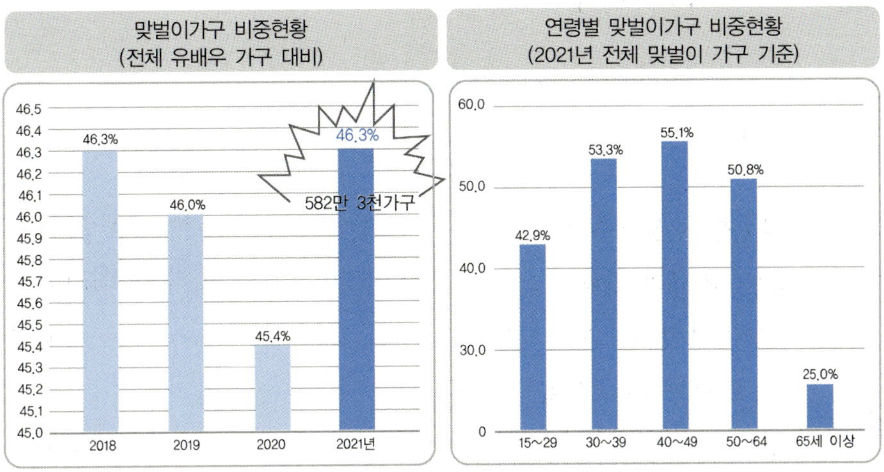

출처: 통계청(2022). 2021년 하반기 지역별 고용조사 맞벌이 가구 고용현황.

취업에 대한 여성들의 견해도 적극적으로 나타나고 있다. 미혼여성과 기혼여성 모두 10명 중 9명이 '직업을 갖고 싶다'는 견해를 보이고 있으며, 전체 여성의 절반 이상이 '가정 일과 관계없이' 계속 취업해야 한다고 응답함으로써 한국 여성들의 경제활동 참여에 대한 의지가 남성보다도 높게 반영된 것이라 할 수 있다(통계청, 2022).

이와 같이 저출생·고령화의 인구구조 변화 현상과 함께 여성의 경제활동참여 증가로 나타나는 한국 사회의 급격한 변화는 대다수의 사람들에게 가족의 구조와 기능, 가족 가치관과 개념, 그리고 가족 구성원의 생활 변화를 가져오는 주요 원인이 되고 있다.

2 현대 가족의 변화

1) 가족의 개념

가족은 사회를 구성하는 가장 기본적인 단위이며, 인간에게 가장 중요한 생활환경으로서, 환경의 영향에 의해 시대와 문화, 지역에 따라 변화하면서 인류 역사상 가장 오랫동안 지속되어왔다. 다양하게 변화되는 사회 속에서 일부분인 가족의 개념과 의미도 유연하게 변화되어 왔다.

사전적 정의에 의하면 가족이란 부부, 부모, 자녀, 형제 등 혈연으로 맺어져 생활을 함께 하는 공동체 혹은 그 성원들로 정의된다. 즉 결혼이나 혈연으로 맺어져 경제적인 자원을 공유하고 정서적 지원을 상호 제공하는 집단을 의미한다.

버게스와 로크(Burgess & Loke, 1945)는 가족을 '혼인, 혈연 또는 입양의 유대로 맺어진 사람들의 집단이며, 단일가구를 구성하고, 그 안에서 주어진 위치에 따라 사회적 역할을 수행해 나감으로써 상호작용과 공통문화를 유지해 가는 집단'으로 규정하고 있다. 전통적 가족개념을 근간으로 한 머독(Murdock)은 주거를 공유하고 경제적 협동과 출산으로 특징 지워지는 집단으로 규정하고 사회적으로 인정된 성관계를 갖는 최소한 2인의 성인과 그들이 출산한 자녀나 입양한 자녀가 포함된다고 하였다. 그는 가족의 외형적 구성과 혈연을 강조한 핵가족 기능에 초점을 두고 있다.

국내법에서 가족은 우선 민법에서 정의되고 있다. 2005년 3월에 개정된 우리나라 민법 제779조(가족의 범위)에서는 '1. 배우자, 직계혈족 및 형제자매, 2. 직계혈족의 배우자, 배우자의 직계혈족 및 배우자의 형제자매 중 생계를 같이 하는 경우'를 가족의 범위 안에 넣고 있다. 개정 전 '부부, 그의 생계를 같이하는 그 형제자매를 가족으로 한다'고 정의된 범위에 비해 개정된 민법에서 가족의 범위가 보다 확대되어 법에서도 가족의 개념이 변화하고 있음을 알 수 있다.

또 다른 가족정책의 주요 법으로서 현대의 가족문제를 해결하고 가족을 더욱 건강하게 만들기 위한 범사회적 지원을 제도화하기 위해 2003년에 제정된 건강가정기본법에서는 가족을 '혼인, 혈연, 입양으로 이루어진 사회의 기본단위'로 규정하여 보다 폭 넓은 가족 범위를 담고 있다. 민법에서는 배우자의 형제자매, 배우자의 직계혈족이 생계를 같이 하는 경우에만 가족의 범위에 들어간다면, 건강가정기본법에서는 이 또한 포함될 수 있는 여지를 남겨두고 있다. 최근 개정된 2020년 건강가정기본법에서는 1인가구 또한 가족정책 지원의 대상에 포함하고 있다.

이는 건강가정기본법이 새로운 가족형태들이 빠르게 생겨나고 가족의 노력만으로는 감당할 수 없는 문제들이 생겨나게 됨으로써 나타난 결과로 이해된다. 건강가정기본법에서는 현재 어떠한 상태에 처해 있는 것과 상관없이 지금보다 더욱 건강한 가정을 만들어가기 위한 가정과 국가, 그리고 사회의 노력 및 지원을 법적으로 규정한 것으로, 건강가정을 추구해야 하는 단위로 '가족'을 보고 있다. 따라서 가족의 구조나 형태보다는 가족이 나아가야할 방향성을 강조하고 있다고 할 수 있다. 또한 가족에 비해 생활중심의 활동과 가족과 사회의 연대 및 생활공동체를 강조하기 위해, '건강'과 '가정'을 결합한 용어를 사용하고 있다.

머독 이후 가족에 대한 학계의 정의와 개념 역시 가족의 범위, 기능, 성격 등의 측면에서 확장되고 변화되어 왔다. Levi-Strauss, Burgess와 Locke 등은 가족의 정의를 혈연이라는 제한된 개념에서 벗어나 입양이나 생활공동체적 성격을 강조하는 기능적인 측면에까지 확대해서 설명하고 있다. 그러나 이러한 정의에 의하면 현대 사회에 새롭게 등장하는 동거가족, 무자녀가족, 단독가구 등은 가족에 포함되지 않는 한계점이 존재한다(성미애, 2009).

따라서 가족에 대한 현대적 정의는 '가족 내 관계성에 기반을 두면서, 혈연관계를 넘어서 서로 간에 공통된 기대와 상호 관심을 갖고 살아가는 집단'을 강조하는 개념으로 확대되고 있다. Burant는 '정서적이고 물질적인 지지에 기반을 둔 둘 또는 그 이상의 사람들이 상호 간에 기대를 하는 구성'을 가족이라고 보았으며, 그들의 삶의 유형과 상관없이 '상호책임감, 친밀감, 계속적인 돌봄을 주고받는 관계'를 특징으로 한다고 하였다. Gutis는 비전통적인 가족으로 삶을 살아가는 사람들, 예를 들면 결혼하지 않고 사는 부부 혹은 파트너와 동거 관계 하에 있는 사람들도 서로가 같이 살고 돌보는 것을 선택하는 사람들의 집단이라는 점에서 가족이며, 가족의 기능 중 돌봄을 강조하고 있다. 결국 전통적으로 '혈연관계'에 초점을 두고 가족의 개념을 강조하던 과거와 달리 최근 가족의 정의는 새로운 형태의 가족을 감싸 안을 수 있는 열린 개념으로 변화되고 있다.

이렇듯 '가족'에 대한 정의는 과거 전통적인 개념정의에서 벗어나 현대 사회에서 가족 구성원들의 정서적 유대를 기반으로 한 사회의 기본 제도로서 그리고 사회 유지의 기능이 강조되는 중요한 존재로 간주되고 있다. 즉 오늘날 먼 거리에 떨어져 사는 가족이나 혼자 사는 사람들의 경우에는 혈연으로 맺어진 구성원과 생활을 함께 하는 구성원이 서로 다를 수 있다. 또 자기 가족보다 정서적으로 더 친밀한 관계를 유지하는 이웃이나 친지들이 있을 수 있다. 경우에 따라서는 가장 많은 시간을 함께 하고 '한솥밥을 먹는' 가족들을 떠올릴 때, 부부와 부모 외에 다양한 구성원들을 떠올리게 됨으로써 결혼이나 혈연에 의한 관계 외에 다양한 관계로 맺어진 사람들이 가족에 포함될 수 있다.

우리나라의 경우에는 아직 2세대 가족이 가장 많기는 하지만 50% 이하로 그 비중이 줄어들었으며(제4차 가족실태조사), 1인가구는 점차 증가하여 전체 가구의 1/3(2023년 34.2%) 이상을 차지하게 되었다. 이러한 추세가 지속된다면 가족의 개념뿐 아니라 가족의 범위와 기능에 대해서도 재검토가 이루어져야 할 것이다. 이는 가족정책을 수립하는 데 있어서 혼자 사는 노인이나 원가족과 떨어져 사는 청년들을 어떻게 다룰 것인가 하는 문제와 관련되기 때문이다.

가족 안에서 가족원들 간에 가족의 규범과 가치가 공유되고, 가족 기능 역시 애정적인 기능, 사회화의 기능, 경제적 협력의 기능 등이 강조된다. 그러나 가족의 규모가 점차 적어지고 구성원들이 점차 파편화되는 상황에서 기존의 혈연가족만을 가족의 범위에 두거나 협의의 가족기능만을 강조할 수는 없다. 그런 점에서 '관계중심적인 가족'이라는 용어보다 '생활중심적인 가정'이라는 용어를 사용하기도 한다.

따라서 빠르게 변화하는 한국 가족의 현황을 명확하게 파악하기 위해서 가족 변화의 부분들을 파악하는 것이 효율적이고 효과적인 가족정책을 구현하는 데 무엇보다 필요하다.

2) 현대 가족의 변화

한국 가족 변화의 가장 큰 특성은 가족규모와 외형상의 변화에서 나타나는 가족 구조적 변화와 이로 인한 다양한 가족의 등장이다. 또한 개인과 사회를 위해 수행하는 가족의 고유한 역할과 기능상의 변화가 나타나고 있으며, 무엇보다 가족형태와 기능의 변화의 저변에 가족가치관의 변화와 가족의 형성에 영향을 미치는 가족생활주기상의 변화가 내재되어 있으며, 마지막으로 이러한 변화를 통해 한국 사회에서 다양한 가족이 등장하고 있다.

(1) 가족구조의 변화

한국 사회의 급속한 변화와 함께 나타난 가족의 변화 중 가장 큰 변화는 가족구조의 변화이다. 즉 가족의 구조는 그 세대구성의 변화와 규모의 축소(핵화)가 두드러진 특징이다.

우선, 저출생 현상으로 인해 무자녀와 소자녀화로 나타나는 가족규모의 축소이다. 1980년대까지 합계출산율이 2.67명이었으나 20년이 지난 2001년에 1.3명인 반으로 줄었으며, 다시 20여년이 지난 2023년 0.73명으로 반 가까이 줄어들었다. 자녀수 감소의 영향으로 인해 평균가구원수도 1970년 5.2명, 1990년 3.77명, 2000년 3.12명, 2010년 2.69명, 2020년 2.34명으로 가족규모가 반 이상 줄어들었다. 이는 1980년대 5인 이상 가구가 반 정도(49.9%)를 차지하던 것에 비해 1인가구가 31.7%로 1/3정도, 2인 가구가 28%의 비중으로 증가한 것으로도 알 수 있다.

그림 1-6 가족 규모와 평균 가구원 수의 변화

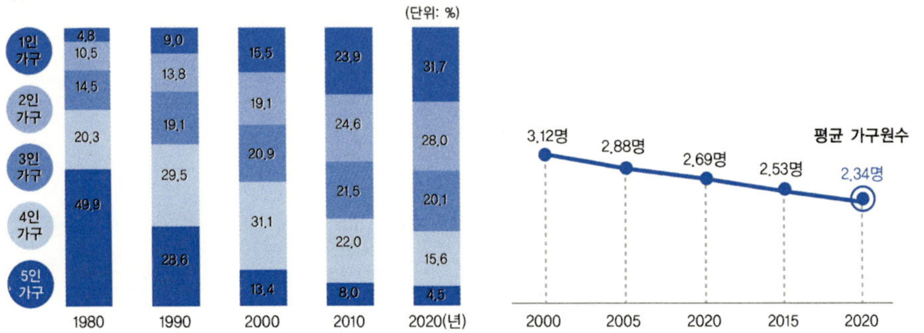

출처: 통계청(2022). 2021 한국의 사회지표.

이에 비해 가족 핵화 현상을 나타내는 1인가구는 가족 규모가 줄어드는 것에 비례하여 급격히 증가하고 있다. [그림 1-6]과 [그림 1-7]에서 보면, 1980년 4.8%에 불과하던 1인가구가 급격히 증가하여 2000년에는 15.5%를, 2020년에는 31.7%, 2021년에는 33.4%로 전체 가구의 1/3을 넘어서고 있다(통계청, 2021).

그림 1-7 1인가구 증가율과 연령별 비중

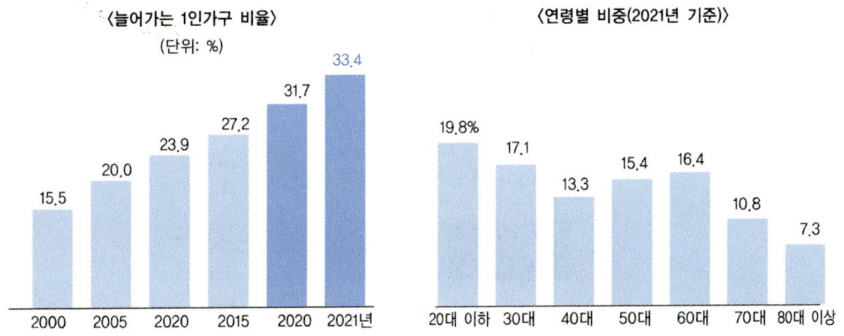

출처: 통계청(2021). 2021 한국의 사회지표.

이러한 가족규모의 축소와 핵화 현상은 늦은 결혼과 미혼, 이혼, 분거가족의 증가 및 고령화에 따른 1인 노인가구나 노인 부부가구의 증가와 같은 사회변화가 원인으로 파악되고 있다.

노인실태조사(2021)에 따르면, 전체 노인 중 노인 독거가구는 19.8%, 노인 부부가구는 58.4%로 전체 노인의 78.2%, 약 5가구 중 4가구가 노인 단독가구로 생활하는 것으로 나타났다. 이는 2008년에 비해 10% 이상 증가한 것으로, 빨라지는 고령화 속도와 노인 가구의 생활이 가족에 의한 사적이전이 줄어들고 근로소득과 사업소득 등에 의해 소비되는 것을 감안하면, 향후 우리 사회에서 노인 스스로의 자기 돌봄과 부양의 문제는 중요한 사회문제로 부각될 것이다([그림 1-8]).

그림 1-8 노인가구의 형태와 가구 소득의 구성비 비교(2008년과 2020년)

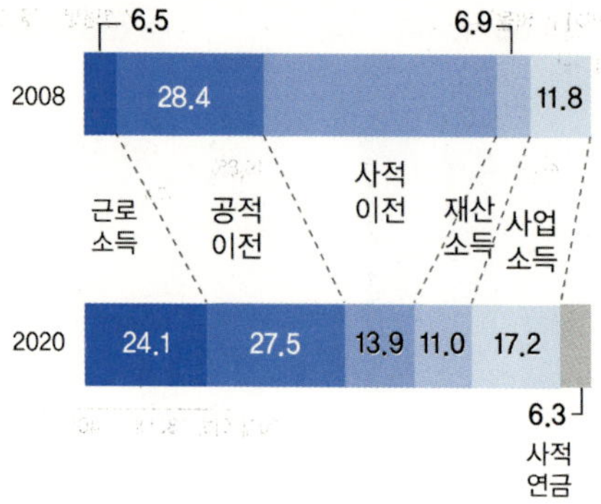

출처: 보건복지부(2021). 2020 노인실태조사.

(2) 가족기능의 변화

가족 기능은 가족이 수행하는 역할이나 행위를 뜻한다. 가족이 수행하는 역할은 가족 체계내의 개인의 위치와 역할, 그리고 가족체계 밖의 관계인 사회 속에서 가족의 역할, 가족의 응집성과 적응성 등을 동시에 보여준다(손병덕 외, 2014). 가족이 수행하는 기능은 가족 내에서 가족원의 욕구 충족과 함께 가족 밖에서 사회 유지 및 발전에 영향을 미친다. 또한 시대의 흐름과 사회 문화적 발전에 따라서 끊임없이 변화해 왔다. 즉 가족의 역할은 사회적으로 역할이나 중요성이 과거에 비해 축소되거나 분산되는 경향을 보인다.

머독(Murdock, 1949)은 전통적으로 가족의 기능은 성적 욕구 충족의 기능, 경제적 기능, 자녀출산 및 양육의 기능, 그리고 교육 및 사회화의 기능을 한다고 보았으며, 권윤정(1995)은 성적 통제의 기능, 생식의 기능, 애정의 기능, 자녀양육과 사회화의 기능, 교육의 기능, 지위 부여의 기능, 경제적 기능, 보호의 기능, 휴식의 기능, 오락의 기능, 종교의 기능 등 다양한 측면을 제시하였다. 본 교재에서는 머독의 핵심적인 4개의 기능을 살펴보도록 하겠다.

① 자녀출산 및 성적 욕구 충족의 기능

가족은 부부간의 성적 기능을 합법화하여 성적 욕구를 충족하고 자녀출산의 기능을 통해 다음 세대의 노동력을 생산하여 사회를 유지 존속하도록 하는 역할을 해왔다. 또한 가족은 구성원들에게 정서적 안정과 지지, 사랑과 이해, 안식처로서 휴식과 안전, 안정을 보장해 주고 수용적이고 친밀하며 유대감을 가지고 행복을 추구하는 욕구를 충족하는 정서적이고 애정적인 기능을 한다.

과거 전통사회에서 자녀의 출산은 가족의 노동력을 의미하였고, 부부의 성생활은 다음 세대를 잇고 유지하는 의미가 컸지만, 오늘날에는 자녀출산이라는 사회 존속을 위한 재생산 기능은 축소되고 사회적으로 인정된 남녀 간 성적 욕구 충족 및 결혼생활 만족요인으로서의 기능이 이전보다 강조되고 있다.

② 경제적 기능

가족은 생활공동체로서 의·식·주·관리 등 일상의 생활을 함께 하기 위해 공동으로 재산을 모으고 소비와 지출을 함께 하기로 합의한 경제적 기본 단위이다. 따라서 가족의 경제적 기능은 가족 내적으로는 생산 및 소비 기능을, 가족 외적으로는 사회에 노동력을 제공하는 기능을 수행한다. 과거 농경사회에서 가족은 생산기능과 소비기능을 동시에 수행하였으나, 현대 사회에서는 가족과 일터가 분리되어 모든 생산 활동이 사회로 이전되면서 가족의 생산의 기능이 약화된 반면 소비기능은 강화되고 있다. 그러나 가족이 생존을 위하여 물적 자원을 확보하고 관리하고 선택하는 등의 기본적인 소비활동은 사회의 경제 질서유지에 기여함으로써 최근 더욱 중요시 되고 있다.

③ 자녀양육 및 사회화 기능

전통적으로 가족은 자녀를 출산할 뿐 아니라 자녀들에게 사회에 적응하여 살아갈 수 있도록 가치와 규범을 가르치는 기능, 즉 사회화의 기능을 수행해 왔다. 가족은 자녀가 최초로 가치관과 사고방식을 학습하는 기관이며, 사회에서 성숙한 성인으로 살아갈 수 있는 기반을 형성해 주는 곳이다.

그러나 현대에 와서 유치원, 학교, 학원 등과 같은 전문 교육기관이 등장하면서 자녀 양육, 교육 및 사회화 기능 역시 사회로 이전되어 약화되고 있는 추세이다. 우리나라는 최근 세계에서 유래 없는 초저출생 국가로서 자녀수가 줄어듦에도 불구하고 자녀 양육 및 사회화의 책임과 비용의 면에서는 과거에 비할 수 없을 정도로 증가하였다. 자녀에 대한 교육열과 경쟁심으로 자녀양육 부담이 가중되면서 자녀 사회화기능이 왜곡되는 결과를 초래하고 있다. 또한 입시 위주의 과잉 교육으로 인해 부모세대의 노후준비가 부족해지면서 가난한 노년을 맞게 되어 세대 간 갈등과 소외를 초래하는 원인이 되기도 한다.

④ 지위와 사회적 역할 부여 기능

결혼과 함께 가족의 형성은 남편과 아내의 새로운 가족 역할을 부여하고 자녀 출산과 함께 부모로서의 또 다른 역할을 가족원에게 부여한다. 각 개인은 가족구성원으로서 가족생활주기 단계에서 본인에게 요구되는 자녀 또는 부모로서의 역할과 남편과 아내로서의 역할을 습득하고 적절히 수행해 나가며, 가족과의 동일시를 통해 자신이 속한 계층의 생활방식을 학습하고 문화적 가치와 기대를 형성한다. 따라서 가족은 개인의 사회경제적 수준, 종교 및 인종을 결정하고 우리가 사회 내에서 특정한 지위와 위치를 획득하도록 돕는다.

머독은 이러한 전통적 가족의 기능들이 상당 부분 일터나 시장, 공식적인 교육기관, 지역사회 보호 등 사회로 이전되었으며, 시대별 상황에 따라 역할이나 중요성이 축소되거나 강화되고 있다고 강조하였다.

특히 미래의 가족 기능은 출산이나 양육, 교육이나 사회화 보다 정서적 기능이 중요하게 부각될 것으로 보고 있다(양옥경, 2000). 현대 사회로 올수록 지속적으로 중요해지는 가족 기능도 존재한다. 평균수명이 증가되면서, 부부관계와 세대관계가 길어지는 "관계 수명"이 증가함에 따라, 가족들 간 정서적 지지와 지원의 중요성이 크게 부각되고 있다. 부부간의 정서적 친밀감이 중요시되면서 상호 간의 정서적 기대가 충족되지 않으면 가족이 해체될 가능성이 높아지게 된 것도 이를 뒷받침하는 결과라 할 수 있다.

반면 보호와 돌봄 기능은 가족의 다른 기능보다 더 약화되고 있다. 노인부부와 노인 단독가구의 증가로 인해 그동안 전적으로 가족 내 여성에 의해 책임을 져왔던 자녀와 노인에 대한 돌봄과 간호 등이 사회 서비스로 대체되면서 돌봄과 보호에 대한 사회적 부담이 더욱 확대될 전망이다.

(3) 가족가치관의 변화

앞에서 살펴본 우리나라의 최근 가족의 구성과 가족구조 및 기능에서의 변화는 근본적으로 가족원들의 의식 및 기치관의 변화에서 기인한다. 결혼과 출산, 가족 관계와 부양, 가사분담 등에 대한 삶의 방식을 판단하는 원리를 가족가치관이라고 하는데, 오늘날 우리 사회에서 이러한 가치관의 변화가 빠르게 진행됨으로써 가족의 다양화가 이루어지고 있다.

먼저 가족가치관 중 가장 뚜렷한 변화는 결혼-자녀에 대한 인식 변화로 최근 우리나라의 저출생·고령화의 사회적 현상의 근본 원인이 되고 있다.

[그림 1-9]에 나타나는 바와 같이 결혼을 꼭 해야 한다는 의식이 20~40대에서 점차 줄어든 반면 그렇지 않다는 응답은 점차 증가하고 있다. 또한 제4차 가족실태조사보고서에서도 2015년에 비해 2020년 20대의 비혼 독신(53%), 비혼 동거(46.6%), 무자녀(52.5%)에 대한 동의가 확실히 증가함으로써 결혼을 필수가 아닌 선택사항으로 인식하는 것으로 나타났다.

그림 1-9 결혼에 대한 인식변화와 비혼에 대한 20대의 생각 변화

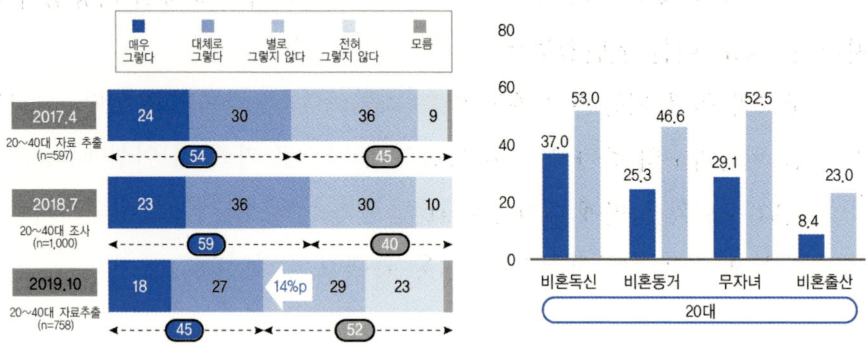

출처: 여성가족부(2020). 제4차 가족실태조사.

이 같은 결혼에 대한 가치관 변화는 이혼과 재혼에 대한 인식에도 많은 변화를 주고 있다. 전통적으로 부정적인 인식이 강했던 이혼에 대한 인식도 '불행한 결혼의 지속보다는 선택의 문제'로 받아들여지고, 동시에 재혼에 대해서도 허용적인 태도가 증가하고 있어 결혼, 이혼, 재혼에 대한 사회적 규범의 변화가 동반되어 함께 변화되고 있다. 통계청의 사회조사결과(2022)에 따르면 이혼해서는 안 된다는 부정적 응답이 2020년 30.2%에서 2022년 27.1%로, 재혼하지 말아야 한다는 부정적 응답도 202년 17.3%에서 2022년 14.9%로 감소하였다(이정화 외, 2023).

자녀와 자녀출산 및 양육에 대한 가치관도 크게 변화하였다. 오늘날 자녀양육 및 교육비의 증가는 부모의 경제적·심리적 부양부담을 증가시키고 노후준비에 어려움을 주는 요인으로 인식되면서, 자녀 출산에 대한 인식이 감소되고 있다. 이러한 자녀 출산 기피는 최근 우리나라의 세계 최저의 합계출산율로 반증되고 있다. 자발적 무자녀를 선택하는 딩크족이 증가하는 이유도 아래 그림에서와 같이 경제적 이유가 가장 크게 작용하는 것으로 나타나고 있다. 비출산 의향 부부의 자기계발 및 취미활동을 위한 소비지출 투자 늘릴 의향은

출산 의향 부부에 비해 약 4.3%상대적으로 높았다.

그림 1-10 무자녀 딩크족 희망 이유

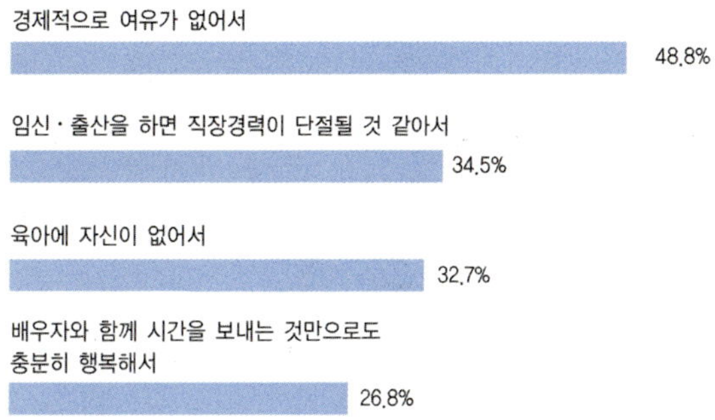

출처: 여성가족부(2020). 제4차 가족실태조사.

그림 1-11 자녀출산 의향과 자기계발/취미활동 소비지출 투자의향 비교

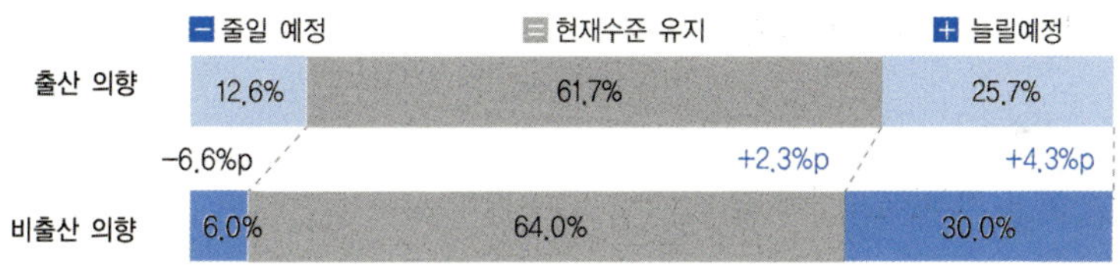

출처: 여성가족부(2020). 제4차 가족실태조사.

그러나 반대로 동거에 대한 의식과 비혼 출산에 대한 인식은 젊은 층에서 높아지고 있다. 즉 전통적으로 결혼하여 자녀를 출산한다는 의식이 팽배하던 과거와 달리 결혼과 자녀출산 및 양육을 따로 분리하여 생각하는 경향이 나타나고 있다.

자녀출산에 대한 가치관이 낮아진 것과 유사하게 노부모부양에 대한 자녀의 책임이 상당히 약화되었으며 가족과 정부와 사회가 함께 부양해야한다는 의식이 높아지고 있다. 통계청의 사회조사결과(2022)에 따르면, 노후부양책임에 대한 가족책임에 대한 응답이 2012년 33.2%에서 2022년 19.7%로 떨어진 반면, 가족·정부·사회의 함께 부양에 대한 응답은 동기간 48.7%에서 62.1%로 증가하였다. 이는 노부모부양이 더 이상 가족 내의 책임이 아니라 사회와 국가가 함께 개입해야할 일임을 의미한다.

그림 1-12 부모 부양에 대한 견해

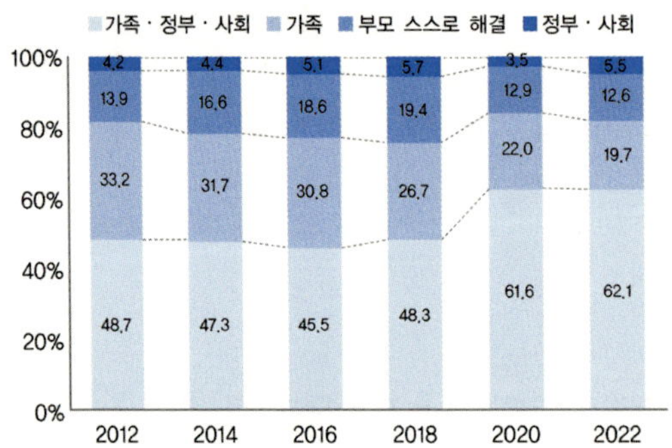

출처: 통계청(2022). 2022년 사회조사결과.

그림 1-13 가사분담 실태 및 견해

(단위: %)

		계	아내가 주도	아내가 전적으로 책임	아내가 주로 하지만 남편도 분담	공평하게 분담	남편이 주도	남편이 주로 하지만 아내도 분담	남편이 전적으로 책임
남편	2020년	100.0	75.6	21.1	54.6	20.7	3.7	2.7	1.0
	2022년	**100.0**	**74.6**	**18.2**	**56.4**	**21.3**	**4.1**	**3.3**	**0.8**
	19 ~ 29세	100.0	48.8	4.7	44.1	41.4	9.8	6.6	3.2
	30 ~ 39세	100.0	57.5	7.3	50.2	36.4	6.1	5.4	0.6
	40 ~ 49세	100.0	73.7	15.0	58.7	23.2	3.1	2.5	0.6
	50 ~ 59세	100.0	78.9	18.5	60.4	17.6	3.5	2.9	0.6
	60세 이상	100.0	79.4	24.6	54.8	16.3	4.3	3.3	1.0
아내	2020년	100.0	76.8	25.1	51.7	20.2	3.0	2.5	0.4
	2022년	**100.0**	**76.1**	**23.7**	**52.4**	**20.5**	**3.4**	**2.9**	**0.5**
	19 ~ 29세	100.0	48.2	9.2	39	47.5	4.3	3.6	0.7
	30 ~ 39세	100.0	65.1	11.8	53.3	30.1	4.9	4.2	0.6
	40 ~ 49세	100.0	77.0	23.1	53.9	21.0	1.9	1.7	0.2
	50 ~ 59세	100.0	79.8	26.5	53.4	17.5	2.7	2.4	0.2
	60세 이상	100.0	80.5	29.3	51.2	15.2	4.3	3.4	0.9

출처: 통계청(2022). 2022년 사회조사결과.

성역할 태도와 가사분담에 있어서도 변화는 남녀 간 성역할분담에서 점차 공동분담의 의식과 실태 모두 평등한 방향으로 변화되고 있다. 부부가 가사를 공평하게 분담해야 한다는 견해에 있어서 2012년 45.3%에서 2022년 64.7%로 높아졌으며, 실제로 공평분담을 하고 있다는 비율도 15.5%에서 20.5%로 증가하였다. 무엇보다 40세 이하의 젊은 층에서 공평 분담율이 여성은 30%이상 남성은 40%이상 응답률이 높아 향후 보다 공평하여질 것으로 예측된다.

(4) 가족생활주기상의 변화

가족생활주기(family life cycle)는 가족이 시간의 흐름에 따라 생성, 발달, 소멸에 이르는 과정을 거친다는 개념이다. 이처럼 가족이 생활주기 상 변화하는 것은 혼인연령의 증가, 혼인율 감소, 출산율 저하, 평균수명의 연장 등 인구학적 요인과 함께 결혼 이데올로기의 변화, 가족가치관의 변화, 양성평등의식 증가와 같은 심리적인 요인 그리고 교육이나 취업 등 사회경제적인 요인이 복합적으로 작용하고 있다.

최근 우리나라에서 가족생활주기의 변화는 초혼연령의 상승과 자녀 출산 감소, 평균수명의 연장으로 인해 자녀 출산 및 양육기가 짧아지는 반면 자녀 독립 후 부부만 남는 빈둥지시기와 홀로 생활하는 시기가 길어지는 현상으로 나타나고 있다. 즉 소자녀화와 고령화로 인해 빈둥지시기[1]와 부부의 수명이 길어지면서 장노년 부부 간 갈등이 심화되고 있다.

자녀가 독립한 이후 빈둥지 시기가 길어지면서 부부간의 협력적 태도와 서로에 대한 측은지심, 좋은 부모이고 싶은 소망, 사회지지체계와 개인 내적 변인이 부부간 적응에 원동력이 되는 반면, 누적된 갈등을 풀어내지 못함, 비협력적 태도, 적정선에서 타협하기, 느슨한 연결 고려하기, 끊임없는 협박과 비난하기가 적응을 저해하는 요인으로 나타났다(김미라·하영윤, 2023). 통계청

1) 빈둥우리기는 자녀 독립 후 부부 중 한 명이 사망할 때까지의 기간을 말한다.

(2023) 조사에 따르면, 결혼 기간 20년 이상인 황혼 부부의 이혼율이 전체 이혼율의 36.7%를 차지할 정도로 높아졌으며, 특히 결혼 지속 기간이 30년 이상인 중년 부부의 이혼율은 16.8%로 20년 전보다 6.7배 증가하였다. 또한 법적 이혼은 하지 않더라도 '졸혼' 등 정서적으로 이혼한 부부가 늘어나고 있는 점도 시사하는 바가 많다. 2011년에 비해 2021년 이혼 수는 줄어든 반면 혼인 기간 30년 이상의 황혼이혼은 7,900건에서 1만7,900건으로 2배 이상 증가하였다.

그림 1-14 혼인지속 기간별 이혼 구성비

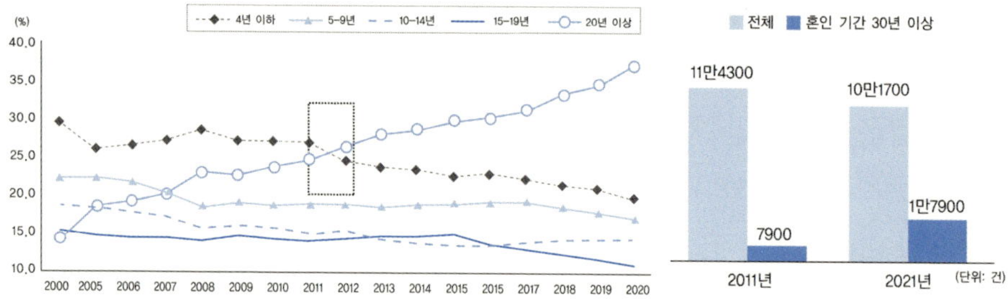

출처: 통계청(2022). 2021년 통계로 보는 여성의 삶.

세대별 서로 다른 가족생활주기상의 변화는 부모 자녀 간 독립성·의존성의 문제에서 야기되는 세대 간 갈등부터 부부간 정서적·심리적 적응까지 가족 및 세대 간 갈등을 가져올 가능성이 크다는 점에서 사회적·정책적으로 주목할 변화라 하겠다.

3 사회와 가족의 변화와 다양한 가족의 등장

가족규모의 축소, 세대구성의 단순화와 함께 현재 한국 사회에서는 가족형태와 구조, 생활방식 등에서 다양한 가족들이 등장하고 있다. 만혼이나 비혼에 따른 독신, 동거, 동성애, 무자녀, 입양가족, 한부모가족, 재혼가족, 분거가족, 다문화가족 등 다양한 가족 형태가 공존하고 있다. 다양한 가족유형의 모습 속에서 최근 가장 주목받는 가족형태로 한부모가족, 다문화가족, 분거가족, 무자녀가족, 공동체가족에 대해 살펴보면 다음과 같다.

1) 한부모가족

우리 사회에서 산업화 이후 주된 가족의 형태는 그 동안 동서양 모두 부모와 그 미성년 자녀로 구성된 2세대 핵가족의 형태가 일반적이었다. 그러나 최근 부모-자녀 2세대 가구 중에도 자녀를 낳지 않거나 자녀 부양 역할을 할 수 없는 부모, 그리고 부모의 이혼 등으로 인하여 부모-자녀 2세대 핵가족의 형태도 다양화 되고 있고 다양한 가족의 모습이 등장하고 있다.

최근 제4차 가족실태조사보고서(여성가족부, 2020)에 의하면, 2015년에 비해 한쪽 배우자의 사망, 이혼, 유기, 별거 및 미혼으로 인하여 부모 중 한쪽이 없거나 법적 현실적으로 한부모의 역할을 수행할 수 없는 경우에 한부모와 미성년자녀로 이루어진 가족, 즉 한부모가족이 가장 뚜렷하게 증가하고 있다(그림 1-13 참조). 특히 부자가족은 감소한 반면 모자가족은 5년간 전체 가구 중 그 비율이 가장 많이 증가하였다(+0.5%). 그러나 통계청의 2021년 인구주택총조사에 의하면, 전국 미성년 자녀를 둔 한부모가구는 2020년 대비 2021년 코로나-19 감염증이 종료되고 사회적 거리두기가 회복되면서 약 4천 가구(4%)가

감소한 것으로 나타나 한부모가족의 수와 비율이 사회·경제적 영향을 많이 받는 것으로 예측된다. 전국 통계 수치인 인구주택총조사(2020)에서는 미성년 자녀를 둔 부자가족(32.7%)에 비해 모자가족(67.6%)이 약 2배 정도 많았으며, 부자가족의 비율이 증가한 것으로 나타나고 있다. 그러나 저소득 한부모가족 현황에서는 모자가족이 부자가족에 비해 약 4배가량(3.96배)되어 한부모가구 중 모자가족의 경제적 어려움이 큰 것을 알 수 있다.

그 다음으로 2세대 가족 유형 중 증가한 가족유형은 여성가족부의 가족실태 조사보고서(제3차 2015년, 제4차 2020년)의 데이터를 비교해 보면, 무자녀이거나 자녀의 독립 후 노부모를 부양하는 노부모 부양가족이다. 특히 양친부모를 모시는 자녀부부의 비율은 동일한 반면 배우자의 사망 후 홀로된 한쪽 부모를 모시는 경우가 다소 증가하였다(+0.1%)(여성가족부, 2020)

그림 1-15 2세대 가구 구성 형태의 비교(2015년과 2020년)

	2세대 가구의 구성 형태	2015년		2020년
	부부+자녀	44.2	−	31.7
노부모 부양가족	부모(양친)+자녀 부부	0.1		0.1
	한부모+자녀 부부	0.4	+	0.5
한부모가족	부+미혼자녀	2	−	1.8
	모+미혼자녀	7.4	+	7.9
조손가족	조부모+손자녀	0.3	−	0.2
	조부/조모+손자녀	0.5	−	0.3
	기타	1.6	−	0.7
	합계	56.5		43.2

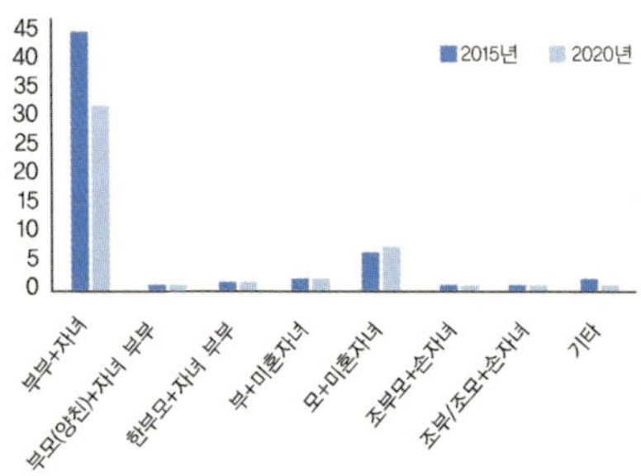

출처: 여성가족부(2015, 2020). 제3차, 제4차 가족실태조사보고서.

표 1-1 전국 한부모 현황 (단위: 1,000가구, %)

세대 구성	막내자녀 연령구분	2020년	2021년	증감
계	소계	1,533	1,510	-23
	18세 이하	373	369	-4
	19세 이상	1,160	1,141	-19
부+미혼자녀	소계	381	374	-7
	18세 이하	122	119	-3
	19세 이상	259	255	-4
모+미혼자녀	소계	1,152	1,136	-16
	18세 이하	252	250	-2
	19세 이상	900	886	-14

출처: 통계청(2021). 2021 인구주택총조사.

반면, 손자녀 양친의 사망이나 이혼, 재혼, 경제적 곤란 등에 따라 가족해체로 부모 역할이 부재하여 조부모가 함께, 혹은 조부 또는 조모가 손자녀를 양육하는 가족, 조손가족은 2015년 이후 코로나-19 감염증과 사회적 거리두기로 인해 가족실태조사에서 5년간 다소 감소한 것으로 나타났다(0.3%→0.2%, 0.5%→0.3%). 그러나 2010년 전국 인구주택총조사에서 저소득 조손가족은 그 비율이 2005년 0.4%에서 2010년 0.3%로 소폭 감소하였으나 코로나-19 감염증 전후로 2018년과 2021년에는 조손가족 세대수가 각각 0.5%에서 0.6%로 소폭 증가하였다.

한부모가구의 혼인상태를 살펴보면(여성가족부, 2015), 이혼이 77.1%로 대부분을 차지하고, 사별은 15.8%, 미혼한부모 등 기타 사유는 7.1%로 나타났다. 이들 가구 중 이혼이나 미혼가구의 증가추세에 따라 가족정책의 방향도 이들에 대한 지원정책을 강화하는 방향으로 초점을 맞추어야 할 것이다.

표 1-2 저소득 한부모 현황 (단위: 세대, 명)

연도별	계		모자가족		부자가족		조손가족	
	세대	세대원	세대	세대원	세대	세대원	세대	세대원
2018	182,703	455,433	144,156 (78.5%)	357,539 (78.5%)	38,629 (20.8%)	95,744 (20.8%)	918 (0.5%)	2,150 (0.5%)
2019	182,606	453,045	143,740(78.7%)	356,895 (78.8%)	37,969 (20.8%)	94,064 (20.8%)	897 (0.5%)	2,086 (0.5%)
2020	184,006	457,236	145,482(79.1%)	361,998 (79.2%)	37,660 (20.5%)	93,234 (20.4%)	864 (0.5%)	2,004 (0.5%)
2021	185,461	463,084	146,979(79.2%)	367,366 (79.3%)	37,432 (20.2%)	93,260 (20.1%)	1,056 (0.5%)	2,458 (0.5%)

기준: 한무보가족지원법에 따른 지원대상자(국민기초생활보장 동시보장결정가구 포함)
출처: 사회보장정보시스템(행복e음). 연도 말 기준.

2) 다문화가족

2000년대에 들어와 국제결혼이 빠르게 증가하면서 이주 노동자의 유입과 새터민(북한이탈주민)의 확대 등으로 우리 사회는 본격적으로 다문화사회로 전환되었으며, 그중 결혼이민자와 한국 배우자 및 자녀들로 구성된 다문화가족이 그동안 가장 큰 비중을 차지해 왔다. 우리사회에서 국제결혼을 통한 가족의 형성은 1990년 중반부터 농촌총각 장가보내기의 일환으로 2015년까지 급증하였으며, 그 이후부터 지금까지 증가율은 다소 감소하였다.

우리나라 전체 혼인 중 차지하는 비중은 2015년 7.4% 이후 코로나 시기 이전까지 10.3%까지 증가하였으나 이후 사회적 거리두기의 여파로 2020년과 2021년 각각 7.6%와 7.2%로 감소하였다. 또한 국내체류외국인의 비중에 있어서 다문화가족 중 귀화자의 비율이 매우 빠르게 증가하였으며 결혼이민자의 경우는 2015년 이후 증가세가 낮아졌다. 반면 다문화가족 자녀의 비중은 우리나라의 저출생 현상을 반영하여 자녀수가 줄어든 만큼 다문화가족 자녀의 비율은 2010년 4.3%정도에서 2020년 6%까지 증가하였다. 코로나 시기 이후 2023년 처음으로 결혼이민자 보다 유학생과 외국인노동자의 비중이 처음 높아졌다. 다문화가족에 대한 올바른 인식과 더불어 이들이 건강한 가족 및 사회문화에 중요한 근간이 될 수 있는 정책과 서비스 구축이 요구되는 시점이다.

그림 1-16 결혼이민자-귀화자 수 추이

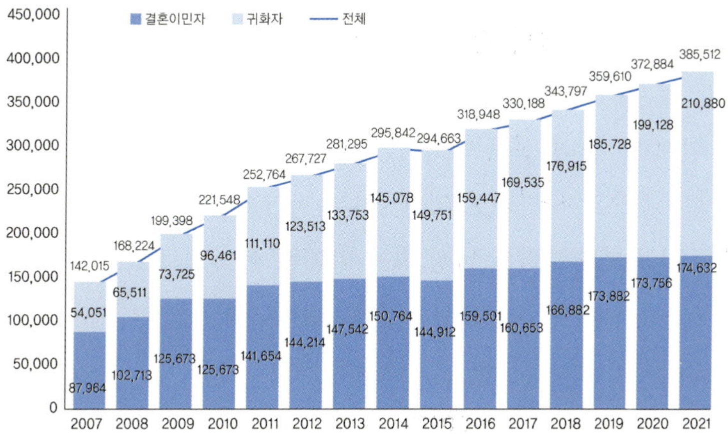

출처: 출입국관리소(2022). 2022년 국내체류외국인 수 및 다문화 혼인 건수.

그림 1-17 다문화 혼인 실태와 다문화 자녀수와 비중

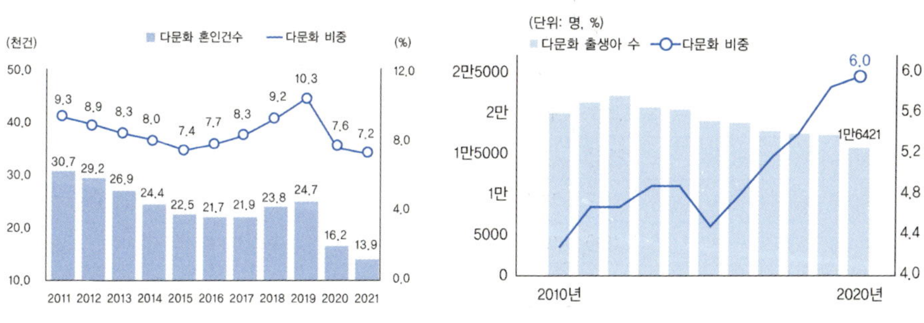

3) 재혼가족

재혼가족은 부부 중 한 사람 혹은 둘 모두가 결혼한 경력이 있고 이후 이혼이나 사별을 경험한 사람이 다시 결혼하여 가족을 형성하는 것이다. 재혼가족의 발생 원인은 직접적으로는 별거, 사망, 이혼 및 유기 등으로 인한 가족해체이며, 개인주의적 성윤리와 여성지위 향상 및 재정적인 이유 등도 영향을 미친다.

우리나라의 재혼은 남녀 평균 12.3%이고, 초혼은 전체 혼인의 77.4%이다. 전체적으로 초혼과 재혼 모두 전년도에 비해 2012년 이후 10년간 지속적으로 감소하고 있으며, 남녀 성에 따라서는 재혼은 남성보다 여성이, 초혼은 남성이 조금 많은 것으로 나타나고 있다. 이는 전반적인 혼인 건수의 감소에 기인하며, 남녀 평균 재혼연령은 남성 51.0세 여성 46.8세로 10년 전에 비해 남성 4.4.세, 여성 4.5세 각각 상승한 것으로 나타난다.

표 1-3 혼인종류별 건수(2012~2022) (단위: 천 건, %)

		2012	2013	2014	2015	2016	2017	2018	2019	2020	2021	2022	전년대비		
													구성비	증감	증감률
계*		327.1	322.8	305.5	302.8	281.6	264.5	257.6	239.2	213.5	192.5	191.7	100.0	-0.8	-0.4
남자	초혼	275.9	273.8	257.9	256.4	238.1	222.5	216.3	199.5	180.1	161.2	160.1	83.5	-1.1	-0.7
	재혼	51.1	48.9	47.5	46.4	43.3	41.7	41.1	39.4	33.3	31.1	31.2	16.3	0.1	0.5
여자	초혼	270.5	268.4	251.5	250.0	232.4	216.8	210.3	193.9	175.0	156.5	156.0	81.4	-0.5	-0.3
	재혼	56.5	54.3	53.9	52.7	48.9	47.4	46.7	44.5	38.1	35.6	35.0	18.3	-0.6	-1.7
남(초)+여(초)		257.0	255.6	239.4	238.3	221.1	206.1	200.0	184.0	167.0	149.2	148.3	77.4	-0.9	-0.6
남(재)+여(초)		13.5	12.8	12.0	11.7	11.1	10.5	10.2	9.8	7.9	7.1	7.4	3.9	0.3	4.3
남(초)+여(재)		18.9	18.2	18.4	18.0	16.7	16.2	15.9	15.0	12.8	11.7	11.3	5.9	-0.4	-3.2
남(재)+여(재)		37.6	36.1	35.5	34.7	32.1	31.1	30.7	29.4	25.2	23.8	23.5	12.3	-0.3	-1.1

*미상 포함, 남(초):남자 초혼, 남(재):남자 재혼, 여(초):여자 초혼, 여(재):여자 재혼

출처: 통계청(2022). 혼인 및 이혼 통계.

재혼가족은 다양한 가족구성이 나타날 수 있는데, 이는 재혼유형 및 횟수, 재혼자의 연령에 따라 달라질 수 있다. 따라서 재혼가족은 기존 가족관계의 상실감, 친부모와의 애정유지와 계부모와의 애정 사이의 갈등, 혼인 전 자녀들과의 관계 및 갈등 등으로 가족의 적응과 통합에 어려움을 초래한다.

4) 장기 분거가족

흔히 '기러기가족'이라고 불리는 장기 분거가족은 자녀의 조기유학이나 가족원의 직장, 학업 등으로 인해 1990년대 이후 집중적으로 늘어난 가족유형이다. 이들 기러기 가족의 대부분은 30~40대이며, 초등학생과 중학생 자녀를 둔 비교적 중산층 이상의 재력을 가진 사람들로, 대부분 아버지가 한국에 남고 어머니와 자녀가 해외에 거주하는 한부모가족의 형태를 이루고 있다.

기러기가족은 부부분거가 가장 많은데, 부부/가족분거가 맞벌이를 위한 생계형이 아니라 비교적 장기 분거의 형태이며 국내외로 나뉘어 생활하는 경우가 많다. 따라서 주말부부와 다르게 거리상의 이유로 가족이 함께 할 시간이 매우 부족하며, 주변의 편견, 기러기 아빠의 경우 가사일 처리 등의 문제, 외국생활에 익숙해진 자녀들과의 가치관 차이와 단절 감 등의 문제가 부각되고 있다(권금주, 2012). 특히 점차 경제적 부담이 증대될 뿐 아니라, 부부관계의 안정감이 결여되어 가족갈등과 해체의 어려움을 지니고 있다.

5) 비혼가족

아직 결혼하지 않은 미혼(未婚)과 달리 비혼(非婚) 가족은 '결혼하지 않은 상태에 있는 가족'으로, 결혼하지 않은 미혼가구와 배우자의 죽음이나 이혼 등으로 싱글이 된 1인가구까지 포괄하는 개념이다(권금주, 2012).

원인이 무엇이든 현재 비혼 상태에서 단독가구(1인가구)를 형성하는 비율이 크게 증가하면서 사회로부터 최근 가장 주목받고 있다. 특히 '자발적' 비혼은 평생 비혼의 가능성이 있다는 점에서 우리 사회의 저출생 현상과 관련되어 있다.

6) 무자녀가족

부모와 자녀관계의 의미가 약화되고 부부 각자의 개인적 삶이 강조되면서 자녀출산을 계획하지 않은 부부로, 자발적 무자녀 가족과 비자발적 무자녀 가족이 등장하고 있다.

비자발적 무자녀 가족은 정상적인 부부관계를 가지는 상태에서 12개월 이내에 임신이 되지 않거나 임신을 지속할 수 없는 상태의 부부가족이고, 반면 자발적 무자녀 가족은 자녀 출산을 혼인과 함께 반드시 수행해야할 의무가 아니라 선택의 시각으로 바라보는 것이다.

무자녀가족의 등장은 1990년대 미국의 딩크족(DINK-Double Income, No Kids)에서 시작되었으며, 우리나라와 동양권 나라에서 신세대 전문직 종사자 부부들 사이에서 급속히 퍼지고 있다.

7) 동거가족

동거가족은 법률이 정하는 방식의 혼인을 하지 않고 남녀가 결합하여 살고 있는 형태 중 사실혼과 달리 혼인의사가 없거나 혼인의사가 불명확한 남녀결합의 가족형태이다. 과거에는 동성동본 금혼이나 여러 이유로 인해 법적인 결혼을 하지 못하는 경우가 주를 이루었다면 최근에는 동거를 통해 결혼생활을 미리 경험하고 결혼 여부를 결정짓고자 하는 경우, 결혼으로 인해 생기는 의무와 책임으로부터 자유롭고 싶어 선택하는 경우가 많다. 즉 결혼이 인생의 필수가 아닌 선택이라고 보는 견해와 가족구성이 기존 결혼의 형태로 구성되는 데 비판적 시각이 있을 경우에 선택하게 된다.

8) 공동체가족

공동체가족은 혼인과 혈연에 기반을 둔 가족의 틀을 벗어나 공동체적 기능을 회복하고, 핵가족이 가질 수 있는 경제생활의 안정, 자녀교육문제, 노후문제, 여성문제들을 극복하려는 개인 및 가족들의 복합체라고 할 수 있다. 공동체 가족은 세대 간 문제, 가족문제, 여성문제, 놀이와 일의 가치문제, 정체감 문제 등의 해결방안으로 등장했다고 볼 수 있다

최근 생산과 소비를 공동으로 수행하며 공동체 전체가 마치 대가족처럼 기능하는 형태와 8~10명의 소규모 소비공동체 성격의 집합적 주거(collective household) 공동체유형이 등장하고 있는데, 앞으로 가치의 다원화, 생활방식의 다양화에 대한 요구가 강해지는 만큼 새로운 가족생활, 대안적 공동체의 방법으로 증가할 것이다(권금주, 2012).

이외에도 입양 가족, 맞벌이가족, 주말가족, 북한이탈가족, 동성애가족 등이 점차 증가하고 있어, 오늘날 우리나라의 가족형태의 특성은 다양성에 기반하고 있다고 할 수 있다.

생각해 봅시다

1 매스미디어 자료(영화, 텔레비전 등)에서 다양한 가족 형태로 살아가고 있는 사람들의 사례를 찾아보면서 다양한 형태의 가족구성원들이 지키고 싶어 하는 또는 존중하는 가족가치는 어떤 것인지 생각해 봅시다.

2 다양한 삶을 통해 우리가 얻을 수 있는 교훈을 찾아보고, 그 가족들이 필요로 하는 사회적 지원에 대해 생각해 봅시다.

3 50년, 100년 후의 미래 가족에 대해 예측해 보고, 그런 시대에 요구되는 건강가정은 어떠한 가정일지 생각해 봅시다.

참고문헌

강은영 (2010). 자발적 비혼여성에 대한 자전적 생애사연구. 서울대학교 대학원 박사학위 논문.

권금주 (2012). 가족정책론. 서울: 교학사.

김유경 (2016). 부양환경 변화에 따른 가족부양득성과 정책과제. 보건복지포럼, 235, 62-99.

김성숙 (2006). 기러기아빠의 생활변화와 적응문제. 한국가정관리학회지, 24(1), 141-158.

김승권 (2005). 한국 사회변동과 다양한 가족의 출현. 보건복지포럼, 103, 5-23.

박진화, 이진숙 (2016). 신사회적위험 대응관점에서본 한국의 일 가정 양립정책과 노인돌봄정책의 변화. 인문사회 21, 6(4).

법원행정처 (2016). 사법연감.

성미애 (2009). 한국 가족 및 친족 개념에 대한 연구: 가족관련 법을 중심으로. 대한가정학회지, 47(4), 11-24.

신경아 (2007). 산업화 이후 일-가족문제의 담론적 지형과 변화. 한국여성학, 23(2), 5-45.

여성가족부 (2016) 제3차 가족실태조사 결과보고서.

여성가족부 (2021) 제4차 가족실태조사 결과보고서.

여성가족부 (2021). 2020 다문화가족실태조사.

오욱환 (2008). 조기유학, 유토피아를 향한 출국: 조기유학의 복합적 기능과 역기능. 서울: 교육과학사.

유영주 (1999). 건전가정과 건강가족의 개념설정에 대한 논의. 한국가정관리학회지, 17(3), 93-102.

이여봉 (2008). 가족 안의 사회, 사회 안의 가족. 파주: 양서원.

이연숙, 신나연, 박영혜 (2016). 건강가정론. 서울: 학지사.

진미정 (2015). 한국가족정책의 특수성과 과제: 미시공공성과 공동체성. 최연실 외 15인, 한국가족을 말하다(pp. 75-98). 서울: 도서출판 하우.

최연실 (2015). '한국가족의 변화: 어떻게 읽어낼 것인가?'. 최연실 외 15인, 한국가족을 말하다(pp. 13-41). 서울: 도서출판 하우

최양숙 (2008). 자녀의 조기유학으로 인한 분거가족에서 나타나는 사회심리적 기제. 한국가족관계학회지, 13(3), 67-97.

최덕경, 박주현 (2013). 가족정책론. 파주: 양서원.

보건복지부 (2014). 노인실태조사.

통계청 (2021). 2020년 한부모가족실태조사.

통계청 (2021) 인구주택총조사.

통계청 (2021). 2021 한국의 사회지표.

통계청 (2021). 2021년 출생 · 사망 통계.

통계청 (2021). 2021 통계로 보는 여성의 삶 보도자료.

통계청 (2021) 2020년 출생 · 사망 통계

통계청 (2022) 2021년 하반기 지역별 고용조사 맞벌이 가구 고용 현황

한국은행(2023). 여성고용 회복세 평가 연구보고서

뉴시스(2019. 03.29.) 2025 초고령사회 진입. 40년후엔 부양비 OECD중 최고.

연합뉴스(2022. 07/26.) 평균기대수명 추이

Daly, M., & Lewis, J. (2000). "The concept of social care and the analysis of contemporary welfare states", *The British journal of sociology, 51*(2), 281–298.

Olson, D. H., & DeFrain, J. (2003). *Marriage and Families; Intimacy, Diversity and Strengths*. McGraw–Hill Company.

Skolnick, A., & Skolnick, J. (2007). *Family in Transition*. Boston, MA: Allyn and Bacon

Taylor–Gooby, P. F. (2004). *New risks, new welfare: the transformation of the European welfare state*. Oxford University Press.

WHO (2016). 통계연감.

Chapter 02

가족정책의 이해

가족은 사회에 노동력과 노동자의 재생산기능을 제공하고 국가나 사회가 담당할 수 없는 사회적 기능들을 수행하며, 사회 각 영역과 가족제도는 상호 역동적이고 유기적인 관계를 맺고 있어 가족은 사회의 유지를 위해 매우 중요한 제도이다. 따라서 현대 사회에서 가족의 사회적 과업 수행능력은 사회의 발전과 직접적으로 맞물려 있으므로 국가와 사회적 차원에서 함께 풀어가야 할 과제로 대두되고 있다(이진숙, 2002). 그러나 최근 우리나라의 심각한 저출생과 고령화 현상은 우리 사회의 유지가능성에 대한 위기감을 불러일으킬 정도의 사회문제로 제기되었으며, 이에 따라 정책과 실천적 서비스에 대한 논의의 활성화가 필요하다.

우리나라의 복지정책은 줄곧 가족문제를 '사적인 책임'으로 규정하여 예방보다 사후 치료책 제시에 치중하는 '자유주의적 지향성'을 견지하는 잔여적 복지정책 성향에서 기인하는 바가 크다(김성천, 2000). 이런 상황에서 가족주의적 복지관과 부계 중심적 부양가치관 그리고 성별분업을 전제로 한 전통적 가족정책은 가족문제에 대한 새로운 기반을 구축하기에는 지체현상을 보여 가족정책의 한계를 드러내게 되었다(이진숙, 2007). 이러한 맥락에서 현대 사회의 가족문제에 대한 대응체계로 기능할 수 있는 가족정책에 대한 논의가 필요하다. 이에 이 장에서는 가족정책에 대한 개념, 이념, 범주에 대해 논의하고자 한다.

1 가족정책의 개념

가족정책에 대한 개념은 시대의 흐름이나 학자들마다 다양한 정의가 존재할 정도로 합의된 정의가 없다. 이와 같이 가족정책의 개념이 명확하지 못한 것은 정책의 대상과 관련된다. 즉, 정책의 대상인 '가족'의 개념이 명확하지 않으며, 가족의 구성원과 기능에 따르는 범주의 논의, 가족문제에 대한 정의와 해결방법에 대한 인식이 시대에 따라 변화하기 때문이다(권진숙 외, 2006).

일반적으로 사회복지분야에서 가족과 관련된 정책은 가족정책(family policy)과 가족복지정책(family welfare policy)으로 구분된다. 이 경우에 가족정책은 '국가가 가족의 기능이나 역할에 의도적으로 영향을 미침으로써 원하는 방향의 변화를 가져오려는 체계적인 개입계획'을 의미하고, 가족복지정책은 통제와 지원을 통해 국가가 순수하게 '가족을 위해 행하는 정책'만을 의미하는 것으로 이해된다.

그러나 이 두 개념은 경우에 따라 혼용되므로 명확히 구분하기가 어려우며, 오늘날 국가는 사회복지의 전 분야에 걸쳐 정책을 통해 가족에게 영향을 미치고 있으므로 가족정책과 가족복지정책의 개념을 구분하는 것은 점차 의미를 상실해 가고 있다(이진숙, 2002). 이러한 배경에 따라 가족정책의 개념을 광의로 접근하여 '가족을 대상으로 하고, 가족복지와 관련이 있는 국가의 모든 정책적 활동과 계획 그리고 지침'으로 규정하고 있다(이진숙, 2007).

가족정책에 대한 개념 정의는 학자들마다 관점에 따라 약간씩 차이를 보이고 있다. Baker(2003)는 가족정책을 '결혼, 출산, 아동 양육을 더 잘하도록 해주기 위한 사회프로그램, 법, 공적 지침'으로 정의한 바 있으며, Saraceno(2011)의 경우, 가족정책을 '가족이나 개인 가족구성원이 자기 나름의 역할, 성과 관련된 역할, 세대들 사이의 역할, 가족과 관련된 역할을 하는 상황에 영향을 미치려고 분명히 의도하고 있는 모든 공공정책'으로 정의하였다(노병일 외, 2017 재인용). 이와 같은 정의는 가족정책에 대해 '결혼, 출산, 성, 가족구성원에 대한 돌봄, 직장생활의 유지 등과 관련된 행동에 관한 원칙이나 지침, 계획'이라고 보는 것이다.

반면에 가족정책에 대한 국내의 개념 정의를 살펴보면 가족이 처한 생활상의 곤란, 질병, 실업, 가족관계의 붕괴 등으로 가족 개개인의 존엄성이 상실되고 가족생활이 중대한 위기에 직면한 데 대해서 가족의 문제를 해결하고 가족생활을 강화시키기 위한 사회적·조직적 활동으로 정의하기도 한다(권진숙 외, 2006). 또한 가족정책 개념의 모호성과 혼란에도 불구하고 그 스펙트럼이 넓지 않기 때문에 일련의 정의를 토대로 국가가 가족과 관련하여 그 사회가 추구하는 목표를 실현한다는 의도를 가지고 가족 및 가족구성원으로서의 개인을 대상으로 행하는 일련의 정책으로 정의하기도 한다(김인숙, 2007).

정리하자면, 가족정책의 대상이 되는 '가족' 개념의 경계의 불확실성으로 인해 학자들마다 다양한 개념을 제시하고 있음을 알 수 있다. 다시 말하면 가족정책의 개념과 관련된 많은 논의들은 가족의 개념과 경계, 목적에 따라 정의되고 있음을 알 수 있다. 따라서 가족정책의 개념에 따라 국가들은 가족정책의 존재 유무가 달라질 수 있다.

2 가족정책의 이념

이념 혹은 이데올로기(ideology)는 국가의 사회적, 정치적, 경제적 발달에서 중요한 역할을 하고 있다. 각 사회가 지향하는 사회적 가치와 사회정치적 이념이 다르고, 그에 따라 제각기 다른 모습의 사회정책이 형성되고 제도화되기 때문이다(최혜지 외, 2007).

이념에 대한 가장 일반적인 개념은 George와 Wilding의 정의로 개인, 집단, 사회의 행동에 영향을 미치고 이들에 의해 유지되는 가치 및 신념체계를 의미한다(George & Wilding, 1999). 따라서 이념은 인간과 사회의 현상에 대한 세계관을 형성하게 하고, 이 세계관을 통해 바람직하다고 생각하는 세계를 인식하고 평가하게 해준다. 가족정책에 영향을 미치는 이념은 여러 학자들에 의해 다양하게 분류되고 있다(〈표 2-1〉 참고). 그중 George와 Wilding의 견해를 중심으로 구분하여 설명하면 다음과 같다(김명수, 2006; 김혜경 외, 2006; 최혜지 외, 2007).

표 2-1 복지이념 모형

<table>
<tr><th rowspan="2">연도</th><th rowspan="2">주창자</th><th colspan="4">이념의 연속선</th></tr>
<tr><th>극우</th><th>중도우</th><th>중도좌</th><th>극좌</th></tr>
<tr><td>1958</td><td>Wilensky & Lebeaux</td><td>잔여적</td><td colspan="2">제도적</td><td></td></tr>
<tr><td>1974</td><td>Titmuss</td><td>잔여적</td><td>산업적 성취 및 업적</td><td>제도적 재분배</td><td></td></tr>
<tr><td>1976</td><td>George & Wilding</td><td>반집합주의(자유방임주의)</td><td>소극적 집합주의(자유민주주의)</td><td>페이비안 사회주의(사회민주주의)</td><td>마르크스주의(사회주의)</td></tr>
</table>

출처: 김명수(2006).

1) 자유방임주의형

정부의 복지 개입이 개인의 자유를 침해하는 것으로 보고 있으며, 가족의 책임을 손상시키고 경제적 비효율성을 조장한다고 주장한다(김정헌, 2003). 자유방임주의형은 개인주의의 단순한 형식에 기초하여 있고, 경제성장과 부의 극대화에 큰 가치를 부여하며 모든 종류의 계약과 합의에 있어서 개별적 선택을 강조한다. 소득과 부, 교육, 의료서비스 및 그밖의 보호형태는 생산제도에 의하여 좌우되고 그것은 약자를 보호하든 강자를 보호하든 간에 최소의 국가 개입하에 개인적 교환력에 의존하고 있다. 이 모형에서는 빈곤의 다수를 차지하고 생활수준이 생계비 이하에 떨어지거나 다른 사람을 위협할 때 정부의 개입이 요청된다. 이 유형은 빈곤의 상대적 개념보다도 절대적 개념과 관련되어 있다. 이것은 빈곤의 개인주의적 접근으로 빈곤의 원인을 성격(personalty)이나 인간의 통제를 넘어서는 상황에서 찾고 있다. 이러한 자유방임주의형을 지향할수록 개인의 능력을 고려한 유료 서비스를 강조한다.

2) 자유민주주의형

자유방임주의와는 달리 정부에 의해 관리되는 경제가 필요하다고 본다. 자본주의의 효율성과 공정성이라는 장점이 제대로 기능하기 위해서는 적절한 규제와 통제가 필요하다는 입장이다(박광덕, 2001). 즉, 기회와 개인적 자유 및 사회적 분배방식으로써 시장의 중요성을 인정한다. 그러나 최저 수준의 보장에 정부의 책임을 인정할 뿐만 아니라 사람들의 생활수준과 관련되어 있다. 자유민주주의형은 빈곤의 만족스러운 대책으로써 최저생계비 기준을 거부할 뿐만 아니라 평등주의적 목적과 이상을 또한 거부한다. 이것은 국가 원조에 의존하는 사람에 대한 문화적인 생활수준을 옹호하고 동시에 욕구가 있는 사람들에 대한 국가 원조를 제한하려고 한다. 자유민주주의자는 시장을 생활기준의 주요한 결정요인으로 받아들이고 선택 자유의 중요성을 인정한다. 자유민주주의자는 자기가 개별적으로 선택한 만큼 높은 수준의 복지에 대한 책임을 지고 사적으로 대처한다.

이러한 관점에서 공공봉사의 주요한 일은 자신을 부양할 수 없는 사람에 대한 최저 수준을 보장하는 것이다. 이러한 의미에서 자유민주주의자는 자유민주주의적 태도에서 공통된 핵심적 요소는 자기가 벌어들인 임금이나 자기가 소유하는 부에 의하여 결정되는 인간의 사회경제적 지위를 허용하는 것이다. 이것은 사회주의형과 다른 태도이다. 자유방임과 자유민주주의는 보편주의적인 국가 대책이 부도덕하고 비효과적이며 선택의 자유를 파괴한다고 본다. 개인의 자유는 시장기능에서 보장되고 자유로운 경쟁에서 생산성이 증가되며 개인의 욕구도 충족된다는 것이다. 만약 가족과 시장이 이러한 욕구를 충족하지 못할 때 정치적·사회적 안정을 위하여 사회봉사(선택주의)와 같은 복지정책이 필요하다고 생각한다.

3) 사회민주주의형

사회민주주의 체제에서는 보편주의 원칙과 사회권의 탈상품화가 신중산층에게까지 확대되어 있으며, 국가가 복지의 중심 역할을 담당한다. 국가와 시장 혹은 노동자 계층과 중산층이라는 이중성을 허용하지 않고, 최소한의 욕구의 평등성보다는 최고 수준의 평등성을 추구한다. 각종 가족 관련 복지서비스는 신중산층의 욕구를 충족시킬 수 있는 수준까지 높인다. 또한 가족의 기능에 보완하는 정책이 아니라 가족의 역할을 적극적으로 공유하고 가족기능의 사회화에 국가가 앞장을 선다. 그리하여 국가는 가족정책을 통하여 사회구성원들에게 사적 생활을 영위해 나가는 데 불편함이 없도록 가족 관련 문제를 직접적으로 해결해 나가는 책임을 다하고 있다. 이러한 형태는 스웨덴, 노르웨이, 덴마크 등의 북유럽에서 볼 수 있다.

4) 사회주의형

사회주의형은 정치적, 사회적, 경제적 활동에 참여하는 평등과 공동체의 가치를 강조한다. 개인적 자유는 다양하게 해석되고 이것은 무엇으로부터 자유라기보다는 무엇에 대한 자유이다. 정부는 누구에게나 심한 궁핍을 예방하는 활동을 제한하기보다는 적극적인 선택을 하기 위한 기회를 허용하고 쾌적성의 상대적인 기준을 마련하는 환경을 조성하는 데 책임이 있다. 분배는 완전한 경제제도에 있어서 빈곤이 존재할 수 없을 정도의 욕구에 따른다. 사회주의형은 기본적으로 자원 분배를 능력보다는 욕구에 기초해야 한다고 주장하는 점에서 자유주의형과 반대되는 것이다. 공급이 유효수요에 의하여 지배되는 시장제도는 수요가 욕구와는 다른 것으로 간주되기 때문에 거부되고 있다. 따라서 가족복지는 가족의 능력과 관계없이 가족원의 최대 욕구를 충족시켜 주는 서비스를 제공하는 것을 의미한다. 이러한 이념 모델의 빈곤대책은 최저 욕구와 관련되어 있지 않고, 빈곤은 다른 사람의 생활, 즉 교육, 의료보호, 주택, 전체적인 외형적 · 사회적 환경의 질과 관련되어 있다.

한편 한국 가족정책의 이념을 살펴보면 기존의 가족정책 이념은 가족 · 친족이 우선적으로 책임지던 잔여적 정책이념을 지향하고 있음을 알 수 있다. 특히 한국의 가족주의는 사회나 집단 내에서 주축이 되는 이념 성향을 가짐으로써 한국인들의 세계관 자체를 뒷받침하는 역할을 해왔다. 즉, 기존의 한국 가족정책 이념은 가족주의에 근거한 가족부양의 규범이 국가의 가족정책을 이념적으로 뒷받침하고 있음을 의미한다. 따라서 국가는 가족에 내재한 가족주의를 정책적 면에서 활용함으로써 선가족 책임을 우선시하였으며, '가족을 통

표 2-2 국가별 가족정책 이념과 대상

	독일	프랑스	미국	일본	한국
이념	• 조합주의 • 가족 책임에 바탕을 둔 보충성의 원칙 • 연대와 정의	• 조합주의 • 연대와 정의에 바탕을 둔 가족 다양성 • 인정과 지원	• 자유주의 • 개인주의에 바탕을 둔 시장 중심 복지 • 워크페어	• 가족의 자조원칙 • 가족기능 강화로부터 가족기능 사회화로 이행과정	
대상	양독의 통일과 유럽 통합이라는 정치경제적 변화에 대응하기 위해 기존의 잔여적 경향으로부터 보편주의로 전환	보편주의였으나 1980년대 이래 실업 등에 대한 빈곤대책의 강화로 사회보장비가 급증하면서 선별주의적 성격 부상	• 요보호가족(특히 저소득 한부모가족) • 1996년 이래로는 이에 대한 지원도 '한시적' 부조	• 저소득 가족(아동수당) • 일부 가족(그외)	개별 구성원:요보호 대상

출처: 한국여성개발원(2002).

한' 복지를 가족정책의 목표로 간주하였던 것이다(장경섭, 1992). 또한 최근 「건강가정기본법」 제정을 통해 다양한 가족 형태를 인정하고 양성평등한 가족 관계에 기초하며 가족의 전체성에 개입하여 가족문제의 예방과 해결에 정부가 적극적으로 지원하는 가족친화적인(family friendly) 가족정책 이념을 표방하고 있다(조희금 외, 2008).

이와 같이 이념적 배경에 따라 정책은 영향을 받고 있으며 실제로 각국마다 다른 정책이념에 따라 가족정책의 내용이 달라질 수 있음을 알 수 있다(〈표 2-2〉 참조). 이러한 이념적 차이는 결국 가족복지의 책임이 누구에게 있느냐와 관련되어 있는 것이다.

3 가족정책의 범주 및 유형

가족정책의 개념은 분류방식에 따라 보다 협소한 내용을 담을 수도 있고 또 매우 포괄적인 내용을 담을 수도 있는 신축적인 개념이다. 가족정책의 내용과 범위의 설정에는 각 사회의 발전단계, 핵심적 가족문제의 성격, 가족정책이 형성되어 온 역사적 조건과 배경이 관련되어 있다고 볼 수 있다(장혜경 외, 2006). 이러한 이유로 가족정책의 범주를 명확히 구분 짓는 일은 매우 어렵다. 그러나 가족정책의 범주를 규정하기 위한 시도 중의 하나는 가족이 수행하는 사회적 기능과 역할에 따라 정책들을 분류하는 방법을 사용하기도 한다(〈표 2-3〉 참조). 즉, 가족의 기능 혹은 역할수행은 부적응·역기능의 맥락에서 가족의 욕구로 표현되며 이는 가족정책의 범주로 분류될 수 있다(권진숙 외, 2006).

표 2-3 가족 욕구 중심의 가족정책의 범주

가족의 욕구	가족정책의 범주
경제적 욕구	사회보험, 공공부조, 가족수당, 조세감면 등 소득보장, 주택 관련 지원
건강의 욕구	건강보장 프로그램
양육 및 보호의 욕구	아동수당, 육아휴직, 양육비 지원, 보육서비스, 모자보건, 가족간병휴가, 노인·아동·장애인 부양 지원서비스
심리적 · 정서적 욕구	가족상담 및 치료적 서비스, 가정폭력 지원서비스, 부부상담, 기타 대인서비스
건강가족 조성의 욕구	가족에 대한 사회적 규범과 관련된 법, 제도(「가족법」, 「건강가정기본법」 등)

출처: 권진숙 외(2006).

가족정책의 범주화에 관한 시도들은 몇몇 학자들을 중심으로 이루어졌으며, 이들을 통해 가족정책의 유형이 제시되었다. 이 절에서는 가족정책의 범주와 유형화에 관한 연구들을 중심으로 가족정책의 범주와 유형을 설명하고자 한다(노병일 외, 2017).

1) Karmerman과 Kahn의 유형

Karmerman과 Kahn의 경우 가족정책의 목적과 의도의 명시성에 따라 세 가지 유형으로 구분하였다. 이들은 서구의 열네 개 국가의 가족복지 관련 정책을 비교 분석한 결과 상이한 유형을 제시하였는데 첫째, 가족복지정책은 사회문제를 해결하기 위한 정책의 한 분야로 인식되는 유형이다. 즉, 포괄적인 사회문제해결 정책의 한 분야로 다루어지면서 다른 정책과의 연계성을 강조하는 유형이다. 둘째, 가족정책을 다른 거시적인 정책적 목표를 달성하기 위한 수단으로 이해하는 유형이다. 국가의 전반적인 정책을 보다 효율적으로 수행하기 위하여 가족정책을 하나의 매개체로 활용하는 것으로서 가족정책이 독립적 영역보다는 다른 정책의 보조로 남을 여지가 있다. 셋째, 가족정책을 다른 사회정책의 선택 및 정책평가의 기준이나 관점으로 인식하는 유형으로 이 유형은 사회구성원들의 전반적 복지를 증진시키기 위하여 가족이 가장 접근하기 용이하고 정책 효과가 크다는 점을 강조하면서 다른 정책(예를 들어 노동정책, 의료정책, 교통정책, 주거정책 등)을 결정하는 데에 기준을 제시하는 역할을 하는 경우이다(김혜경 외, 2006).

2) Gauthier 유형

Gauthier(1999)는 각국별 가족정책에 대한 초기 비교연구를 통해 가족정책의 유형을 제시하였으며, 출산율의 하락, 인구의 노령화, 한부모가족의 증가, 여성의 노동시장 참여 확대 등과 같은 인구학적 변화에 대응하여 국가의 공적 개입이 가족정책으로 나타남을 지적하면서 국가마다 정책의제의 선정과 개입방법 및 수준에서 차이가 있음을 분석하였다(권진숙 외, 2006). Gauthier는 산업화된 서구 국가들을 중심으로 전통적 가족을 선호하는 출산 장려 모델, 전통적 생계부양자 모델, 평등 모델, 가족친화적/비개입주의 모델 등 네 가지 가족정책 모델로 범주화하였다(권신영 외, 2017).

첫째, 전통적 가족을 선호하는 출산장려 모델은 대표적으로 프랑스에서 취하고 있으며, 가족정책의 주요 관심사가 '출산율'에 있다. 가족정책의 주요과업은 어머니가 일과 가정을 양립할 수 있도록 도와서 아이를 갖도록 장려하는 데 있다. 이 모델의 경우, 가족 지원은 정부의 책임이며, 산전후 휴가 및 보육시설에 대한 지원수준이 높다.

둘째, 전통적 생계부양자 모델에 속하는 국가는 독일이 대표적이며, 가족정책의 주요 관심은 가족을 유지하는 데 있으며, 국가는 가족 지원에 일정한 책임을 지지만 가족 지원의 중요 원천은 일차적으로 가족 그 자체와 자발적 조직으로 전제한다. 국가가 가족에 대한 지원은 다양한 방식으로 이루어지나 전통적 생계 부양 모델이 지속적으로 유지될 수 있도록 격려한다. 이 모델은 가족정책과 출산정책이 연계될 필요가 없으며, 여성의 노동시장 진입이나 고용유지에도 큰 관심을 갖지 않는다. 이는 여성의 역할은 집에서 아이를 돌보는 어머니라는 전통적 역할을 수행하는 것으로 전제하기 때문이다.

셋째, 평등 모델은 전통적 생계부양자 모델과 대조적으로 남성과 여성에 대한 역할기대가 다르며 대표적으로 스웨덴이 이에 속한다. 이 모델에서는 남성과 여성은 부양자 및 양육자의 역할에 있어서 평등한 역할을 지닌 자로 본다. 국가의 역할로 여성이 일과 가정을 양립할 수 있는 환경을 조성하는 데 큰 책임을 진다. 여성의 육아휴직보다는 부모육아휴직을 강조하며 아동양육과 일하는 부모에 대한 국가의 지원은 강력하며 젠더 불평등을 감소시키는 전략을 취한다.

넷째, 가족친화적/비개입주의 모델은 잔여주의적 특성이 강한 모델로 미국과 영국이 이에 속한다. 이 모델은 가족 지원은 가족 자체의 충족성, 시장기능의 가치에 달려있다고 보며, 정부 역할은 주로 욕구가 발생한 가족에게로 제한되어 개입해야 한다고 본다. 따라서 일하는 어머니들을 위한 공적 보육 서비스, 산전후휴가와 같은 지원 등이 공적 영역에서 자리 잡지 못하는 특성을 보인다.

생각해 봅시다

1 가족정책의 개념이 시대, 학자들마다 다양한 정의가 존재하는 이유에 대해 생각해 봅시다.

2 국가별로 가족정책 이념과 대상을 구분하고, 한국의 가족정책과 비교하여 생각해 봅시다.

3 가족정책의 범주와 유형을 살펴보고, 이에 영향을 미치는 요인들에 대해 생각해 봅시다.

참고문헌

권신영, 공정원, 김미영, 방미나 (2017). **가족복지론.** 경기: 어가.

권진숙, 신혜령, 김정진, 김성경, 박지영 (2006). **가족복지론.** 경기: 공동체.

김명수 (2006). 한국청소년복지정책의 결정요인분석. 대구대학교 대학원 박사학위논문.

김성천 (1995). 한국 가족복지의 현황과 문제점에 관한 연구. 한국청소년연구원. **한국청소년연구, 20,** 52-53.

김성천 (2000). 한국 가족복지정책의 재조명: 문제점과 개혁방향의 모색. **한국가족복지학, 5,** 71-102.

김성천, 윤혜미 (2000). 가족복지 증진을 위한 정책 대안 연구. 보건복지부 연구보고서.

김인숙 (2007). 가족정책의 개념과 범주. **가족복지의 정책과 실천.** 경기: 공동체

김정헌 (2003). **복지국가론.** 서울: 대명.

김혜경, 도미향, 문혜숙, 박충석, 손홍숙, 오정옥, 홍달아기 (2006). **가족복지론.** 경기: 공동체.

노병일, 노대겸 (2017). 가족정책 모델의 유형화에 관한 일반적 논의. **사회과학논문집, 34**(2), 183-198.

박광덕 (2001). **현대 사회복지정책론.** 서울: 박영사.

이진숙 (2002). 한국 가족정책의 현실과 전망-범주별 정책분석. **사회복지연구, 22,** 191-218. 대구대학교 사회복지연구소.

이진숙 (2007). 가족정책에 대한 탐색적 연구-사회복지사들의 태도를 중심으로. **사회과학연구, 1**(1), 1-29. 대구대학교 사회과학연구소.

장경섭 (1992). 핵가족 이데올로기와 복지국가. **경제와 사회, 15,** 188-194.

장혜경, 김혜경, 이진숙, 김현주, 장화경 (2002). 외국의 가족정책과 한국의 가족정책 및 전담부서의 체계와 방안연구. 한국여성개발원 연구보고서.

조희금, 김경신, 정민자, 송혜림, 이승미, 성미애, 이현아 (2008). **건강가정론.** 서울: 신정.

최성재 (1992). 가족과 사회정책. 한국가족학회 추계학술대회 발표논문집, 34-35.

최성재 (1994). 사회정책과 가족. 한국가족학회 편. **현대가족과 사회,** 259-283.

최혜지, 김영란, 김종범, 순덕기, 이명남, 이옥선, 이창수, 조은경, 진석범 (2007). **사회복지사상.** 서울: 학지사.

한국여성개발원 (2002). 외국의 가족정책과 한국의 가족정책 및 전담부서의 체계화 방안 연구.

Gauthier, A. H. (1999). The Source and Methods of Comparative Family Research. *Comparative Social Research, 18.*

Gorge, V., & Wilding, P. (1999). **복지와 이데올로기.** 김영화, 이옥희 공역. 서울: 한울아카데미.

Harding, L. F. (1996). *Family and State and Social Policy.* Macmillan.

Kamerman, S., & Kahn, A. (1978). *Family Policy: Government and Families on Fourteen Countries.* Columbia University Press.

Kamerman, S., & Kahn, A. (Eds.) (1997). *Family Change and Family Policies in Great Britain, Canada, New Zealand, and the United State.* Clarendon Press · Oxford Univ. Press.

가족정책론 *Family policy*

Chapter 03

가족정책의 발달

가족에 대한 개입은 어떠한 관점에서 가족을 지원하고자 하는가에 따라 가족구성원 개인에 대한 수준에서부터 가족을 한 단위로 보아 전체로서 가족의 기능을 지원하는 것에 이르기까지 다양한 수준에서 이루어질 수 있다. 우리 사회에서 가족에 대해 국가가 개입하기 시작한 것은 1960년대 산아 제한을 목적으로 가족계획을 수립한 이후부터라고 할 수 있으며, 현재에 이르기까지 사회구조의 변화와 밀접한 관련을 맺으면서 변화하고 있다. 그동안 요보호, 취약계층에 집중되어 가족문제의 해결에 초점을 두어 왔던 국가에 의한 가족정책은 사회복지의 공급 주체로서 국가의 역할이 강조되고 가족문제의 해결뿐만 아니라 예방까지 그 영역이 확대되고, 다문화가족, 독신가족, 노인부부가족 등 다양한 형태의 가족이 등장함에 따라 새로운 전환점을 맞고 있다. 2005년 「건강가정기본법」의 제정을 통해 그동안 사회정책의 일환으로서만 다루어져 오던 가족정책이 비로소 가족의 기능을 지원하는 법적 체계를 갖춘 이래로 가족정책은 새로운 도전에 직면해 있는 것이다.

이 장은 우리 사회의 가족정책의 발달과정을 1960대 이후부터 간략하게 살펴보고, 주요 가족정책을 출산정책, 가족의 소득을 유지하기 위한 소득유지 및 보장정책, 가족의 질병을 예방하고 건강을 유지하며 건강과 관련된 욕구를 지원하는 의료보장정책, 가족의 경제적 안정을 지원하기 위한 고용 촉진 및 지원정책, 자녀양육(장애아 포함)이나 노인부양을 지원하기 위한 돌봄지원정책 등으로 구분하여 검토하였다. 또한 우리의 가족정책이 어떠한 시점에 있는가를 스웨덴, 독일, 프랑스, 일본 등의 가족정책과 비교하여 살펴보고자 선진국의 가족정책을 소득지원정책, 자녀양육지원정책, 노인부양지원정책 및 전담기구 등으로 나누어 검토하였다.

1 한국 가족정책의 발달

1) 가족정책의 발달과정

우리 사회에서 가족문제에 국가가 개입하기 시작한 것은 1960~1970년대 산아 제한을 위한 가족계획의 수립 이후부터였다고 할 수 있다. 이 시기는 우리 사회가 경제구조의 급격한 변화를 겪은 시기로 경제 성장 위주의 정부정책이 시행됨에 따라 가족에 대한 지원은 매우 미미한 수준이었다.

제5공화국(1980~1987년) 시기에는 가족 관련 정책의 지원대상이 가족으로부터 부양을 받을 수 없는 장애인, 노인, 아동, 모자 등 요보호 또는 취약계층에 집중되었으며, 제6공화국(1988~1982년) 시기에는 다양한 계층의 사회적 욕구가 정부정책에 반영되어 사회보장제도가 확충되었으나 충분한 생계유지 및 저소득층의 자립에는 미치지 못하였다. 문민정부 시대(1993~1997년)는 저소득 장애인 가구에 대한 교육비와 각종 장애인 감면제도 등이 확대되었으며, 국민의 정부 시기(1998~2002년)는 생산적 복지를 강조하여 생계에 어려움을 겪고 있는 저소득층과 실직자를 돕기 위한 각종 제도들이 마련되었다. 참여정부 시기인 2003년 이후에는 참여복지의 슬로건하에 사회복지의 공급 주체로서의 국가의 역할이 강조되고, 예방적 측면에서 복지의 기능을 강조함에 따라 「건강가정기본법」이 제정되고 여성가족부가 신설되어 가족정책의 전환점이 된 시기라고 하겠다. 2008년 2월 새로운 정부가 들어섬에 따라 기존의 여성가족부에서 담당하던 가족정책이 보건복지가족부로 통합되어 추진되었으며, 한부모가족이나 다문화가족 등에 대한 지원, 위기가정에 대한 지원 등이 쟁점으로 부각되었다.

각 시기별로 차이가 있으나 지금까지 우리나라의 가족정책은 가족구성원들이 제기하는 여러 문제에 대하여 1차적으로 가정에서 그 문제를 해결하고, 이것이 여의치 않은 제한적인 경우에 한해서만 국가가 개입하는 형태의 소극적인 가족정책을 펼쳐 왔다(김승권, 2004). 가족구성원에 대한 부양이나 양육의 기능을 가족이나 친족이 우선적으로 책임지는 잔여적 성격의 정책이었던 것이다. 즉, 학대를 받는 아동은 아동복지법, 노인가족의 문제는 「노인복지법」 그리고 모부자가정은 「모부자복지법」에 의하여 부분적으로 다루어져 왔을 뿐이다. 가족정책은 아동, 노인, 여성 등 개인 대상별, 위기 상황에 처해 있는 가족구성원을 지원해 주는 정책 위주로 수립되어 왔다고 해도 과언은 아닐 것이며, 가족을 단위로 이루어지는 정책보다는 소득보장이나 의료 및 주거정책 등으로 구분하여 다루어졌다고 할 수 있다. 예컨대 가족구성원 가운데 아동에 초점을 둔 가족정책으로는 보육제도, 무상교육, 아동보호사업, 아동입양·위탁·시설보호, 장애인 자녀교육비 지원 등이 있으며, 가족구성원 가운데 노인을 고려한 가족정책에는 경로연금, 노인취업 알선, 장기요양보험제도 등이 있다. 또한 가족 내 여성에 초점을 둔 가족정책으로는 「남녀고용평등법」, 「남녀차별금지법」, 국민연금(가급연금, 연금분할), 모자복지·보건사업, 요보호여성 발생 예방 등 생업자금 융자, 공공임대주택 우선 분양, 보육제도, 「한부모가족지원법」 등이 있다.

이와 같은 잔여적 성격의 소극적 가족정책은 가족을 문제의 유형이나 개인별 욕구수준에 따라 지원하는 성격이 강하므로 가족을 전체적인 단위로 보아 가족 전체가 기능하도록 지원하는 정책으로서의 역할은 한계가 있다. 따라서 가족단위의 통합적인 정책, 가족의 전체성을 고려한 정책은 찾아보기 어렵다.

가족정책은 급격한 사회경제적·구조적 변동 그리고 가족관계를 양성평등적인 시각에서 재편해야 할 필요성이 제기됨에 따라 가족도 일련의 변화를 겪게 되면서 변화하기에 이르렀다. 즉, 다양한 유형의 가족을 인정하고 전체적인 시각에서 가족을 지원하는 추세로 변화하고 있는 것이다. 이에 더하여 종전과 같이 가족의 문제를 해결하고자 하는 접근뿐 아니라 이의 예방에도 정부가 적극적으로 개입하기에 이르렀다. 가족구성원 개개인에 대한 지원 이외에 그간 간과되어 왔던 가족을 하나의 단위로 보아 통합적인 서비스를 제공함으로써 가족을 지원하고 가족친화적인 시각에서 접근하고자 하는 시도가 등장하게 된 것이다. 이것은 2003년 12월 「건강가정기본법」의 제정을 통해 본격화되었다. 「건강가정기본법」 제15조는 건강가정기본계획 수립 시, 가족의 기능강화 및 가정의 잠재력 개발을 통한 가정의 자립증진대책, 사회통합과 문화 계승을 위한 가족공동체 문화의 조성, 다양한 가족의 욕구 충족을 통한 건강가정 구현, 민주적인 가족관계와 양성평등적인 역할분담, 가족친화적인 사회환경 조성, 가족양육과 부양 등에서의 부담 완화, 가족해체 예방을 통한 사회적 비용 절감, 위기가족에 대한 긴급 지원, 가족의 건강성 증진을 통한 건강가정 구현, 가족지원정책의 추진과 관련한 재원 조달방안 등을 실현하도록 명시하고 있다. 본격적으로 한국 사회의 변동과 가족을 둘러싼 사회환경의 변화를 충분히 고려한 사회통합적인 가족지원정책을 수립하기에 이른 것이다. 우리 사회에서도 '개인, 가족 그리고 사회'가 상호 간에 유기적으로 관계를 맺으면서 발전하고 성장할 수 있도록 작동하는 사회적인 시스템을 갖게 된 셈이다. 사회적으로 다문화가정이 증가함에 따라 2008년 9월 「다문화가족지원법」이 제정되어 가족정책에 새로운 전기를 마련한 바 있다.

이후, 가족 해체 및 다문화가족 등 현안 사항에 적극 대응하기 위하여 보건복지가족부의 청소년 및 다문화가족을 포함한 가족 기능을 여성가족부로 이관하는 내용으로 「정부조직법」이 개정(2010.1.8.)되었다. 이에 따라 여성부는 다시 여성가족부로 개편(2010.3.19.)되었으며, 여성정책의 종합 및 여성의 권익증진 등 지위향상뿐만 아니라 가족정책, 건강가정사업을 위한 아동 업무 및 청소년의 육성 복지 및 보호 기능까지 함께 수행하고 있다(여성가족부).

최근에는 2016년 「건강가정기본법」을 일부 개정하여 국가 및 지방자치단체의 출산과 육아에 대한 사회적 책임(제8조 2항), 임신 출산 수유 및 육아와 관련된 모·부성권 보장을 위한 유아휴직 및 유급휴가시책의 확산노력(제21조 9항), 긴급복지지원법의 적용(제21조의 2, 3), 한국건강가정진흥원의 설립 등(제34조의 2)을 강조 또는 명기하고 있다.

2) 한국의 주요 가족정책

가족정책은 다양한 분야로 나눌 수 있다. 가족이 수행하는 사회적 기능에 따라 재생산을 지원하는 산전후 휴가, 양육휴가 등의 제도, 아동수당이나 소득공제 등과 같은 경제적 기능을 지원하는 제도, 사회화 기능을 지원하는 교육비 공제와 장학제도 그리고 여가나 노인 보호를 지원하는 장기요양보험제도 등으로 구분하기도 한다. 이 책에서는 가족정책을 출산정책, 가족의 소득을 유지하기 위한 소득유지 및 보장정책, 가족의 질병을 예방하고 건강을 유지하며 건강과 관련된 욕구를 지원하는 의료보장정책, 가족의 경제적 안정을 지원하기 위한 고용 촉진 및 지원정책, 자녀양육(장애아 포함)이나 노인부양을 지원하기 위한 돌봄지원정책, 가족의 주거 안정을 지원하기 위한 주거정책 등으로 구분하여 기술하고자 한다(최경석 외, 2006).

(1) 출산 관련 정책

출산 관련 정책은 크게 가족계획사업과 같이 정부 주도의 피임 실시, 소자녀출산 가정에 대한 인센티브제도와 같은 출산율 억제제도와 보육서비스 및 다자녀출산 가정에 대한 세제 지원, 모자보건 지원정책과 같은 출산율 제고정책으로 구분된다. 우리나라의 경우 저출생 문제에 대응하기 위하여 가족친화제도, 보육서비스, 인센티브제 도입 및 모자보건지원정책이 도입되고 있다.

남녀 근로자가 직장과 가정일을 조화롭게 수행하고 자녀출산과 양육에 차질이 없도록 다양한 정책, 프로그램 등을 지원하는 가족친화제도에는 탄력근무제도, 보육 및 돌봄지원제도, 휴가 및 휴직제도, 근로자 지원제도 등이 있다. 우리나라의 경우 남성도 자녀양육에 적극 참여할 수 있도록 육아휴직제도(건강가정기본법 제21조, 2016.5.29 일부 개정)를 도입한 것 등이 대표적이다.

보육서비스는 자녀양육에 수반되는 경제적 부담을 완화하는 것으로 정부는 이를 위하여 어린이집에 대한 지원을 확대하거나 영육아 보육비를 현금으로 지원하고 있다. 대표적인 보육서비스는 어린이집에 대한 지원의 일환으로 방과 후 보육서비스 확대, 보육시간 연장, 휴일이나 공휴일 보육 지원, 영유아 및 장애아전담이나 장애아통합 어린이집 등의 확대가 이에 해당한다.

인센티브제도는 자녀양육 가정에 대한 물질적인 혜택과 사회적인 우대를 의미하며 다자녀가구에 대한 특별 주택 공급과 세제감면, 공공시설 이용 시 우대제도 등이 포함된다. 우리나라는 정부 차원에서 세 자녀 가구에 대해 주택건설량의 3% 내에서 주택을 특별 공급하고 있으며, 다자녀가구에 대한 공제제도를 추가한 바 있고, 지방자치단체 등에서는 세 자녀 이상 가정에 출산장려금이나 현물 지원 등의 다양한 인센티브를 제공하고 있다.

그밖에 임신·출산비용의 지원 확대를 위한 모자보건지원정책의 일환으로 불임부부 시험관아기 시술비 지원, 여성 및 어린이 건강관리, 미숙아·선천성 이상아 등록 및 관리, 모유수유 교육 등의 확대를 추진하고 있다.

2016년에는 행정자치부를 중심으로 지역맞춤형 저출생 극복을 선도하기 위한 '뉴-베이비붐' 공모사업를 추진하여 서울 성북구, 충남 부여군, 전북 완주군, 경북 의성군, 경남 밀양시 등 5개 지자체를 선정하고 특교세 29억 원을 지원하여 2017년부터 본격적으로 추진한다. '뉴-베이비붐'이란 지자체가 지역맞춤형 저출생 극복 시책을 마련, 지역 중심의 새로운 베이비붐을 조성하는 사업으로서 저출생 극복의지가 강한 선도지자체를 선정해 저출생 극복에 필요한 시설 조성 및 시스템 등을 구축하는 것이 핵심이다.

구체적인 내용을 살펴보면, 서울 성북구는 2017년에 리모델링하는 어린이집인 베이비맘스 카페를 기존 아동전용보건소, 아동청소년센터 등 돌봄시설과 하나의 벨트로 연계하고 온라인 통합서비스를 지원한다. 충남 부여군은 출산과 육아, 보육 관련 서비스를 통합해 제공하는 '가족행복센터'를 건립하며, 전북 완주군은 관련 시설들을 통합해 '해피맘프라자'를 조성한다. 가족문화교육원을 리모델링하고 일·가정양립지원센터를 신축, 기존 가족정책과 결혼·출산·양육·일자리 등을 연계한 저출생 극복 통합 프로그램을 개발·운영한다. 경북 의성군은 기존 보건소를 증축해 결혼상담센터와 출산장려지원센터, 임산부건강지원센터, 육아지원센터 등을 통합 운영하며, 경남 밀양시는 아파트 단지의 공동시설을 공동육아공간으로 리모델링하는 사업을 추진한다.

(2) 소득유지 및 보장정책

가족을 위한 소득유지 및 보장정책은 가족의 물질적 생활환경의 개선은 물론 자녀양육과 노인부양 등으로 인한 가족의 경제적 부담을 완화하고 소득 불균형을 제고하기 위한 정책이다. 여기에는 가족의 기능을 사회적 차원에서 적극적으로 인정·보상하고, 자녀가 없는 부부가구와 자녀를 둔 가족 간에 생활 수준의 차이가 크게 벌어지지 않도록 소득 재분배 효과를 지향하며, 가족을 부양할 수 있는 근로소득 능력이 약화 또는 상실될 경우 최저생활을 초과하는 소득이 보장될 수 있도록 지원하는 정책이 포함된다. 보험방식의 국민연금, 공공부조 방식의 기초생활보장제도, 조세방식의 공제제도가 대표적이다.

이러한 제도들을 좀더 구체적으로 살펴보면 경제활동을 하고 있는 세대의 노후를 보장하는 공적제도인 국민연금제도는 노후에 경제적 궁핍으로부터 벗어나 자녀들에게 경제적인 부담을 주지 않고자 하는 취지의 세대 간 경제생활보장정책이라고 할 수 있다.

공공부조 방식의 기초생활보장제도는 생활이 어려운 가족에게 필요한 급여를 제공하여 취약계층 가족의 경제적 자활능력과 이를 위한 금전적 지원강화를 목적으로 한다. 이 제도에 의한 혜택을 받기 위해서는 국민기초생활보장의 수급자로 선정되어야 한다. 그 자격요건은 소득기준, 재산기준(자동차, 토지, 주거면적 등), 부양의무자 기준(부양의무자의 부양능력 포함) 등 까다로운 규정과 노동능력자에 대한 조건부 수급기준 등을 동시에 충족시켜야 하는 절차가 수반된다. 이 가운데 소득기준은 매년 공표되는 최저생계비를 토대로 결정되며, 부양의무자의 범주에는 배우자, 직계 혈족(부모, 아들, 딸)과 그 배우자(며느리, 사위), 수급권자와 생계를 같이하는 형제자매가 해당된다. 동 제도에 의하여 수급권자는 생계급여, 의료급여, 주거급여, 교육급여, 해산급여, 장제급여, 자활급여 등을 제공받을 수 있다.

조세방식의 공제제도는 각종 세금공제를 통한 소득지원정책의 일환으로 실시된다. 예컨대 소득세법 제47조(2012.1.1 개정)에 의하여 근로소득이 있는 개인은 500만 원을 기준으로 그 이하의 소득이 있는 자에 대해 급여액의 100분의 80을 공제하고, 500~1,500만 원 이하의 근로소득자에게는 '400만 원 + 500만 원을 초과하는 금액의 50/100'을 공제하는 등 소득 구간별로 공제율이 차등

적용된다. 이밖에 당해 연도에 종합소득이 있는 모든 거주자를 위한 '기본공제', 1~2인의 소수 가족을 위한 '소수공제자 추가 공제', 종합소득이 있는 거주자 중 연금보험료를 납부한 경우 당해 연도의 종합소득 금액에서 그 해의 납부보험료 전액을 공제해 주는 '연금보험료 공제' 등이 있다. 이 제도는 납세능력이 있는 일정 수준 이상의 가족만을 대상으로 하고 있어 일정 수준 이하의 가족은 그 혜택에서 사회적으로 배제되어 있다는 문제점이 지적되기도 한다.

이밖에 빈곤가족을 위한 경제적 생활을 지원하는 정책으로는 한부모가족지원정책을 들 수 있다. 2008년 1월 시행된 「한부모가족지원법」에 의거하여 18세 미만의 자녀를 둔 저소득 한부모가족에게 복지급여를 지원한다. 복지급여에는 생계비, 아동교육지원비, 직업훈련비 및 훈련기간 중 생계비, 아동양육비 등이 있다.

2017년부터 기초생활보장 사각지대 축소 및 급여 보장성 강화를 위해 4인 가구 기준 월 134만 원에 못 미치는 소득인 경우 생계급여를 지급받을 수 있다. 또한 2017년 1월 1일부터 상시 300인 미만 사업장 및 국가·지방자치단체에도 정년 60세 이상 의무화가 시행된다. 다만, 경찰·소방 공무원 등 법령에 별도의 계급 정년을 정하는 경우는 제외된다. 300인 이상 사업장과 공공기관은 2016년부터 시행하고 있다.

(3) 의료보장정책

가족의 질병을 예방하고 건강을 증진시키는 것과 관련된 제도에는 건강보험, 산재보험 및 의료급여가 있다. 건강보험제도를 통해 기존의 치료서비스를 중심으로 제공되던 의료서비스가 건강 증진, 질병 예방 그리고 재활을 포괄하는 보장성 성격의 보험으로 재편되었으며, 산재보험에서는 간병보험제도가 신설되어 장기보호를 요하는 1, 2급 중증 산업재해 장애인들은 치료가 종결된 후에도 간병을 받을 수 있게 되어 가족의 경제적 부담을 덜게 되었다. 또한 배우자, 부모, 13세 이상의 자녀 또는 형제가 간병하는 경우에도 급여를 받을 수 있으며, '후유증상의 진료'가 신설되어 재요양의 요건에는 해당되지 않으나 치유된 후에도 후유증상이 발생할 우려가 있는 대상자에게 현물급여에 해당하는 진료서비스를 제공하여 가족의 경제적, 정서적 욕구를 지원하도록 하고 있다. 이밖에 의료급여를 통해 저소득층 가족의 건강유지를 지원하고 있다.

2017년부터 임신부, 조산아 등 사회적 관심 계층에 대한 건강보험을 확대하고 있다. 임신기간 외래 본인부담율을 의료기관 종별로 각각 20% 인하하고 다태아 임산부 국민행복카드 지원액을 70만 원에서 90만 원으로 인상하며, 조산아 및 저체중아의 외래진료 본인부담률은 10%로 인하하고 있다.

(4) 고용 촉진 및 지원정책

우리나라의 고용 촉진 및 지원정책은 주로 빈곤층과 실직자를 위한 정책으로 이루어져 있다. 빈곤가족과 관련된 고용 촉진 및 지원정책은 국민기초생활보장제도상의 자활사업과 여성인력개발센터의 저소득 빈곤가족 여성과 고령 여성을 대상으로 하는 고용 촉진 프로그램이 대표적이다.

빈곤층을 위한 정책 중 자활사업은 저소득층 빈곤가족이 적극적으로 노동시장에 참여할 수 있도록 지원하여 경제적으로 자활할 수 있도록 돕는 정책이다. 취업 지원, 자활공동체 창업 지원, 비취업자에 대한 일자리 창출 및 제공 등이 해당되며, 지역사회 내 자활후견기관에서 주로 담당한다. 구체적으로 살펴보면, 현재 취업자와 취업대상자에게는 직업 적응 훈련과 개인별 맞춤 형식의 직업훈련 프로그램이 제공되고, 창업 활성화를 위해서는 전세점포지원사업과 창업 초기 운용자금 지원 등이 제공된다. 고령자나 여성가구주 등 비취업대상자들에게는 무료 간병도우미사업, 음식물 재활용사업, 집수리도우미사업, 청소사업 등이 추진되고 있다. 여성인력개발센터에서는 인터넷 활용능력 등 사무능력 향상, 간병인·조리사·산모도우미 양성 프로그램, 여성가장을 위한 컴퓨터 전문가, 급식조리사, 가정유아관리사 프로그램 등이 운영되고 있다.

실직자를 위한 대표적인 고용정책은 근로자가 실직하였을 경우 일정기간 가족의 안정된 생계유지를 지원하도록 고안된 실업급여가 있으며, 전 직장에서 지급된 평균임금의 50%가 지급된다. 이는 독일의 63%, 스웨덴의 65%에 비해 상대적으로 낮은 수준이며, 실업급여의 산정방식에 가족의 수는 고려되지 않고 있다는 한계가 있다.

고용촉진 및 지원정책에서 우리 사회의 두드러진 변화는 임신, 출산 및 육아 등으로 인하여 경력이 단절된 여성에 대한 사회적 관심이 증가하고 있다는 데 있다. 경력단절 여성들의 재취업 장벽을 해소하고 사회로의 재진입을 원활하게 하기 위하여 정부가 경력단절여성을 위한 구직 지원 정책을 한층 강화하고 있다. 실제로 2016년 기혼여성(15~54세) 취업자 2명 중 1명(46.4%)은 결혼, 임신·출산, 가족 돌봄 등의 이유로 경력단절을 경험하고 있는 것으로 나타났다(정책브리핑).

그림 3-1 기혼여성 경력단절 사유 (단위: %)

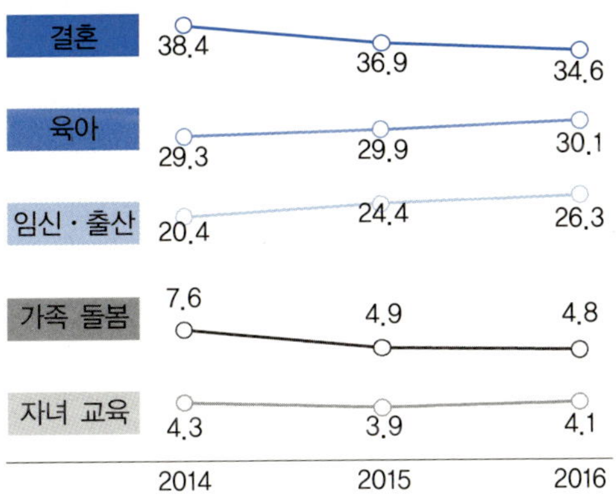

출처: 통계청(2017). 고용노동부 정책자료.

통계청의 '일 · 가정 양립 지표(2016)'에 따르면 15~54세 기혼여성 927만 3000명 중 결혼, 육아, 임신 및 출산 등의 사유로 직장을 그만둔 경력단절여성은 20.6%(190만 6,000명)로 나타났으며, 특히 결혼 34.6%, 육아 30.1%, 임신 · 출산 26.3% 순으로 경력단절을 경험한 것으로 조사되었다(정책브리핑).

이와 관련하여 여성가족부는 2017년 2월, '경력단절여성 취 · 창업 지원 서비스 대책'을 발표하고 '여성새로일하기센터(새일센터)'를 5개소 늘려 전국적으로 155개소를 운영할 계획이다. 새일센터는 임신, 육아, 가사 등으로 경력이 단절된 여성의 취업을 지원하는 종합 취업기관으로 직업상담, 직업교육, 취업연계, 취업 후 사후관리에 이르기까지 구직과 취업에 관련한 모든 서비스를 지원하고 있다.

또한 기존 8개 시 · 도에서만 가능했던 온라인 취업지원 서비스 '꿈날개'를 확대하여 전국적으로 이용 가능하도록 추진하고 있으며, 일대일 전담상담사를 지정 · 운영해 취업에 필요한 역량을 진단하고, 직업교육 및 모의 면접까지를 연계하여 밀착형 맞춤 취업 지원체계를 구축하고 있다. 그밖에 창업에 대한 사회적 관심을 반영하여 여성기업종합지원센터, 소상공인지원센터 등 창업 지원기관과 연계를 강화하여 단계별 맞춤형 창업지원서비스를 제공하고 있다. 뿐만 아니라 광역 · 농어촌형 새일센터를 중심으로 '창업 담당 매니저(관리인)'를 지정하여 창업 지원시스템의 효과성을 극대화할 계획이다. 여기에 새일센터의 직업교육 훈련을 내실화하여 정보통신기술(IT), 콘텐츠 등 미래 산업에 대응할 수 있는 고부가가치 직종의 직업훈련 과정을 종전 25개에서 35개로 확대하고, 참여 대상 확대 및 '현장형 인재'를 양성하기 위한 실습 비중을 늘려 현장중심 교육을 한층 더 강화하고 있다(정책브리핑).

고용노동부는 고용문화개선정책의 일환으로 2016년 9월 1일부터 임신기 근로시간 단축 등 전환형 시간선택 운용을 확대 운영한다. 임신기 근로시간 단축 등 전환형 시간선택제를 도입해 운영하는 사업주에게 지급하는 정부 지원금이 9월 1일 전환근로자부터 1인당 월 최고 40만 원에서 60만 원으로 인상 적용된다. 전환근로자의 임금감소분 보전 명목으로 지원하는 전환장려금이 월 최고 20만 원에서 40만 원으로 2배 인상되고, 중소·중견기업에 지원하는 간접노무비는 종전과 같이 월 20만 원이 지원된다. 지원기간은 최대 1년으로, 연간으로 보면 전환근로자 1인당 지원 금액이 480만 원에서 720만 원으로 240만 원 늘어나는 셈이다. 또한, 전환근로자의 업무공백 보충을 위해 대체인력을 채용할 경우에는 월 60만 원(대기업 30만 원)이 지원된다(종전과 동일). 이번 지원금 인상으로 시간선택제 전환근로자에 대한 임금감소분 보전이 강화되고, 특히 임신기 근로시간 단축의 경우 사업주의 비용 부담이 더 줄어들게 되어 제도 활용이 촉진될 것으로 기대된다.

2016년 8월 발표한 전환형 시간선택제 수요조사 결과에 따르면 근로자들은 사내눈치 외에도 근무시간을 단축하면 임금이 감소하기 때문에 실제 활용이 어렵다는 응답비율이 높은 것으로 나타났다. 더욱이 임신기 및 육아기 근로시간 단축제도는 근로자의 권리로 보장된 제도임에도 제도를 이용한 직원이 한 명도 없는 기업이 응답기업(989개)의 절반 이상(560개, 56.6%)으로 나타나 법적 권리조차 활용하기 어렵게 만드는 경직적인 근로관행이나 사내눈치 등 조직문화 개선이 시급한 것으로 조사되었다. 아울러, 지원대상 근로자도 시간선택제 전환기간이 최소 1개월 이상인 근로자에서 최소 2주 이상인 근로자로 확대된다. 임신이나 학령기 자녀돌봄과 같이 짧은 기간 동안만 전환하고자 하는 수요를 충족시키는 한편, 짧더라도 보다 많은 근로자들이 전환형 시간선택제를 경험하도록 하는 것이 일·가정 양립 문화를 확산시키는 데 도움이 될 것으로 보기 때문이다. 정부는 전환형 시간선택제가 여성 등의 경력단절 예방, 직장 만족도 및 업무효율을 높여 기업 성과도 향상에 기여함은 물론 고용을 촉진하여 저출생 극복에도 도움이 되는 중요 경로로 보고 2015년부터 재정지원을 실시하는 등 제도 확산에 힘쓰고 있다(고용노동부 정책자료).

(5) 돌봄지원정책

돌봄이란 어린이나 성인의 일상생활을 돕는 가정과 사회에서의 유·무급의 활동을 일컫는 포괄적인 개념이다. 여기에는 자녀양육을 지원하는 정책과 노인부양을 지원하는 정책이 포함된다.

자녀양육지원정책에는 「영유아보육법」에 의한 저소득층 아동에 대한 보육 지원, 「근로기준법」에 의한 산전후 휴가와 「남녀고용평등법」에 의한 육아휴직 등이 포함된다.

보육지원사업의 일환으로 2012년 3월부터 만 0~2세 법정 저소득층 아동과 소득수준과 무관하게 어린이집 이용 0~2세 아동 및 만 3~4세의 법정 저소득층 아동과 영유아가구 소득하위 70% 이하 아동에게는 보육·교육비(유아학비)가 전액 지원된다. 여기에서 법정 저소득층 아동이란 「국민기초생활보장법」 제5조에 의한 수급권자 및 그 가구원(의료, 교육, 자활 급여 특례수급권자 포함), 「한부모가족지원법」에 따른 보호대상자로 선정된 모·부자가정 아동, 「아동복지법」 제16조에 의한 아동복지시설에서 생활 중인 만 3~4세 아동(아동복지시설에서 생활 중인 만 0~2세 아동은 지원 불가), 여성폭력피해자 보호시설(가정, 성폭력), 성매매피해자 지원시설에 입소한 여성의 동반자녀, 모·부자(일시) 보호시설 등에 입소한 자의 동반자녀 등, 미혼모자 공동생활 가정에 입소한 자의 동반자녀를 말한다. 또한 36개월 미만의 차상위 계층 아동을 대상으로 양육수당이 차등 지원된다. 즉, 만 0세 아동 월 20만 원, 만 1세 아동 월 15만 원, 그리고 만 2세 아동 월 10만 원의 양육수당이 지원되며, 2013년부터 36개월 미만 아동(영유아 소득하위 70%)에게는 연령에 무관하게 월 10만 원의 양육수당을 지원하고 있다. 2017년부터 출산 전후 90일까지 가능한 출산전후휴가를 갈 때 받을 수 있는 급여 상한액이 135만 원에서 150만 원으로 인상된다.

최근, 맞벌이가족이 지속적으로 증가함에 따라 육아휴직제도에 대한 남성들의 관심과 참여가 높아지면서 육아휴직제도에 대한 시각이 변화하고 있는 추세이다. 고용노동부에 따르면 2016년 상반기 남성 육아휴직자는 전년 대비 51.6% 증가하여 전체 육아휴직자 중 남성 비율도 7.4%를 차지하는 것으로 나타났다. 이는 2015년 같은 기간에 남성 비율이 5.1%였던 것에 비하면 2.3%포인트나 증가한 수치이다.

그림 3-2 남성 육아 휴직자 수

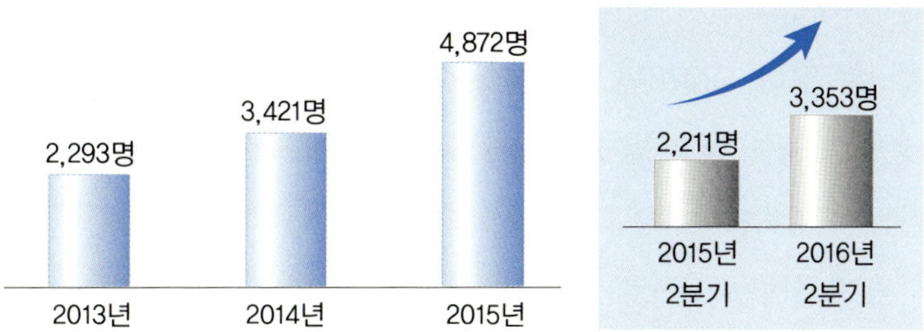

출처: 고용노동부(2017).

육아휴직제도는 만 8세 또는 초등학교 2학년 이하의 자녀를 둔 근로자가 남녀 각각 최대 1년간(부부 합산 최대 2년) 육아휴직을 할 수 있는 제도이다. 육아휴직 기간에는 통상임금의 40%(하한 50만 원, 상한 100만 원)를 매월 고용보험에서 지급한다. 전년 대비 100인 이상~300인 미만 기업은 61.5%, 10인 미만 사업장에서도 47.1% 증가하는 등 남성의 참여가 증가하고 있다.

아빠의 달 인센티브 제도는 같은 자녀에 대해 부모가 순차적으로 모두 육아휴직을 사용하는 경우 두 번째 사용한 사람의 육아휴직 3개월 급여를 통상임금의 100%(상한 150만 원)로 상향해 지급한다. 둘째, 셋째 아이 등의 경우에도 각각 동일하게 혜택을 받을 수 있다. 육아휴직은 동시에 사용할 수 없고, 순차적으로 사용할 경우에만 적용된다. 대부분의 여성이 육아휴직을 하고 있는 사회 분위기에서 아빠의 달 인센티브제도는 남성이 육아휴직을 사용하는 긍정적인 동기가 되고 있다. 특히 남성 육아휴직을 촉진하는 정책인 '아빠의 달' 이용자 수는 2016년 2,046명으로 지난해 같은 기간(594명) 대비 3.4배 증가하여 육아휴직제도에서 남성 활용 비율이 88.6%로 최고치를 기록한 바 있다(정책브리핑).

육아기 근로시간 단축제는 육아휴직을 사용하지 않는 근로자를 대상으로 주당 15~30시간 근로시간을 단축하여 육아와 균형을 맞출 수 있도록 하는 제도이다. 감액된 임금의 일부(통상임금의 60%)는 고용보험에서 지원한다. 「남녀고용평등법」이 개정되면서 육아기 근로시간 단축제만 사용할 경우 최대 2년까지 사용할 수 있다. 2016년 100이상 300인 미만 기업에서 전년 동기 대비 164% 활용률이 높아졌고 남성이용자도 97명으로 전년 대비 19.4% 증가한 것으로 나타났다(정책브리핑).

산전후 휴가급여는 「근로기준법」 제72조에 의거하여 임신 중인 여성에게 통상 90일간 유급으로 보장되며, 2005년에 산전후 휴가비용을 전액 고용보험에서 지급하도록 개정하였다. 이러한 제도는 3세 이후의 학령기 자녀를 위한 부모휴가제도를 운영하고 있는 스웨덴과 비교한다면 여전히 미흡한 수준이라고 하겠다. 이밖에 이혼가족 자녀의 양육을 위하여 이혼 합의 시 양육에 대한 역할분담을 명확히 하도록 제도적으로 규정하고 있고, 이러한 원칙이 지켜지지 않을 경우 이혼이 성립되지 않도록 '양육비 일부 의무부담' 조치를 취하고 있다.

노인부양지원정책에는 장기요양보험제도와 건강관리서비스 등이 있다. 2008년 7월 1일 도입된 장기요양보험제도는 그동안 가족이 전적으로 노인을 돌보던 것에서 노인에 대한 돌봄을 사회적 보호의 차원으로 확대하여 가족의 노인부양 부담을 경감하고자 하는 돌봄지원정책 가운데 하나이다.

즉, 노인장기요양보험제도는 고령이나 노인성 질병 등으로 목욕이나 집안일 등 일상생활을 혼자서 수행하기 어려운 이들에게 신체활동·가사지원 등의 서비스를 제공하여 노후 생활의 안정과 그 가족의 부담을 덜어주기 위한 사회보험제도를 일컫는다. 치매나 중풍 등 노인성질환으로 타인의 도움을 받지 않고는 혼자 생활하기 어려운 노인을 대상으로 간병, 수발, 목욕, 간호, 재활 등의 요양서비스를 국가 및 사회가 공동 책임하에 제공함으로써 가족의 노인부양 부담을 완화 또는 경감시키고자 하는 제도라고 할 수 있다.

신청대상은 소득수준과 상관없이 노인장기요양보험 가입자(국민건강보험 가입자와 동일)와 그 피부양자, 의료급여수급권자로서 65세 이상 노인과 64세 이하 노인성 질병이 있는 자이다. 급여대상은 65세 이상 노인 또는 치매, 중풍, 파킨슨병 등 노인성 질병으로 6개월 이상의 기간 동안 혼자서 일상생활을 수행하기 어려운 노인으로서 장기요양등급을 1~3등급 및 그밖에 등급 외(경증)로 판정하고 있다. 장기요양 등급판정기준을 구체적으로 살펴보면, 1등급(최중증)은 일상생활에서 전적으로 다른 사람의 도움이 필요한 자로서 장기요양인정점수가 95점 이상인 자, 2등급(중증)은 일상생활에서 상당 부분 다른 사람의 도움이 필요한 자로서 장기요양인정점수가 75점 이상 95점 미만인 자, 3등급(중등증)은 일상생활에서 부분적으로 다른 사람의 도움이 필요한 자로서 장기요양인정점수가 55점 이상 75점 미만인 자가 해당된다. 그리고 등급 외(경증)는 식사·배설·옷 벗고 입기 모두가 대체로 자립이나, 생활 관리 능력이 저하하는 등으로 가끔 지원이 필요한 자로서 목욕, 옷 벗고 입기 등에서 곤란을 겪는 자가 이에 해당한다. 장기요양인정 및 서비스 이용절차는 ① (공단 각 지사별 장기요양센터) 신청 → ② (공단직원) 방문조사 → ③ (등급판정위원회) 장기요양 인정 및 등급판정 → ④ (장기요양센터) 장기요양인정서 및 표준장기이용계획서 통보 → ⑤ (장기요양기관) 서비스 이용의 절차 및 과정을 거친다.

급여의 내용은 시설급여, 재가급여 및 특별현금급여로 구분할 수 있는데, 시설급여는 요양시설에 장기간 입소하여 신체활동 지원 등 제공하는 것을 말하며, 재가급여는 가정을 방문하여 신체활동, 가사활동, 목욕, 간호 등 제공, 주간보호센터 이용, 복지용구 구입 또는 대여를 하는 것을 말한다. 특별현금

급여는 도서벽지지역에 가족요양비를 지급하는 것 등을 말한다(보건복지부).

또한 치매의 위험이 높은 60세 이상 어르신을 대상으로 치매 조기검진을 실시하여 치매환자를 조기에 발견·관리함으로써 치매환자 및 그 가족들의 삶의 질 제고를 목적으로 치매조기검진 사업이 실시되고 있다. 사업주체는 시·군·구(보건소)이며, 60세 이상 모든 노인을 대상으로 하되 저소득층에 우선권을 부여한다. 사업내용은 보건소에서 1단계 치매선별검사를 실시하고, 그 중에서 인지기능 저하자를 대상으로 보건소와 지정·연계한 거점병원에서 진단검사, 감별검사 등을 실시한다.

그리고 혼자 힘으로 일상생활을 영위하기 어려운 노인과 독거노인에게 욕구에 따라 안전확인, 생활교육, 서비스 연계, 가사활동 지원 및 주간보호 등 맞춤형 복지서비스 제공하고 노인돌봄사업이 실시되고 있다. 즉, 요양서비스 불필요노인에게는 안전확인, 생활교육, 서비스 연계 등의 기본서비스가 제공되며, 요양서비스가 필요한 노인에게는 가사·활동지원, 주간보호 등의 종합서비스가 제공된다(보건복지부).

이밖에 건강관리서비스는 지역사회를 중심으로 노인의 만성질환을 예방하고, 적절한 시기에 대처할 수 있도록 하여 노인의 건강을 유지하는 것을 말한다. 우리나라에서는 지역사회 보건의 차원에서 보건소를 중심으로 노인에 대한 건강관리 및 교육이 이루어지는 추세이며, 향후 지역사회의 다양한 사회복지기관이나 의료기관, 가정 및 공공기관이 연계되는 시스템을 구축할 필요가 있다고 할 것이다.

(6) 기타 가족 관련 정책

다양한 양식의 삶과 문화가 공존하는 현대 사회에서 가족은 많은 변화를 겪게 된다. 가족구성원 간의 가치갈등이 심화되어 대화가 단절되거나 정서적 교류가 불충분하여 결속력이 약화되고 세대 간에 문화적, 정서적 이질감이 심화되는 등 더이상 가족구성원 스스로 해결하기 어려운 문제들에 직면하기도 한다. 가족구성원 간의 단절감을 극복하고 공동체 의식을 강화하며, 상호 평등하고 존중하며 소통할 수 있는 새로운 가족문화를 창출하는 것이 시급한 과제라고 할 수 있다. 이를 위해서는 가족의 심리, 정서적 욕구를 충족시킬 수 있는 대인서비스가 필요하다고 할 것이다. 외국의 경우 가족의 여가나 휴양을 지원하는 문화예술정책이나 교통정책 등이 수반되어 있어서 가족들이 저렴한 비용으로 휴양지를 이용하기도 하며, 예술 관람을 하고, 가족단위로 대중교통을 이용할 수 있는 체계가 마련되어 있다. 이를 통해 가족구성원 간의 정체성과 연대성을 강화할 수 있으며, 심리·정서적 안정을 얻을 수 있다.

따라서 가족상담, 환경적인 개입이 강조되는 가족복지실천 프로그램, 가족문제를 전문적으로 해결하는 가족치료, 가족구성원의 사회적 기능을 강화하기 위한 가정생활교육, 가족욕구를 충족시킬 수 있는 지역사회를 조성하기 위하여 지역주민의 사회행동을 연대하도록 계획하는 가족옹호, 가족욕구의 충족과 가족 유지를 위한 가족 보존과 가정기반서비스, 각종 장애문제로부터 가족구성원을 보호하여 역할수행과 능력을 고취시키는 가족보호서비스 등이 제공되어야 한다. 또한 가족구성원의 삶의 질적 향상을 도모하고 잠재된 능력을 개발하는 데 초점을 둔 가족의 여가욕구나 문화생활을 지원하기 위한 프로그램도 도입되어야 할 것이다. 우리나라의 경우 건강가정지원센터가 그 기능을 수행하고 있다고 하겠다.

2 외국 가족정책의 발달

가족정책의 방향이나 구체적인 내용은 그 사회가 처한 현실과 사회 전반의 이념적 지향에 차이를 보이고 있으며, 전담부서를 설치하거나 부처 간 조정기구를 설치하는 등 각국의 실정에 맞는 적절한 방식을 채택하고 있다.

1) 스웨덴

스웨덴 가족정책의 기본 이념은 사회구성원 누구나 공공복지에 기여자가 되어야 함과 동시에 수혜자가 되는 사회연대와 평등이라고 할 수 있다(김성천·윤혜미, 2002). 가족친화적인 성격이 강한 스웨덴의 가족정책은 노동시장에서의 양성평등을 통한 여성의 일(노동)과 자녀양육(가족생활)의 병행을 가능하게 하는데 초점을 둔다. 가족의 다양성을 인정하여 동거와 결혼이 동일하게 인정되며, 개인이 어떠한 가족의 유형을 선택하든지 일정 수준 이상의 생활이 보장된다.

가족정책의 급여 제공에서도 차별을 받지 않고, 분리과세의 조세정제도를 유지하여 부부를 모두 가장으로 인정하므로 여성의 노동시장 참여를 적극 유도하는 데 그 특징이 있다. 즉, 스웨덴의 가족정책은 여성을 가정 내 역할수행에 대한 보상보다는 노동자로 인정하여 여성의 자녀양육 부담을 경감시키고 노동시장 참여를 지원하는 방식으로 고용과 가족생활에서의 양성평등을 추구한다고 하겠다. 여성의 경제적 자립을 인정하고 가사노동과 양육 책임에 대하여 성평등한 분배를 위한 정책의 필요성을 인정하고 있는 것이다(이경아, 2001). 뿐만 아니라 다양한 가족의 형태를 수용하고 어떠한 유형의 가족 형태이든 개인의 출생에서 사망에 이르기까지 국가가 지속적인 도움을 제공하는 진보적, 가족친화적 관점을 띠는 것이 스웨덴의 가족정책이라고 할 수 있다. 스웨덴에서 부모역할과 노동의 병행을 가능하게 하는 가족정책에는 가족수당(아동수당), 공보육(public daycare), 부모휴가(육아휴직)제도가 있다.

(1) 소득지원정책

가족에 대한 소득지원의 근간은 자녀가 있는 가정에 대한 가족수당에서 찾을 수 있다. 모든 시민이 최소한의 생계수준을 보장받아야 하며, 아동이 빈곤으로부터 보호를 받고 경제적으로 적절한 환경에서 양육되어야 한다는 취지에서 보편적 정액급여의 형태로 1948년 도입된 가족수당을 통해 스웨덴은 비로소 현대적인 의미의 가족정책을 구현할 수 있게 되었다. 가족수당은 도입 초기 여성의 자녀양육에 대한 보상이라는 모성보호의 성격을 갖고 있었으나 가족에 대한 소득보장의 성격이 더 강했다. 스웨덴의 가족정책은 프랑스와 같이 여성의 가정 내 돌봄역할에 대한 가치를 적극적으로 인정한 것은 아니었다. 가족수당 역시 물가 연동방식에 의해 운영되지 않아 인플레이션에 따라 실질적 가치가 하락했으며, 사회적으로 여성의 노동시장 참여가 증가하고 공보육 프로그램이 적극적으로 도입되면서 그 의미가 점차 퇴색하고 있는 추세이다.

(2) 양육지원정책

스웨덴의 보육서비스는 여성에게도 완전고용을 확대·적용해야 한다는 사회민주주의의 이념하에 매우 포괄적으로 실시되었다는 것이 특징적이다. 이는 모성 중심적인 보육서비스를 제공하고 있는 영국이나 프랑스와는 차이가 있는 것으로, 사민당은 집권하는 동안 아동이 있는 가정의 경제적 수준을 높이기 위해서는 부모 모두 소득원이 있어야 하며, 남녀평등의 실현을 위한 기본적인 전제조건으로서도 보육이 확대되어야 한다는 입장이었다. 스웨덴의 보육유형은 어린이집이 일반적이지만 그밖에도 가정보육, 방과후보육 등 다양하며, 비용의 부담은 소득 비례에 근거하여 차등 적용된다. 1995년부터 1~6세까지의 모든 아동에 대한 보육과 6~12세 아동을 대상으로 방과 전·후 보육을 실시하고 있다. 16세 이하 아동에게는 기초아동수당을 지급하고, 아동이 아프거나 6개월 이상 치료를 필요로 하는 장애가 있을 경우 부모에게 아동보호수당을 지급한다.

양육 지원에 있어서는 임신, 출산, 육아와 관련된 휴직과 소득보전을 보장하기 위해 부모보험(parental insurance)을 운영하고 있다. 여성의 동등한 노동시장 참여를 위해 부모휴가(육아휴직, parental leave)제도가 있어 부모는 출산 후 6개월 동안 유급육아휴직의 권리를 갖게 되며 임금의 90%가 지급된다. 그 이후에도 높은 수준의 임금보전을 지원받으며 아동 1인당 450일의 보육휴가(child-care leave)를 부모 양쪽이 나누어서 아동이 8세가 될 때까지 사용할 수 있다.

(3) 노인부양지원정책

아동양육과 동일한 맥락에서 노인에 대한 부양은 국가 책임이라는 인식하에 국가가 지원하는 노인복지정책이 포괄적으로 운영되고 있다. 대부분의 노인이 정부의 지원으로 노인 주거 프로그램에 의해 제공되는 다양한 서비스를 받으면서 지역사회에서 생활하고 있다. 지속적인 보호가 필요가 노인들을 위한 양로원, 독립된 주거와 생활 지원서비스를 동시에 이용할 수 있는 서비스하우스, 치매노인을 위한 소규모 그룹홈, 요양원, 장기요양원 등으로 세분화되어 노인의 욕구와 필요에 따라 이용할 수 있다(김성천 · 윤혜미, 2002).

2) 독일

독일은 고령화의 영향으로 가족정책을 강화하여 가족정책 담당부서가 연방정부 내의 주요 부서로 자리 잡았으며, 기본법 제6조 제1항에 의하여 사회의 가장 근간인 혼인과 가족제도를 보호 · 장려하는 차원에서 출발한다(장혜경 외, 2001).

독일의 가족정책은 자녀양육부담으로 인한 저소득 문제와 여성이 취업할 경우 가정 내 돌봄노동에 대한 성평등적 역할분담이 이루어지지 않아 야기되는 저출생 문제에 대한 대안으로 부모가 직업과 보호노동 또는 일과 가사(양육)를 병행할 수 있는 사회적 여건 조성에 초점을 두고 있다. 가족구성원에 대한 책임은 일차적으로 가족에게 있다는 기본 전제를 바탕으로 그동안 독일에서 정부의 역할은 가족의 자립을 보조하는 역할이 기본이었으나 출산율 저하와 인구 구조의 변화, 이혼과 재혼가족 그리고 독신가구의 증가 등을 통하여 기존의 잔여적 성격의 가족정책에서 벗어나 적극적·보편적인 정책으로 전환하고 있는 추세이다.

(1) 소득지원정책

독일의 가족에 대한 소득 지원은 정책적으로 가족을 이루는 것이 부담이 아니라 사회 여러 분야로부터 지원되어야 할 중요한 성과로 인식해야 한다는 차원에서 출발한다. 이를 위하여 가족의 생활 개선과 자녀로 인한 가족의 경제적 부담을 경감시키고자 아동수당, 자녀세금 공제를 실시하고 있으며, 자녀가 있는 가족의 경우 주택수당과 실업수당도 지급하고 있다.

전업주부가 있는 가정에 더 많은 세제혜택을 제공하며, 동거자는 위험에 처했을 때에만 사회보장급여를 제공한다. 가족정책의 특징은 여성들이 자녀양육과 취업을 병행할 수 있도록 지원하며, 자녀양육이 수입과 사회보장체계에 미칠 수 있는 손실 발생이 최소화되도록 하기 위해 양육비를 지급하고 있다. 또한 여성이 자녀양육을 위해 취업을 중단하거나 포기할 경우 연금보험료의 갹출 없이 자녀양육 기간 또는 자녀 수에 비례하여 노후연금을 지급하는 주부연금제도를 시행하고 있다. 이 제도는 여성으로 하여금 노동시장에 적극적으로 참여하여 일을 하게 하기보다는 가정에서 가사일을 하거나 자녀를 돌보도록 유도함으로써 종종 독일의 가족정책이 전통적·보수적인 가족을 지향한다는 비판에 직면하기도 한다.

자녀 수에 비례하여 지급되는 아동수당과 자녀세금 공제가 주축을 이루는 '가족성과보상'은 1996년에 도입한 제도로 자녀가 없는 가구와 자녀를 둔 가족 간 생활유지에 지나친 격차가 발생하지 않도록 자녀를 둔 가족의 양육비용을 경감시키고, 한부모가정의 경우에도 최저생계비를 초과하는 소득보장이 이루어지도록 배려하는 것을 목적으로 한다.

(2) 자녀양육지원정책

독일의 자녀양육지원정책은 출산율 저하와 고령화에 대응하기 위한 전략적 성격이 강하며 궁극적으로 가족의 재생산 기능강화에 목적을 두고 있다. 결혼한 여성이 자녀양육과 취업을 조화롭게 병행할 수 있도록 지원하며, 자녀양육으로 인해 일을 중단할 경우 그에 상응하는 수입을 연금과 같은 사회보장급여에서 지원해 줌으로써 손실분이 최소화되도록 한다. 이를 위해 양육비 지급, 모성보호 휴가, 주부연금제 등이 운영되고 있다.

자녀양육비는 1993년 이래 24개월~2세까지 지급되는데, 2001년 이후부터 출생한 자녀를 직접 양육하고 일주일당 30시간 미만의 형태로 취업하는 부모는 소득에 따라 차등 적용된다. 모성보호휴가는 출산 전 6주, 출산 후 8주의 모성보호 기간에 걸쳐 실질임금을 제공받는다. 직접 자녀를 양육하는 근로자들은 성별과는 무관하게 자녀가 3세가 될 때까지 종전의 '부모시간제도'를 사용할 수 있다. 부모시간제도는 남녀가 공동으로 자녀를 양육할 수 있도록 하는 제도로 해당 부모는 3년간 사업장에서 파트타임으로 근무할 수 있으며, 고용주의 동의를 얻는다면 자녀가 8세가 되는 해로 연기하여 사용할 수도 있다. 이는 종전 여성에게만 적용되던 육아휴직이 확대된 것으로 아버지의 자녀양육 참여를 유도하기 위해 아버지와 어머니가 공동으로 휴가를 사용할 수 있도록 한 것이다. 주부연금제는 자녀양육을 위해 일을 중단한 경우 연금보험료의 갹출 없이 자녀 양육기간에 비례하여 노후연금을 지급하는 것이며, 이밖에 금전적 교육부조의 성격을 띤 교육진흥비가 있으며 부모의 소득에 비례하여 지급된다.

(3) 노인부양지원정책

인구의 고령화에 대응하기 위하여 1995년부터 사회보험 방식의 수발보험제도가 실시되고 있다. 재가보호가 우선적으로 제공되는 수발보험은 이외에도 주간보호나 단기보호 등의 부분시설보호급여와 시설보호급여로 구분된다. 재가급여가 우선시됨에 따라 노인을 간병하는 가족의 경우 보험급여를 제공받을 수 있는데, 그 정도는 간병 등급과 간병 업무의 양에 좌우되지만 추가적인 보험료의 납부 없이 노후연금과 재해보험을 통해 적용받을 수 있다.

(4) 전담기구

독일의 중앙정부기구 가운데 1953년 발족한 가족부(가족노인여성청소년부)에서 노인과 여성, 아동, 청소년 등을 통합적으로 담당하는 가족정책을 담당하고 있으며, 일반적인 가족정책과 요보호가족 지원업무를 담당하고 있다. 가족부가 있어서 아동, 여성, 노인과의 연계를 통해 가족을 둘러싼 쟁점과 문제, 가족의 경제적 생활 지원 등을 담당한다. 그리하여 가족구성원 개인에 초점을 둔 개별적인 차원에서의 복지와 가족을 한 단위로 보는 가족전체의 복지를 분리시키지 않고 통합적으로 접근하는 것이 독일 가족정책의 가장 큰 특징이라고 할 것이다.

3) 프랑스

가족친화적 가족정책을 실시하고 있는 프랑스는 조합주의 복지국가로서 점차 보편주의에서 선별적인 복지정책으로 변화하고 있으며, 가족의 다양성을 정책적으로 포용하기 위해서 '연대성'과 '정의'의 논리에 근거를 두고 있다. 예컨대, 빈곤가족은 '요보호가족'의 개념으로 접근하는 대신 분배의 차원에서 세대 간 문제나 다른 인종 가족의 문제도 사회통합의 시각에서 포괄적으로 접근하고 있는 것이다.

(1) 소득지원정책

프랑스의 대표적인 가족단위의 소득지원정책은 가족수당, 가족소득보충급여, 주거수당, 이사보조금, 최저생계비 지원 등이다. 가족수당은 부양자녀가 2인 이상인 경우에 한해 지급되며, 가족소득보충급여나 이사보조금 지원은 3인 이상의 가구로 한정하고 있어 출산장려와 연관되어 있다.

(2) 자녀양육지원정책

프랑스의 자녀양육지원정책은 크게 수당지급과 보육정책으로 구분된다. 자녀 관련 수당에는 영유아수당, 자녀입양수당, 자녀간병수당, 자녀교육수당, 특수교육수당, 편부모수당 및 자녀부양비 징수 지원, 가족지원수당 등 다양한 방식의 수당이 지급되고 있다.

보육정책은 1970년대의 시설보육 위주의 정책에서 개별 가정보육 지원정책으로 전환한 것이 가장 특징적이다. 개별 가정보육 지원정책에는 3년까지 정액제로 지원되고 있는 유급육아휴직 및 2명 이상의 자녀가 있는 부모에게 제한적으로 지급되는 육아휴직수당 지급, 개별 가정보육지원수당 및 보육인고용지원금 지원, 등록보육사고용보조금 지원 등이 있다.

(3) 노인부양지원정책

노인부양지원정책은 노인의 자립성 상실문제를 해결하여 세대 간 연대의 증진 및 개별적 지원 기대를 충족시키고, 병원이나 요양소 등과 같은 시설의 수용구조와 역량을 질적으로 향상시키는 데 그 목적이 있다. 이를 위해 장기보호노인 및 환자를 돌보는 가정을 지원하기 위해 노인자립수당을 지급하고 있다.

(4) 전담기구

중앙정부기구 중 하나인 고용연대부는 위기에 처한 개인 및 집단을 지원하기 위해 사회통합정책을 마련하고 이를 시행하는 부처이다. 그중 가족 관련 업무는 '가족 관련 부처 간 연대부', '여성의 권리 및 평등국' 및 '프랑스 가족수당금고' 등에서 담당한다. 가족 관련 부처 간 연대부는 지방공공단체와 사회보장기구 및 관련 시민단체들과 긴밀한 동반자적 관계를 갖고 정책과 실천을 연계하여 다양한 가족의 욕구를 충족시킬 수 있는 체계를 구축하고 있다.

4) 미국

미국의 가족정책은 국가의 재정부담을 경감하고 아동에 대한 가족의 책임을 강조하며 국가의 암묵적이고 최소한의 개입을 강조하는 방향에서 추진된다. 복지에 대한 일차적인 책임은 개인이나 가족에게 있으며, 국가는 단지 개인이나 가족이 더이상 사회적 기능을 수행할 수 없을 때 사회안전망으로서의 역할을 수행하는 것에 불과하다는 관점을 지향한다. 서구 유럽과 달리 국가보다는 가족정책 영역에서 시장의 역할을 중요시하는 미국의 가족정책은 이러한 경향에 따라 중산층을 포함하는 포괄적 수당이나 서비스를 찾아보기 어려우며 주로 저소득 빈곤층을 위한 공공부조에 초점을 둔다.

1935년에 제정된 사회보장법(Social Security Act)에는 유럽과 달리 가족수당이나 건강보험이 포함되어 있지 않으며, 아동이 있는 보편적 가족에 대한 혜택 역시 배제된 채 노인과 장애인에 대한 보호에 초점을 두고 있다. 보육서비스 또한 중산층 이상에게는 제공되지 않으며 연방 지원 보육 프로그램의 대부분이 복지대상자들을 노동으로 이전시키기 위한 조건부 성격을 띤다. 이러한 점에서 미국의 가족정책은 선별적, 잔여적이라고 할 것이며, 복지수급권과 노동을 교환하고자 한다는 측면에서 노동연계복지(workfare)의 성격을 띤다고 하겠다. 국가가 복지서비스를 제공할 것을 담보로 개인이나 가족에게 노동할 것을 강제하는 방향으로 사회복지서비스가 제공되는 것이다.

(1) 소득지원정책

빈곤가족의 소득 지원을 통하여 자녀양육 기능을 지원하는 빈곤가족 한시부조(Temporary Assistance to Needy Family: TANF)는 복지급여를 근로와 연계시키는 것으로 수급자들은 보다 적극적으로 일하고자 하는 노력을 보여야 하며, 이 제도를 주관하는 주정부도 근로요구를 충족시킬 책임을 갖도록 하는 것이 특징적이다. 빈곤가족 한시부조(TANF)는 빈곤가족의 노동참여를 유도하여 자활능력의 고취 및 자녀부양의 가족기능 회복을 위해 고안되었다. 구체적으로는 장기수급자의 자립 지원, 재정 개혁 등의 관점에서 주정부의 재량권을 강화하고 대상빈곤가족, 수입한도, 급여액 등의 기준을 주정부 차원에서 설정하도록 하였다. 또한 수급기간의 제한, 취로여건의 강화 등 급여 제한 요인을 설정하여 연방정부가 더이상 빈곤가족에게 현금부조를 지급하지 않으며, 5년 이상 수혜를 제공할 수 없고, 수혜자에게 노동 관련 프로그램에 참여할 것을 강하게 요구하고 있다. 그동안 요보호아동가족부조(Aid to Family with Dependent Children: AFDC)에서는 가정 내 보호노동을 모성활동으로 간주하여 현금 지원을 제공하였던 것에서 취업할 것이 요구되는 상황으로 바뀐 것이다.

빈곤가족 한시부조(TANF)에 따라 수혜대상 어머니들은 급여 개시 2개월부터 노동의무 규정을 적용받으며, 성인수급자는 수급 2년 이후 또는 주정부가 정하는 시기에 일을 하고 있어야 하고 그렇지 않을 경우 전 가족에 대한 복지수급이 삭감되거나 중단될 수도 있다. 근로시간도 기존의 요보호아동가족부조(AFDC)에 비해 빈곤가족 한시부조(TANF)에서는 늘어나 주당 20시간에서 30시간으로 상향 조정되었으며, 6세 이상 자녀를 둔 한부모에게도 수혜를 조건으로 20시간의 근로시간을 요구하고 있다. 빈곤가족 한시부조(TANF)는 취약계층 가족의 지원기준을 근로의사와 근로능력에 강하게 결부시키고 있어서 자녀를 양육하여야 하는 여성들에게는 오히려 부정적으로 작용할 위험이 있는 것으로 평가되기도 한다.

조세정책으로는 근로소득세 환급공제(Earned Income Tax Credit: EITC)가 있어서 자녀가 있는 가정에 대해 세금면제나 감면 등의 세금혜택을 통해 간접적으로 소득을 지원하고 있다. 이밖에 빈곤가정의 최저생활을 보장하기 위해 식품권(Food Stamp)이 발행되며, 공공주택 보급정책 및 전력 지원 프로그램 등이 지원된다.

(2) 자녀양육지원정책

양육이나 출산의 부담이 개인과 가족의 일차적 책임하에 이루어지고 있는 미국은 스웨덴이나 독일과 같은 서구 유럽이 다양한 형태의 가족을 대상으로 보편적 서비스를 제공하는 것과는 달리 주로 저소득에 초점을 두고 있다.

아동보육정책에 있어서는 비교적 다양한 보육 및 조기교육 프로그램을 실시하고 있다. 공립유치원은 보편주의 원칙에 입각하여 시행되고 있으나 유치원 전 단계에 해당하는 프로그램은 저소득 가족만을 대상으로 한다. 즉, 출생 직후~3세까지의 영유아 대상의 조기 헤드스타트(Early Head Start)와 4세 이상~취학 전까지의 아동을 대상으로 하는 헤드스타트(Head Start)는 대표적인 공보육 프로그램으로 보육서비스 외에도 빈곤가정 방문과 부모역할 강화를 위한 부모교실 운영, 저소득층 부모에 대한 자활지원사업 및 지역사회 발전과 연계한 포괄적이고 종합적인 지원이 제공되고 있다. 뿐만 아니라 근로연계 복지의 일환으로 저소득층에 대한 보육비 지원(Child Care Subsidy Voucher), 보육비에 대한 세금공제제도 실시, 이혼한 아버지의 수입에서 자녀양육비를 공제할 수 있는 제도적 장치를 마련하고 있다.

모성보호정책에 있어서는 비록 모성, 부성 그리고 부모 휴가정책에 국가가 개입하지는 않지만 무급의 가족휴가를 이용할 수 있고, 1993년 가족의료휴가법(The Family and Medical Leave Act: FMLA)이 제정되어 가족구성원이 질환이나 사고로 인한 간병 시에 복직이 보장되는 12주간의 무급휴가를 사용할 수 있다. 즉, 전년도 노동시간이 총 1,250시간을 초과한 근로자에게는 출산휴가를 주고, 자녀를 입양한 가족 또는 배우자나 부모, 자녀의 질병을 돌보는 남녀 근로자들이 12주까지 무급휴가를 사용할 수 있도록 규정하고 있는 것이다. 특히 캘리포니아 주, 하와이 주, 뉴저지 주, 뉴욕 주 그리고 로드아일랜드 주 등 다섯 주에서는 10~12주까지 장애수당을 이용하여 여성 근로자가 출산휴가를 유급으로 이용할 수 있도록 하여 장애의 범주에서 여성의 임신과 출산을 보호하고 있다.

(3) 노인부양지원정책

노인을 수발하는 가족구성원에게는 2000년 노인법 개정안에 의한 전국 간호자 지원 프로그램(National Family Caregiver Support Program: NFCSP)이 적용되어 정보 제공, 교육 등이 제공된다. 이 프로그램에 의하여 노인의 가족수발자와 18세 미만의 아동을 돌보는 60세 이상의 조부모나 친척은 관련된 서비스와 접근방법에 대한 정보 제공, 상담 및 교육, 지지집단의 조직, 단기보호서비스(respite service), 가족 간호에 대한 지원 등을 받을 수 있다. 그밖에 1993

년부터 연방법에 의해 실시되는 노인과 자녀에 대한 가족의 간병과 보호를 가족의료휴가제도와 일부 주에서 실시하는 현금 지원 프로그램인 노인간호수당이 있다.

(4) 전담기구 및 기타

1996년 정부 개혁을 통해 노동기회조정법(Personal Responsibility and Work opportunity Reconciliation Act: PRWORA)이 제정되어 부모역할을 중심으로 가족기능의 강화 및 근로가능한 계층에 대한 경제활동의 참여를 촉진시키고 있다.

미국은 가족정책을 전담하는 독립부서가 없으며 각 프로그램들을 여러 관련부서에서 담당하고 있으나 건강 및 사회복지서비스부(Department of Health and Human Services)가 대표적인 아동·저소득가정 지원 관련 주무부서라고 할 수 있다. 그밖에 아동의 교육에 관한 지원은 교육부, 취업모의 가족간호휴가에 대한 관리는 노동부, 유족과 보호아동에 대한 급여 및 연금 등은 사회보장국, 빈곤가정의 식량 지원은 농업부가 담당하고 있어서 서비스 전달체계가 일원화되어 있지 않다.

5) 일본

일본의 가족정책은 가족이나 친족에 의한 사적 지원을 국가나 사회에 의한 공적 지원보다 우선시하는 친족부양 원리에 따른다. 가족 전체를 지원하기보다는 개별 가족구성원을 선별적으로 대상별로 지원하는 경향이 있다. 요컨대 빈곤은 생활보호를 통해, 보육과 아동수당(가족수당)은 아동복지의 한 프로그램으로 시행되고, 노인을 위한 노인복지가 시행되는 것과 같이 가족정책이 여성정책이나 노인복지, 아동복지 등에 분산되어 운영되어 왔다고 할 수 있다.

일본의 가족정책은 출산율 저하와 고령화에 초점을 두어 운영되고 있으며,

구체적으로는 노후 소득보장과 의료보장과 같은 노인가구에 대한 대책과 아동수당, 어린이집 확충 등 어린 자녀를 둔 가정에 대한 혜택에 초점을 두고 있다. 아동수당의 도입은 보편주의에 입각하여 자녀양육 비용을 사회가 분담한다는 측면, 개호보험의 도입은 고령화에 대비한 가족정책이라는 측면에서 의의가 있다.

그러나 최근 들어 가족의 문제를 기능적으로 보완하고 대체하고자 하는 소극적인 시도에서 벗어나 가족의 변화에 종합적으로 대처하고 가족기능의 사회화를 추구하려는 움직임이 포착되고 있다.

(1) 소득지원정책

소득보장에서는 연금제도, 생활보호제도, 아동수당 그리고 모자가정지원정책 등이 대표적이다. 사회보험 방식에 의해 운영되는 연금제도는 보편적인 소득보장 정책이라고 할 수 있으며, 저소득가정의 생활보장과 자립 지원은 생활보호제도에 의해 제공된다. 생활보호제도는 자산조사에 입각한 공적부조제도로 노동능력, 자산 활용, 친족부양 원칙에 입각하여 생활부조, 교육부조, 의료부조 등을 요보호 가정의 필요에 따라 제공한다.

1971년부터 전 국민을 대상으로 자녀양육 비용을 국가가 지원하는 현금급여 형태의 아동수당을 도입하여 출생 시부터 의무교육 취학 전까지 제공하고 있으며, 전체 아동의 85% 정도가 혜택을 받는 것으로 보고되고 있다. 아동수당은 의무교육 취학 전 아동을 대상으로 출생 순서에 따라 수당 액수에 차등을 둔다는 점에서 소득보장보다는 아동복지정책으로서의 성격을 갖는 것으로 분류되기도 한다. 또한 아동수당은 보편적으로 적용되지만 재원 조달에 있어서는 고용주에 의한 기여를 포함하는 사회보험 방식을 취하고 있다(장혜경 외, 2002). 이밖에 모자가정을 대상으로 소득보장과 자립지원시책, 세제상의 조치 등을 시행하고 있다.

(2) 자녀양육지원정책

자녀양육지원정책은 소자녀화에 대한 정책적 대응이라는 측면에서 추진되었으며, 보육제도와 육아휴직제도가 대표적이다. 일본은 이미 1970년대부터 여성의 취업 증가에 따라 다양한 국공립 어린이집을 설치하고 소득에 비례한 보육료 산정방식을 토대로 전일제, 야간보호제, 단기보호 등 다양한 형태의 보육서비스를 제공하고 있다. 빈곤지역의 아동과 청소년을 지원하기 위하여 엔젤플랜(angel plan)을 운영한 이래 2000년에는 신엔젤플랜에 의하여 그동안의 시설보육 중심의 보육정책으로부터 전환하여 집에 있는 아동까지를 포함하고 학령기 아동에 대한 서비스를 지원하는 방향으로 보육서비스의 범위를 확대해 나가는 추세이다.

육아휴직제도는 1991년 제정된 육아휴직법에 의하여 1세 미만의 자녀양육을 지원하기 위하여 실시된 후 2001년 육아·개호 휴직제로 확대되어 1세 미만의 자녀는 물론 요보호가정의 구성원을 돌보는 근로자까지 육아휴직이나 개호휴직을 할 수 있도록 허용하고 있다(장혜경 외, 2002).

(3) 노인부양지원정책

일본은 1989년 '골드플랜'이 발표된 것과 같이 1980년대 들어 노인에 대한 가족부양의 책임을 기본 전제로 핵가족화와 인구의 고령화에 대응하여 노인부양에 대한 사회적 지원을 중요한 정책으로 다루기 시작하였다. 이는 요개호자의 증가와 개호의 장기화 등에 탄력적으로 대응하기 위한 것으로 골드플랜 이후 신골드플랜, 골드플랜21이 후속 정책으로 실시되었다. 이와 같은 정책의 입안에 힘입어 방문간호, 방문개호 등의 방문서비스와 노인이 직접 시설에서 서비스를 이용할 수 있도록 하는 통소서비스, 단기입소, 시설보호 등을 제공하고 있으며, 2000년부터 개호보험을 도입하여 노인에 대한 보호를 사회보험

방식에 의하여 추진함으로써 개호서비스를 확대하고 다양한 방식으로 지원하고 있다.

(4) 전담기구

가족정책을 담당하는 부서는 후생노동성이며, 빈곤층, 모자가정, 아동 및 노인을 각각의 개별 부서별로 다루고 있는 것이 특징적이다. 고용균등·아동가정국의 가정복지과, 보육과, 모자보건과 등에서는 아동에 관한 정책, 노인복지국의 개호보험과에서는 개호보험을 다루고 있다. 가족정책이 대상별로 분산되어 있고, 가족에 대해 통합적으로 접근할 수 있는 가족정책 전담부서는 없다고 하겠다.

생각해 봅시다

1 가족정책의 발달에 영향을 미치는 요인은 무엇인가 생각해 봅시다.

2 우리나라의 주요 가족정책에는 어떠한 것들이 있는지 생각해 봅시다.

3 선진국의 가족정책과 우리나라의 가족정책은 어떠한 측면에서 공통점과 차이점이 있는지를 생각해 봅시다.

참고문헌

김성천, 윤혜미 (2002). 가족복지증진을 위한 정책 대안 연구. **보건복지부 연구보고서.**

김승권 (2004). "건강가정기본법 제정의 기대 효과" 건강가정기본법의 제정과 향후 과제. **「건강가정기본법」 제정 기념 심포지엄 자료집.**

이경아 (2001). 가족복지와 자녀양육 관련 정책에 관한 연구. 이화여자대학교 대학원 박사학위논문.

장혜경, 김혜경, 이진숙, 김현주, 장화경 (2002). 외국의 가족정책과 한국의 가족정책 및 전담부서의 체계화 방안 연구. **한국여성개발원 연구보고서,** 240-18.

최경석, 김양희, 김성천, 김진희, 박정윤, 윤정향 (2006). **한국가족복지의 이해.** 서울: 인간과복지.

〈인터넷 사이트〉

국가법령정보센터 (www.law.go.kr)

노인장기요양보험 (www.longtermcare.or.kr)

보건복지부 (www.mohw.go.kr)

여성가족부 (www.moge.go.kr)

중앙건강가정지원센터 (www.familynet.or.kr)

통계청 (www.nso.go.kr)

한국여성정책연구원 (www.kwdi.re.kr)

02부

가족정책의 실제

Chapter 04

가족정책과 서비스

우리 사회에서 대부분의 가족정책은 '선가정, 후사회'의 기치 아래 가정이 일차적으로 문제를 해결하고, 국가는 가정의 역할을 보완하는 소극적인 가정정책을 전개해 왔다. 이미 3장에서도 전술한 바 있듯이 그동안의 가족정책은 아동, 노인, 여성 등 개인 대상별 정책이 주류를 이루어 왔고, 각 대상들이 직면해 있는 문제를 해결하기 위해 부분적으로 지원하는 체계여서 요보호, 취약계층 가족을 대상으로 이루어져 왔으며 가족을 대상으로 하는 통합적인 정책은 미흡하였다.

그러나 「건강가정기본법」의 제정으로 가족정책의 영역이 법적인 체계를 갖추어 구체적으로 명기되기에 이르렀다. 즉, 가정의 건강성 증진을 통한 건강한 사회와 국가를 구현하고자 하는 비전 아래 가정의 건강성 증진을 위한 국가와 사회의 공동협력체계 구축, 가족정책의 체계적 구축 및 가족정책의 핵심과제를 제시하고자 하는 목표를 가지고 아홉 가지 가족정책 영역을 두 가지 차원으로 구분해 제시하고 있다.

이 장에서는 그동안의 가족정책의 현황을 가족의 전체성을 고려한 가족정책, 가족 내 아동이나 여성, 노인을 고려한 가족정책으로 구분하여 각각의 가족 관련 정책과 서비스 범주를 살펴보고 소득보장, 주거보장, 여가보장, 돌봄 지원 등의 정책에 따라 분류하였으며 각각의 정책에 따른 서비스 제공 및 시행기관을 살펴봄으로써 가족정책과 가족서비스가 이루어지는 실제 현장 간의 관계에 대한 이해를 돕고자 하였다.

1 가족정책의 수립

우리 사회에서 가족정책은 1960~1970년대 산아 제한을 위한 가족계획을 시작으로 '선가정, 후사회'의 기치 아래 가정이 일차적으로 문제를 해결하고, 국가는 가정의 역할이 여의치 않은 경우에 한하여 제한적으로 개입하는 잔여적, 소극적인 가족정책을 전개해 왔다(〈표 4-1〉, 〈표 4-2〉 참조).

〈표 4-1〉에서 알 수 있는 바와 같이 전체로서의 가족을 고려한 정책은 국가가 주도하는 5대 사회보험과 기초생활보장제도, 공제제도, 주택정책 외에 민간시장 영역의 가족생활교육, 퇴직금제도, 경조사비, 가족상담 등이다. 또한 〈표 4-2〉와 같이 가족정책은 문제나 위기에 처한 가족구성원을 보호하고 지원하는 정책 위주로 되어 있으며, 가족을 단위로 이루어지는 소득보장정책, 의료보장정책, 주거정책의 일부로 가족이 다루어지고 있음을 알 수 있다. 이미 3장에서도 전술한 바 있듯이 그동안의 가족정책은 아동, 노인, 여성 등 개인 대상별 정책이 주류를 이루어 왔으며, 각 대상들이 직면해 있는 문제를 해결하기 위해 부분적으로 지원하는 체계여서 가족을 대상으로 하는 통합적인 서비스는 미흡했던 것이 사실이다. 여기에는 여성 관련 정책의 중요성이 간과되었다는 점, 가족 관련 정책을 지원해 줄 만한 법안이 부재하였다는 데서도

그 원인을 찾을 수 있다.

그러던 것이 2005년 「건강가정기본법」의 제정 및 그 이후 몇 차례에 걸친 개정을 통하여 가족구성원의 양육과 부양의 일차적 책임을 강조하는 그동안의 잔여적, 가족책임주의적 가족정책에서 벗어나 다양한 가족의 형태를 인정하고 양성평등한 가족관계에 기반을 두며, 가족을 한 단위로 하여 전체로서의 가족을 지원함으로써 가족문제의 예방과 해결에 정부가 적극적으로 개입하고 지원하는 가족친화적 성격으로 전환하게 되었다. 이는 사회통합의 차원에서 가족을 둘러싼 사회의 변화를 반영한 가족정책의 수립을 의미하는 것으로 '개인-가족-사회'가 상호 동반자적 관계로 발전할 수 있도록 지원하는 사회기제를 갖추게 되었음을 시사한다.

이와 같은 가족정책은 대부분 중앙부처에서 수립하는데 전체 가족 대상의 통합적인 가족정책은 여성가족부에서 주관한다. 지원이 필요한 가족구성원의 유형별 개별 지원은 그 내용과 지원 범주에 따라 보건복지부를 비롯하여 교육부, 행정안전부 등 다양한 부처가 수립하기도 한다. 무엇보다 가족정책의 수립에 소요되는 재정조달은 중앙부처인 기획재정부와 사전 협의를 갖는다는 점이다. 가족정책이 모든 가족구성원이 일상생활에서 경험하는 문제를 예방하거나 해결하도록 서비스로 전환되는 과정에서 행정적인 전달체계가 필요한 것과 같이 서비스를 제공하는 구체적인 서비스 시행기관이나 이들이 가족정책의 목적에 부합하는 서비스를 제공하도록 지원하는 서비스 지원기관의 역할도 매우 중요하다,

표 4-1 한국의 가족 관련 정책과 서비스 범주

정책의 유형	정책 주체		정책, 서비스, 프로그램 내용
'전체로서의 가족'을 고려한 정책	국가		5대 보험(국민연금, 건강보험, 고용보험, 산재보험, 장기요양보험), 기초생활보장제도, 장애연금, 공제제도, 주택정책 등
	민간	시장영역	퇴직금, 경조사비, 가족상담, 가족생활교육 등
		비시장영역	가족상담, 가족생활교육 등
가족 내 아동을 고려한 정책	국가		공제제도, 보육서비스, 학교복지, 성교육, 아동보호, 입양·위탁·시설보호, 장애인자녀교육비 지원 등
	민간	시장영역	직장보육, 보육료 지원, 자녀학자금 지원 등
		비시장영역	아동상담, 성교육, 아동보호, 아동여가활동 지원, 입양·위탁·시설보호, 지역사회 결연 등
가족 내 노인을 고려한 정책	국가		공제제도, 경로연금, 노인취업 알선, 재가서비스, 경로우대 등
	민간	시장영역	유료 노인복지서비스(시설보호, 재가보호), 요양병원 등
		비시장영역	노인상담, 시설보호, 지역사회 후원 및 결연, 노인여가활동 지원 등
가족 내 여성을 고려한 정책	국가		공제제도, 고용 관련 서비스(남녀고용평등법, 남녀차별금지법), 국민연금(가급연금, 연금분할), 생업융자, 창업 지원 등
	민간	시장영역	직업교육, 직업훈련, 보육 등
		비시장영역	여성사회교육 등

출처: 최경석 외(2001) 재구성.

표 4-2 가족정책의 분류와 내용

정책 구분	가족정책의 내용	
	가족을 단위로 한 정책	가족 내 개별 대상과 가족유형을 고려한 정책
소득보장정책	• 5대 사회보험(국민연금, 건강보험, 고용보험, 산재보험, 노인장기요양보험) • 공적부조(기초생활보장제도) • 조세(소득공제) • 각종 수당	• 노인 대상(고용지원, 경로우대 등) • 고용 관련 정책 • 한부모가족 대상 • 다문화가족

주거보장정책	• 저소득가정 주거 지원 (영구임대주택사업)	• 한부모가족 대상 • 노인 대상(재가, 시설보호)
의료보장정책	• 국민건강보험제도 • 의료급여(국민기초생활보장제도)	• 의료비 지원 (저소득가정, 한부모가족 등) • 노인 대상 (건강진단, 치매노인상담센터 등)
돌봄지원정책	• 노인장기요양보험	• 자녀양육 지원 (영유아, 장애아보육, 육아휴직제도, 저소득가정 양육 지원, 한부모가족 등)
가정생활문화 관련 정책	• 여가 지원 • 자원봉사 • 가정의례 • 소비생활 관련 정책	• 아동 • 청소년(수련관, 수련시설 등) • 노인 • 여성
가족보호정책	• 가정폭력방지대책	• 아동(아동학대예방센터) • 청소년(가출청소년쉼터 등) • 노인(노인학대 예방 및 신고센터)
기타	• 민간 부문의 가족 관련 서비스	• 한부모가족 대상 • 노인 대상 • 아동 대상 • 청소년 대상 • 여성 대상

출처: 김승권 외(2003) 재구성.

앞으로의 가족정책은 가족친화적, 양성평등적, 파트너십 관계 지향적인 차원에서 가족의 일상성과 보편성을 고려하고, 예방과 치료를 포함하는 포괄적인 방향으로 유지·발전시켜야 할 것이다. 즉, '전체로서의 가족', '가족단위의 중요성', '가족성'을 고려한 정책이어야 하는데, 여기에서 중요한 역할을 수행하는 것이 다름 아닌 가족서비스 시행기관과 지원기관이기 때문이다.

〈표 4-3〉은 여성가족부를 비롯하여 중앙부처에서 시행하고 있는 가족정책과 관련된 내용을 정리한 것이다.

가족정책과 관련된 중앙부처별 주요 내용을 살펴보면, 통일부에서는 1997년 1월 제정된 '북한이탈주민의 보호 및 정착지원에 관한 법률'을 바탕으로 북한이탈주민을 대상으로 서비스를 지원하고 있으며, 2006년~2008년 이혼특례조항을 신설한 바 있다. 보건복지부는 영유아·노인·장애인 등 개별 가족구성원을 대상으로 필요한 복지서비스를 제공하고 있으며, 교육부는 교육과 관련된 서비스를 제공하는 것이 대표적이다.

표 4-3 중앙부처의 가족정책

중앙부처	정책수립 내용
여성가족부	전체 가족을 대상으로 통합적인 가족정책 수립
통일부	북한이탈주민정책을 수립 · 지원 (기본금 · 장려금 · 가산금 등의 정착금지원제도, 주택알선 · 주거지원금 등의 주거지원제도, 직업훈련 · 채용기업주에 지원하는 고용지원금 · 취업담당관 파견 · 기타 취업보호 · 영농정착지원 등의 취업지원제도, 생계급여 · 의료보호 · 연금특례 등의 사회복지지원제도, 대학입학희망자에 대한 특례입학 등의 특례편입학 · 학비지원 등의 교육지원제도 등 수립 및 운영 외 정착도우미 · 보호담당관 운영
보건복지부	영유아, 아동, 노인, 장애인 등 개별 가족구성원에 대한 개별 지원
교육부	개별 가족구성원에 대한 교육정책 수립
기획재정부	가족정책에 필요한 예산수립 및 집행

2 가족정책 서비스의 전달체계

우리나라의 가족정책이 구체적인 서비스로 전달되는 과정은 아래의 그림에 나타나 있다. 여성가족부는 가족정책의 수립과 시·도/시·군·구 지방자치단체를 지원하며 시·도센터/시·군·구센터가 실질적인 가족서비스를 제공하는 수행기관으로서의 역할을 담당하고 한국건강진흥원의 가족센터 지원 및 평가를 통해 가족서비스가 제공되고 있음을 알 수 있다. 가족상담, 가족생활교육, 가족친화

그림 4-1 가족정책 서비스의 전달체계도

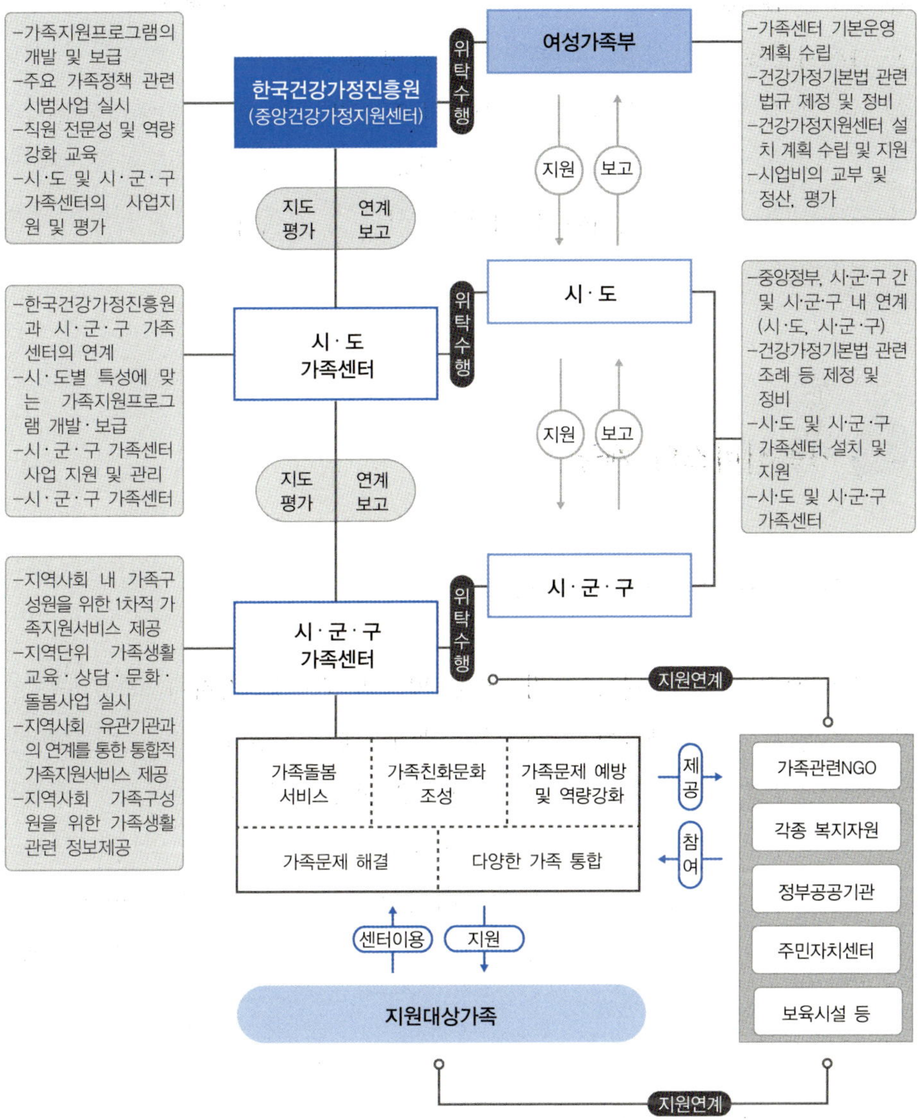

출처: 여성가족부 홈페이지(https://www.mogef.go.kr).

적 문화조성, 정보제공 및 지역사회 네트워크 사업 외에도 한부모가족, 조손가족, 다문화가족, 맞벌이가족, 군인가족, 재소자가족, 이혼전후 가족 등 다양한 가족지원을 위한 상담, 교육 및 문화의 맞춤 통합서비스와 아이돌봄 서비스지원 등 가족돌봄 지원서비스를 시행하고 있다. 가족돌봄, 가족친화문화조성, 가족문제예방 및 역량강화, 가족문제해결 및 다양한 가족통합을 위하여 가족관련NGO, 각종 복지지원 및 정부공공기관 간 연계와 참여를 활용하고 있는 것이다.

3 가족서비스의 제공

1) 중앙부처와 가족서비스 수행기관

일반적으로 정책은 계획-수립-집행-평가의 과정을 거치게 된다. 욕구와 수요 및 필요도에 기반하여 이루어지는 계획단계부터 수립한 내용을 집행하는 단계에서 가장 중요한 것은 '누가' 그 내용을 실제 현장에서 '어떻게' 수행하느냐와 밀접한 관련이 있다. 수립한 정책은 가시화된 결과물이 아니기 때문에 그것을 실제 서비스를 필요로 하는 형태로 전환시키는 과정을 거쳐야 하는데 이 과정에서 반드시 필요한 구성요소는 다름 아닌 서비스를 제공하는 수행기관이다.

가족정책은 구체적인 가족서비스의 형태로 가족에게 전달되며, 이 과정에서 실질적인 역할은 가족서비스 수행기관이 담당하게 되는 것이 보편적이다. 가족정책을 실현하기 위한 가족서비스의 내용은 「건강가정기본법」에 제시되어 있으며, 이에 대한 구체적인 내용은 다음의 5장 건강가정기본법에서 다룰 것이다. 중요한 것은 가족정책은 「건강가정기본법」을 토대로 하여 전국에 설치되어 있는 가족센터(건강가정지원센터·다문화가족지원센터)를 통하여 실질적인 가족서비스로 전환되며, 그 과정을 통해 지역사회 내 가족들에게 구체적인 건강가정사업의 다양한 형태로 제공된다는 점이다. 가족센터는 우리 사회에서 가족을 대상으로 통합적인 가족서비스를 수행하는 대표기관이라고 할 수 있다.

이밖에, 앞에서 살펴본 바와 같이 가족구성원 가운데 영유아·노인·장애인 등 개별 가족구성원의 욕구에 부합하는 가족서비스는 보건복지부 산하 사회복지관·노인복지관·장애인복지관 등에서, 개별 가족구성원의 교육에 대한 욕구는 교육부 산하 유치원·초·중등고교 및 대학(교) 및 교육지원청을 중심으로 이루어지고 있으며, 개별 가족구성원 중 북한이탈주민에 대한 취업지원은 통일부산하 전국 70개 기관의 고용지원센터가 서비스를 제공하는 것이 특징적이다(표 4-4 참조).

▌표 4-4▐ 중앙부처별 가족서비스 수행기관

중앙부처	서비스 시행내용	서비스 시행(기관)
여성가족부	전체 가족을 대상으로 통합적인 가족정책 수립	전국 가족센터(건강가정지원센터 · 다문화가족지원센터)
통일부	북한이탈주민 취업지원(취업상담 및 알선)	전국 70여개 고용지원센터
	북안이탈주민 1세대 당 1~2명의 정착도우미를 지정, 초기정착지원	정착도우미
	북안이탈주민보호	거주지보호담당관(약 240명), 취업보호담당관(70명), 신변보호담당관(약 900명)
보건복지부	영유아, 아동, 노인, 장애인 등 개별가족구성원에 대한 서비스 지원	어린이집, 사회복지관, 노인복지관, 장애인복지관 등
교육부	미취학 및 대학에 이르기까지 개벌구성원 대상 교육서비스 제공 및 지원	유치원, 초·중·고 및 대학(교), 교육지원청

2) 가족센터

앞에서 살펴본 그림 4-1 가족정책 서비스의 전달체계도와 관련하여 가족센터는 여성가족부가 시행하는 가족정책의 주요 서비스 전달 체계로서 다양한 가족지원 정책을 제안 및 실행하기 위해 설립된 기관이다. 가족센터(건강가정지원센터·다문화가족지원센터)는 일선에서 건강가정사업을 주도적으로 제공하는 가족서비스 전달체계인 것이다. 가족센터(건강가정지원센터·다문화가족지원센터)가 제공하는 구체적인 가족서비스의 내용은 다음과 같다.

첫째, 가족교육이다. 가족서비스 수행기관에서는 가족 내에서 발생하는 문제를 예방하고 가족 관계향상, 의사소통방법, 역할지원 등 가족 구성원의 역량을 강화시키기 위한 부모, 부부, 조부모, 자녀 등 가족을 대상으로 한 생애주기별 다양한 교육을 운영하고 있다. 더불어, 일·가정 양립과 가족생활의 남성참여 활성화를 위하여 자녀와의 놀이방법 등을 비롯한 좋은 아버지가 되기 위한 양육방법을 알려주는 남성대상 육아교육도 운영한다.

둘째, 가족상담이다. 사회가 급변하고 복잡해지면서 가족원간의 갈등, 불화문제 등을 경험할 가능성이 높아지고 있어 이를 슬기롭게 극복하여 가족이 성장하는데 도움을 주기 위한 가족서비스이다. 부부관계 회복을 위한 부부상담, 부모-자녀 간 발생할 수 있는 문제해결을 위한 부모자녀상담, 임신·출산·양육에 따른 갈등상담, 이혼 전·후 갈등상담 등 생애주기에 따라 발생되는 가족 내 다양한 갈등과 문제에 대한 상담이 이루어진다.

셋째, 가족돌봄나눔이다. 이웃과 사회의 돌봄이 필요한 가족에게 나눔을 실천하는 사업으로 가정 내 돌봄을 나누고 실천하는 것으로 국한하지 않고 이웃과 지역사회의 돌봄이 필요한 가족으로 확장하여 물적·인적자원을 나눔으로써 돌봄대상 가족의 행복과 삶의 질 향상에 초점을 두고 있다. 주요 프로그램으로는 가족단위의 봉사를 통해 바람직한 가족의 가치를 형성하고 내가 살고 있는 지역사회에 대한 참여의식을 고취하는 '모두가족봉사단', 평소 함께 하기 어려운 가족들이 한 자리에 모일 수 있는 기회를 제공하는 '가족사랑의 날' 운영 등이다.

넷째, 다양한가족지원이다. 다문화가족, 북한이탈주민 가족, 한부모가족, 1인가구, 군인가족, 일탈청소년 가족 등 다양한 가족유형 중 지역적 특성에 맞는 대상을 선정하여 상담·교육·문화가 포함된 통합 맞춤형 서비스를 제공합니다. 가족의 역량을 강화하여 가족의 기능을 발휘하고 사회에 적응할 수 있도록 지원하는 사업을 운영하고 있다.

다섯째, 가족역량강화지원이다. 경제, 심리·정서, 양육 등 다양한 어려움을 겪고 있는 취약가족, 사회적 외상으로 인해 직·간접적으로 피해를 경험한 위기가족 등 다양한 가족을 대상으로 가족단위 맞춤형 서비스를 제공하는 사업이다. 배움지도사, 키움보듬이, 지지리더 파견, 지역사회 자원연계 등을 통하여 취약·위기가족이 가진 복합적 문제해결 및 욕구해소를 위해 지속적인 사례관리 제공, 가족기능 회복과 역량을 강화할 수 있도록 지원한다.

여섯째, 공동육아나눔터 운영이다. 부모 등 양육자들이 모여 양육과 관련된 정보를 공유하고 자녀를 함께 돌보는 활동을 통해 가족 기능을 강화해 나갈 수 있도록 공간을 마련하고 제공하는 사업으로, 아이를 키우는 양육자 누구나 이용할 수 있으며 가족품앗이 활동 및 이웃과의 소통을 통해 육아부담을 덜 수 있는 지역사회 열린 공동체 공간이라고 할 수 있다.

마지막으로, 아이돌봄지원사업이다. 가정의 아이돌봄을 지원하여 아동의 복지증진 및 보호자의 일·가정 양립을 통한 가족구성원의 삶의 질 향상과 양육친화적인 사회환경을 조성하는 사업이라고 할 수 있다. 이를 통해 부모의 출장, 야근 또는 아동의 질병 등으로 발생하는 일시적인 양육공백에 따른 돌봄수요에 탄력적으로 대응하여 시설보육의 사각지대를 보완하고, 자녀의 안전과 건강한 양육을 위해 1:1 개별보육을 선호하는 취업부모에게 가정 내 12

세 이하 아동을 대상으로 돌봄서비스를 제공하고 있다.

가족센터는 시·도센터와 시·군·구센터로 구분할 수 있다. 전자는 한국건강가정진흥원과 시·군·구 가족센터의 연계, 시·도별 특성에 부합하는 가족지원 프로그램의 개발과 보급, 시·군·구 가족센터 사업지원 및 관리를 담당하는 역할을 수행한다. 반면, 후자는 지역사회 내 가족구성원을 위한 1차적 가족지원 서비스 제공, 지역단위 가족생활교육·상담·문화돌봄 실시, 지역사회 유관기관과의 연계를 통한 통합적 가족지원서비스 제공 및 지역사회 가족구성원을 위한 가족생활 관련 정보 제공의 역할을 수행한다.

가족센터는 평등성·통합성·사회성·전문성을 바탕으로 건강가정사업은 전문가 및 전문기관에서 수행해야 한다는 전문성, 센터상호 간 또는 센터 및 관련 기관과의 합리적인 수평적·수직적 연계 관계 수립을 강조하는 연계, 지역사회 서비스 네트워크의 조정·사례 관리자의 역할을 통한 조정, 교육 및 문화운동을 통한 가족 문제의 예방과 돌봄 및 치료의 포괄적 서비스 제공이라는 포괄성을 강조하고 있다.

건강가정사업은 가족의 건강성 증진과 가족기능의 강화가 목적이기 때문에 이를 달성하기 위해서는 기능적, 전문적 서비스가 제공되어야 할 뿐만 아니라 가족정책의 구체적인 사업은 다양한 접근방법에 의해 운영될 수 있다는 점에도 관심을 가져야 한다. 이러한 방식은 건강가정을 어떻게 개념화하고 규정하는가, 건강가정사업의 실행목적을 어디에 두는가, 그리고 사업의 규모, 예산, 운영주체, 운영기간 등의 외부 환경에 따라 다르다고 할 것이다.

4 가족서비스 지원

앞에서 살펴본 바와 같이 우리나라의 가족정책은 건강가정기본법을 토대로 여성가족부에서 통합적인 가족정책을 수립하고, 수립된 가족정책의 내용에 대하여 전국에 설치되어 있는 가족센터(건강가정지원센터·다문화가족지원센터)를 통하여 가족서비스로 전환하여 제공되고 있다. 여기에서 간관할 수 없는 것은 가족서비스를 제공하는 수행기관이 제 역할을 수행할 수 있도록 지속적으로 가족서비스를 점검하고 질 높은 가족서비스가 제공될 수 있도록 피드백을 제공함과 동시에 이를 반영하여 가족서비스를 개선하고 바람직한 대안을 마련하여야 한다는 것이다. 제공되고 있는 가족서비스는 시대적 상황과 가족이 처해 있는 환경에 따라 바뀔 수 있으며, 이를 적시에 반영하지 않을 경우 가족의 욕구에 부합되지 않는 서비스를 제공할 가능성이 높으므로 제공된 서비스를 점검하고 피드백을 통해 만족할만한 가족서비스를 제공하도록 지원하는 기관이 요구되는 것이다. 이 역할을 담당하는 서비스 지원기관은 한국건강가정진흥원이라고 할 수 있다. 이와 관련하여 한국건강가정진흥원은 다음과 같은 역할을 수행한다.

첫째, 가족지원프로그램의 개발 및 보급이다. 시·도 및 시·군·구 센터가 접근하기 어렵거나 공통적으로 발생하는 가족문제에 대처하고 잠재적인 문제가 발생하지 않도록 하는 등 다양한 가족문제의 예방과 해결을 지원할 수 있도록 각종 교재·사업지침 및 프로그램을 개발·보급하고 있다.

둘째, 주요 가족정책 관련 시범사업실시이다. 사업을 구체적으로 적용하기 전 시행착오를 줄이고 사업의 올바른 방향을 점검함으로써 사업의 효과성과 효율성을 확보하기 위하여 시·도 및 시·군·구 센터와의 협업을 통해 시범사업을 전개하고 있다.

셋째, 직원 전문성 및 역량강화교육 실시이다. 가족을 둘러싼 다양한 사회변화에 대처하고 현장에서 가족서비스를 제공하는 실무자의 역량을 강화하기 위하여 즉시성·현장성 및 전문성을 갖추어 질 높은 가족서비스를 제공할 수 있도록 정기적인 온·오프라인 교육을 실시하고 있다. 이를 통해 모든 센터가 질적 역량강화를 통하여 양질의 가족서비스를 표준화·균질화하여 제공하도록 지원하고 있는 것이다.

넷째, 시·도 및 시·군·구 가족센터의 사업지원 및 평가의 역할이다. 각 가족센터가 제 기능을 발휘하도록 정기적인 점검과 모니터링을 실시하고 있으며 평가를 통한 보상 및 질 개선을 도모하여 지속적으로 질 높은 가족서비스가 되도록 지원하고 있다.

생각해 봅시다

1 통합적 가족정책의 전달체계에 대해 생각해 봅시다.

2 가족정책의 수행기관인 가족센터의 역할에 대해 생각해 봅시다.

3 가족정책의 지원기관의 역할에 대해 생각해 봅시다.

참고문헌

강영실 (2006). **사회복지정책의 이해**. 서울: 신정.

김승권, 정민자, 이승미, 박세경, 이종은 (2003). 가정복지 종합계획 수립 및 프로그램 개발 연구. **한국보건사회연구원 정책보고서** 2003-73.

남찬섭, 유태균 역 (2007). **사회복지정책론**. 서울: 나눔의 집.

이기영, 조희금, 정민자, 송혜림, 이은미, 성미애, 이현아 (2004). 가정의 건강성 증진을 위한 정책개발 연구. **국회보건복지위원회 위탁연구 자료집**.

정순둘, 고미영 (2003). 재가노인을 위한 사례관리 서비스의 효과성 연구. **한국사회복지학**, 54, 273-294.

최경석, 김양희, 김성천, 김진희, 박정윤, 윤정향 (2001). **한국가족복지의 이해**. 서울: 인간과 복지.

한국임상사회사업학회 편 (2005). **사회복지실천론**. 서울: 신정.

Friesen, B., & Poertner, J. (1995). From case management to service. *Coordination*, 44-45.

Greene, R. R. (1992). Case Management: An arena for social work practice. In B. S. Vourlekis and R. R. Greene (Eds), *Social work case management*(pp. 11-25). New York: Adline de Gruyter.

Johnson, P., & Rubin, A. (1983). Case management in mental health: A social work domain? *Social work*, 28(1), 1-12.

Roberts-DeGennaro, M. (1987). Developing case management as a practice model. *Social Casework*, 69, 466-469.

〈인터넷 사이트〉

노인장기요양보험 (www.longtermcare.or.kr)

보건복지부 (www.mohw.go.kr)

여성가족부 (www.mogef.go.kr)

통계청 (www.nso.go.kr)

한국건강가정진흥원 (www.familynet.or.kr)

한국여성정책연구원 (www.kwdi.re.kr)

Chapter 05

가족정책 관련법

가족정책은 명확히 정의하기 어려우며 학자 간에 합의 역시 이루어지지 않았다. 가족정책의 영역이 어디까지인지 그 무엇에 초점을 둘 것인가에 따라 그 개념은 달라질 수 있다. 캐머만과 칸(Kamerman & Kahn, 1997), 짐머만(Zimmerman, 1995), 조흥식 등(2010)은 사회복지정책의 한 분야로서 가족정책, 사회정책의 목표를 달성하기 위한 수단으로서 가족정책, 하나의 관점 혹은 기준으로서 가족정책으로 구분하여 설명하고 있다. 특히 이윤정 등(2020)은 가족의 복지 증진을 목적으로 가족과 가족 구성원을 대상으로 행하는 국가의 의도적이고 명시적인 정책이라 정의하였다.

한국 가족정책은 과거 선별적·간접적이던 가족복지정책은 현재 보편적·명시적으로 변화하고 있으며, 인구사회적 변화에 다차원적 접근을 시도 하면서 일-가정 균형을 위한 정책으로까지 이어지고 있다.

즉, 「건강가정기본법」과 가족을 대상으로 한 관련법인 「한부모가족지원법」, 「저출산·고령사회기본법」, 「가족친화 사회환경의 조성 촉진에 관한 법률」, 「

다문화가족지원법」, 「남녀고용평등과 일·가정 양립 지원에 관한 법률」, 「아이돌봄지원법」등이 제정되어 시행되고 있다.

2000년대 전후로 가족해체 현상이 급속도로 증가함에 기존에 실시하고 있는 요보호 대상자를 위주로 한 복지정책으로는 위기가정의 문제를 해결하는데 한계가 있음을 인식하고 가정을 단위로 한 통합적이며 예방적 복지를 구현하기 위해 2004년 2월에 「건강가정기본법」이 제정되었다. 가정에 대한 패러다임의 변화를 이끌어 내고 실천하기 위한 초석의 의미를 함축하고 있다.

1 건강가정기본법

1) 건강가정기본법의 제정 배경

「건강가정기본법」의 제정 배경은 최근 우리나라의 국가정책이 경제 개발에 초점을 두고 추진함으로써 이에 대한 부작용으로 개인과 가족이 경제 발전을 위한 희생양으로 다루어졌다는데 문제 인식을 한 것으로부터 비롯했다고 볼 수 있다. 특히 1997년 우리나라의 IMF 상황에서 가족들이 경험한 위기는 가족을 둘러싼 외부 환경의 변화와 가족과 가족구성원의 욕구에 사회정책적인 관심의 증대와 사회적 개입의 필요성이 제기되었다. 가족의 문제는 더이상 개인의 무능력이나 불운에서 비롯되기보다는 사회구조적 요인이 중요함을 환기시킨 계기가 되었고, 경제위기가 부부관계의 소멸과 가족구조의 해체를 증가시킴으로써 모든 가족을 대상으로 하여 문제 예방이나 욕구 충족 또는 필요한 대응적 차원의 필요성을 제기한 것이라 볼 수 있다.

「건강가정기본법」의 제정 배경을 정리하면 첫째, 지금까지 통합적인 가정정책이 부재하다는 점이다. 즉, 기존의 가족문제에 대한 국가적 대응은 가족문제 발생 후 사후개입방식으로 주로 구성원, 개별 구성원, 개별 대상의 접근을 통해 개별 가정에 구성원 복지를 위한 책임에 집중하였으며, 정책 또는 행정부서 등에서 가족, 가정의 전문성이 부재하였다는 것이다.

둘째, 이러한 상황에서 가족문제의 확산 및 해체 현상이 증가하여 가족문제가 사회문제로 확대되었다는 점이다. 즉, 혼인율의 급격한 감소, 만혼 증가, 무자녀가정 및 독신가구 증가와 함께 저출생의 문제가 매우 심각한 사회문제로 제기되고 있다. 이외에 가정폭력, 아동유기 및 결식, 청소년의 약물문제 및 각종 범죄, 노인 가출 및 유기 등의 매우 심각한 가족문제가 증가하는 실정이며, 물질만능주의의 확산 및 사회적 경제위기 등으로 인한 가정경제 파탄 등 총체적인 가족문제가 사회문제로 확대되고 있다.

셋째, 현대 사회에서 사회적 기본단위인 가족은 세대통합과 사회로부터의 안정적인 피난처 기능과 역할을 상실하고 있다는 점이다.

넷째, 비효과적인 국가의 복지비용이 증가한다는 점이다. 즉, 증가하고 있는 가족해체와 가족문제, 사회문제의 해결을 위해 국가의 가족지원 비용, 복지비용은 증가하고 있으며, 국가의 막대한 지출이 이루어지고 있음에도 불구하고 이에 대한 효과성은 미미하고 가족구성원 개인의 심리·정서적 지지에는 영향을 미치지 못하고 있다. 이에 사후 개입보다 예방의 차원이 강구되어 가족문제를 예방할 수 있다면 막대한 복지비용에 대한 국가부담을 줄일 수 있다는 인식이 확산되고 있다.

마지막으로 정책대상자로서 가족에 대한 범위를 확대할 것을 요구받고 있다는 점이다. 지금까지의 가족정책은 요보호가정 중심의 한정적 사업이었으나 가족문제의 일반화, 만성화에 따라 기존의 한정적 정책대상자뿐 아니라 일반가정에 대한 가족사업도 요구되며, 이를 지원하기 위한 행정적·제도적 기틀이 시급한 실정이다. 건강가정 육성을 위한 통합적, 전문적 업무를 수행하는 전담부서와 인력, 전달체계를 포함하는 법과 정책이 요구되고 있다(강기정 외, 2010).

2) 건강가정기본법의 지향 이념

「건강가정기본법」은 제2조(기본 이념)에서 '가정은 개인이 기본적인 욕구를 충족시키고 사회통합을 위하여 기능할 수 있도록 유지·발전되어야 한다.'고 명기하고 있다. 여기에서는 「건강가정기본법」이 추구하는 이념을 다음의 다섯 가지로 정리하여 살펴보고자 한다(조희금 외, 2007).

(1) 개인의 행복과 건강한 사회의 기초가 되는 가정의 건강성 증진

건강한 가정은 그 가정에 속해 있는 개인의 행복에 기여할 뿐 아니라 건강한 사회, 건강한 국가의 기본이 된다. 「건강가정기본법」은 가정의 건강성 증진을 통하여 건강한 사회를 구현하는 것이 궁극적으로 개인의 행복과도 불가분의 관계를 가진다는 개인-가정-사회의 상호작용적인 관점을 강조한다. 또한 「건강가정기본법」의 제3조와 제4조[1)]에서 헌법에서 보장하는 개인의 행복추구의 권리(헌법 제10조)와 인간다운 생활을 할 권리(헌법 제34조)를 구체적으로 반영하고 있다.

(2) 생활단위인 가정에 대한 강조와 가정단위의 통합적인 서비스 제공

「건강가정기본법」은 생활공동체인 가정을 기본단위로 강조한다. 이는 제도

---

1) **법 제3조 【정의】** 3. '건강가정' 이라 함은 가족구성원의 욕구가 충족되고 인간다운 삶이 보장되는 가정을 말한다.
법 제4조 【국민의 권리와 의무】 ① 모든 국민은 가정의 구성원으로서 안정되고 인간다운 삶을 유지할 수 있는 가정생활을 영위할 권리를 가진다.

및 관계로서의 가족을 넘어 생활단위이며, 생활공동체의 의미를 가진 가정의 중요성을 강조하는 것이다. 구체적으로 '가정'이라 함은 가족구성원이 생계 또는 주거를 함께하는 생활공동체로서 구성원의 일상적 부양·양육·보호·교육 등이 이루어지는 생활단위로 정의하며, 가족의 구조나 형태에 관계없이 생활을 영위하는 단위를 의미하는 것으로 다양한 가족유형을 포괄한다.

한편 「건강가정기본법」은 기존의 개별 복지법을 통해 개인 대상 또는 요보호가정 중심의 복지서비스 제공에서 생활단위인 가정 중심의 통합적인 서비스 제공이 이루어질 것을 강조한다(법 제21조). 즉, 지금까지 경제적 지원을 중심으로 한 복지서비스에서 건강한 가정생활의 유지·발전에 필요한 교육, 상담, 문화 및 정보 제공 등 생활 영역의 서비스 부분을 포함한 통합적 가정정책을 통하여 복지의 개념을 전체 가정으로 확대하여 보편적 복지로의 패러다임을 전환한다.

(3) 양성평등하고 민주적인 가족가치의 구현

「건강가정기본법」은 양성평등하고 민주적인 가족관계를 전제로 하며, 성과 세대, 생활과 문화의 통합을 추구하고 있다. 즉, 양성평등한 가족관계를 강조할 뿐만 아니라 세대 간의 민주적인 관계를 강조하고 일상생활 및 문화의 중요성을 명시하는 통합적인 가족정책을 제시하고 있다.

구체적으로 살펴보면 건강한 가정은 가족 내의 민주적이고 양성평등한 관계를 전제로 하고 있으며, 평등한 관계가 바탕이 될 때 열린 대화가 가능하고, 가족역할을 공유할 뿐 아니라 가족 간 휴식과 여가도 공유할 때에 가정의 건강성은 증진된다. 「건강가정기본법」에서는 민주적인 가정 형성, 가정친화적 환경 조성, 양성평등한 가족가치 실현 및 가사노동의 정당한 가치평가를 위하여 노력할 것을 국가와 지방자치단체의 책임으로 규정하고 있으며(제5조), 이 법에서 지향하는 가족가치는 부양, 자녀양육, 가사노동 등 가정생활 운영에 가족원이 함께 참여해야 하고, 서로 존중하며 신뢰하여야 함(제7조)을 명기하고 있다.

또한 「건강가정기본법」은 성과 세대, 생활과 문화의 통합을 기본 이념으로 한다. 「건강가정기본법」 제1장 총칙의 제7조(가족가치)에서 가족구성원은 부양·자녀양육·가사노동 등 가정생활의 운영에 함께 참여해야 하고 서로 존중하며 신뢰하여야 한다고 양성평등의 가치를 기본으로 전제하고 있으며, 제26조(민주적이고 양성평등한 가족관계의 증진)에서는 더 구체적으로 성 및 세대 간의 민주적이고 양성평등한 관계를 정립하기 위한 내용을 명시하고 있다.

(4) 가정의 자립과 협동 그리고 국가의 지원강화

가정의 자립은 가정생활의 주체성 확보와 자생력을 의미한다. 협동은 자립을 보완하면서 어떻게 서로 도우면서 자원을 공유하며 살아갈 것인가 하는 차원에서 고려된다. 결국 가정이 가족이기주의를 극복하고 공동문화의 창조라는 궁극적인 목표를 달성하기 위해서는 가정의 자립과 협동이 요구된다(조희금 외, 2002: 138).

자율과 자립성을 가진 능동적 주체로서 가정의 역할은 「건강가정기본법」의 국가나 지방자치단체의 책임 및 의무와 함께 개인 및 가정의 의무와 노력의 규정에 나타나 있다. 예를 들면 제4조(국민의 권리와 의무)에서 모든 국민은 가정의 중요성을 인식하고 그 복지의 향상을 위하여 노력해야 하며, 제7조(가족가치)에서 가족원은 부양, 자녀양육, 가사노동 등 가정생활 운영에 참여하고, 제8조(혼인과 출산)에서 혼인과 출산의 사회적 중요성을 인식하며, 제9조(가족해체 예방)에서 가족해체를 예방하기 위해 노력하고, 제29조(가정의례)에서 건전한 가정의례를 확립하기 위해 노력해야 한다고 명기하고 있다.

(5) 가정문제에 대한 사전적, 예방적 지원 필요

가정에서 발생하는 문제는 한 번 발생하면 그 해결과 치료에 많은 시간적·재정적 비용이 들며 완벽한 치료도 불가능하다. 그러므로 가능하면 문제가 발생하기 전에 지원함으로써 문제의 발생을 예방하고, 되돌릴 수 있는 상태에서 문제를 해결 또는 치료하는 것이 가정의 건강성도 회복하고 가정문제 해결에 소요되는 사회적 비용도 절감할 수 있는 효과적 접근이다. 기존의 가족정책과 복지서비스의 지원이 대부분 사후 치료적 지원 중심이었다면 「건강가정기본법」에서는 이전까지의 문제 치료적인 방식에서 벗어나 문제 예방적인 측면을 매우 강화하고 있으며, 이를 뒷받침해 줄 제도적 지원 또한 명시하고 있다.

「건강가정기본법」의 사전 예방적 지원은 제20조(가족실태조사)에서 국가와 지방자치단체에서 개인과 가족의 생활실태를 파악하고, 건강가정 구현 및 가정문제 예방 등을 위한 서비스의 욕구와 수요를 파악하기 위하여 주기적인 가족실태조사를 실시함으로써 국가 차원에서 종합적이고 체계적인 가족정책 추진에 효과가 클 것으로 기대하고 있다. 또한 「건강가정기본법」의 문제 예방적 지원은 제31조(이혼 예방 및 이혼가정 지원), 제32조(건강가정교육) 등 가정문제의 발생으로 인한 가족기능 약화, 가족갈등, 가족해체 등을 사전에 방지할 수 있는 기제를 강조하고 있다.

3) 건강가정기본법 체계와 주요 내용

「건강가정기본법」은 제정 이후 일부 개정(2020.5.19)되었으며, 이 절에서는 개정된 법률내용을 중심으로 「건강가정기본법」의 체계와 내용을 설명하고자 한다. 「건강가정기본법」은 총 5장의 본칙과 부칙으로 되어 있다. 제1장은 총칙으로 법의 총론적인 성격을 규정하며, 제2장은 가족정책으로 정책 수립을 위한 위원회 및 기본계획 수립에 관련한 내용, 제3장은 건강가정사업, 제4장은 건강가정 전담조직 및 전문 인력의 내용, 제5장은 보칙으로 보조금 등에 관한 내용을 규정하고 있다.

(1) 제1장 총칙

법령의 총칙은 총 12조로 구성되어 있다. 즉, 목적, 기본 이념, 정의, 국민의 권리와 의무, 국가와 지방자치단체의 책임, 다른 법률과의 관계, 가족가치, 혼인과 출산, 가족해체 예방, 지역사회 자원 개발·활용, 정보 제공, 가정의 날 등에 대한 구체적인 내용을 밝히고 있다.

① 목적

「건강가정기본법」은 건강한 가정생활의 영위와 가족의 유지 및 발전을 위한 국민의 권리, 의무와 국가 및 지방자치단체 등의 책임을 명백히 하고, 가정문제의 적절한 해결방안을 강구하며 가족구성원의 복지 증진에 이바지할 수 있는 지원정책을 강화함으로써 건강가정 구현에 기여하는 것을 목적으로 함을 밝히고 있다.

② 용어의 정의

이 법에서 '가족', '가정', '건강가정', '건강가정사업'에 대한 정의를 살펴보면 다음과 같다. '가족'이라 함은 혼인, 혈연, 입양으로 이루어진 사회의 기본단위를 말하며 '가정'은 가족구성원이 생계 또는 주거를 함께 하는 생활공동체로서 구성원의 일상적인 부양, 양육, 보호, 교육 등이 이루어지는 생활단위를 일컫는다. 그리고 '건강가정'은 가족구성원의 욕구가 충족되고 인간다운 삶이 보장되는 가정을 말하며, 이를 위해 실시하는 건강가정사업은 건강가정을 저해하는 문제의 발생을 예방하고 해결하기 위한 여러 가지 조치와 가족의 부양, 양육,

보호, 교육 등의 가정기능을 강화하기 위한 사업으로 밝히고 있다.

③ 책임 주체

제5조에서 건강한 가정생활의 영위와 가족의 유지 및 발전을 위한 국민의 권리와 의무, 국가 및 지방자치단체 등의 책임을 명백히 하고 있다. 즉, 건강가정의 유지 및 발전의 책임 주체를 국가, 지방자치단체, 국민 등 삼자 주체로 명시하고 있다.

(2) 제2장 가족정책

제2장, 제3장, 제4장은 「건강가정기본법」이 달성하고자 하는 입법 목적에 해당하며, 구체적으로 실현하기 위한 실체 규정으로 구성되어 있다. 제2장은 가족정책으로 중앙가족정책위원회, 시도 건강가정위원회, 건강가정기본계획의 수립, 연도별 시행계획의 수립 · 시행 등 시도별 시행계획의 조정 등, 계획 수립의 협조, 교육 · 연구의 진흥, 가족실태조사 등의 총 8조로 구성되어 있다.

① 건강가정 기본계획

여성가족부 장관은 관계 중앙행정기관의 장과 협의하고 중앙위원회의 심의를 거쳐 건강가정기본계획을 5년마다 수립하여야 한다. 이때 기본계획에는 가족기능의 강화 및 가정의 잠재력 개발을 통한 가정의 자립 증진 대책, 사회통합과 문화 계승을 위한 가족공동체 문화의 조성, 다양한 가족의 욕구 충족을 통한 건강가정 구현, 민주적인 가족관계와 양성평등적인 역할분담, 가정친화적인 사회환경의 조성, 가족의 양육 · 부양 등의 부담 완화와 가족해체 예방을 통한 사회비용 절감, 위기가족에 대한 긴급 지원책, 가족의 건강 증진을 통한 건강사회 구현, 가족지원정책의 추진과 관련한 재정 조달방안 등의 내용이 포함되어야 한다.

(3) 제3장 건강가정사업

이 법에서는 국가 및 지방자치단체가 추진해야 하는 건강가정사업을 크게 두 가지 측면으로 나눌 수 있다. 첫째는 건강가정을 저해하는 문제(가정문제)의 발생을 예방하고 해결하기 위한 여러 가지 조치와 둘째는 가족의 부양·양육·보호·교육 등의 가정기능을 강화하기 위한 사업들로 구성되어 있다. 구체적으로 살펴보면 가정에 대한 지원, 자녀양육 지원강화, 가족단위 복지 증진, 가족의 건강 증진, 가족부양 지원, 민주적이고 양성평등한 가족관계 증진, 가족단위의 시민적 역할, 가정생활문화 발전, 가정의례, 가정봉사원, 이혼 예방 및 이혼가정 지원, 건강가정교육, 자원봉사활동 지원 등이다.

(4) 제4장 건강가정 전담조직 등

제4장은 건강가정의 전담조직으로 중앙과 시·도 및 시·군·구에 건강가정사업에 관한 업무를 전담하여 직접 수행하는 중요한 주체인 건강가정지원센터를 설치하도록 하고 있으며, 센터의 운영은 민간에 위탁할 수 있음을 명시하고 있다(제35조). 또한 센터의 건강가정사업 수행을 위해 관련 전문가(건강가정사)를 두며, 이들은 대학 또는 이와 동등 이상의 학교에서 가정학·사회복지학·여성학 등 관련 교과목을 이수하고 졸업한 자로 규정한다. 건강가정사의 업무에는 가정문제의 예방·상담 및 개선, 건강가정의 유지를 위한 프로그램의 개발, 건강가정교육, 가정생활문화운동의 전개, 가정 관련 정보 및 자료 제공, 가정에 대한 방문 및 실태 파악, 아동보호전문기관 등 지역사회 자원과의 연계 등이 주요 업무로 되어 있다.

4) 건강가정기본법의 효과와 과제

(1) 「건강가정기본법」의 효과

「건강가정기본법」은 우리 가정생활의 실태와 문제, 변화하는 현상 등에 주목하여 새로운 패러다임으로 가정에 대한 정책과 제도의 틀을 다시 구성하여 보다 효과적인 접근 방식을 마련하기 위한 하나의 방안이라고 볼 수 있다(조희금 외, 2005). 또한 이 법과 관련하여 여러 가지 쟁점과 비판들이 제기되고 있으나 우리나라의 가족복지정책의 근간이 미비했던 상황에서 '건강가정'이라는 가족복지의 궁극적 목표를 제시하고, 이와 동시에 구체적인 행정전달체계 및 실행 주체자, 전문 인력 양성 등에 관한 폭넓은 내용을 중심으로 건강가정 구현의 청사진을 제시하고 있다는 점에서 「건강가정기본법」 시행의 기대효과가 매우 높을 것으로 전망하기도 한다(김혜경 외, 2006). 이 절에서는 「건강가정기본법」의 제정을 통해 기대되는 사회적 기여에 대해 다음과 같이 여섯 가지로 구분하여 정리하였다(이기영, 2004; 조희금 외, 2005).

① 가정단위의 통합적 지원을 통한 정책의 효율성 제고

그동안 가정에 대한 국가의 복지서비스는 아동·노인·장애인·청소년·여성 등 개별적인 구성원을 대상으로 주로 위기가 발생한 후 개입하는 방식이었다. 이러한 정책적 접근은 필연적으로 가정생활을 하나의 단위로 보고 접근하는 통합성의 결여에서 오는 한계나 비효율성을 가질 수밖에 없다. 「건강가정기본법」은 가정을 구성하는 개별 대상보다는 가정생활 자체를 하나의 주체, 생활단위로 접근함으로써 기본의 개별 단위로 접근할 때 발생하는 한계를 극복할 수 있는 근거를 마련하였다. 즉, 「건강가정기본법」을 통해 개인이 아닌 가정을 하나의 단위로 접근하는 행정적·제도적·기틀을 마련하였으며, 가정에 대한 정책 및 제도의 통합성을 꾀함으로써 가정문제의 해결과 예방의 효율성을 높일 수 있다.

② 가정문제에 대한 사전적 · 예방적 접근을 통하여 장기적 효과 창출

그동안 가정 혹은 가족과 관련된 제도와 법에 있어 그 한계로 자주 거론되어 온 쟁점은 국가의 개입이 주로 요보호가족에 집중되어 어떤 문제가 발생한 다음에 그 해결과 치료를 위해 사후적으로 서비스를 제공한다는 점이다. 복지사회를 지향하는 오늘날 우리의 관심은 '요보호가족'을 중심으로 한 사후적 접근에만 머물러서는 안 된다. 가정은 상호 이타적인 가족구성원으로 이루어진 생활공동체, 일차적인 부양경영체로서의 기능을 통해 사회 안전망의 역할을 수행하고 있다. 이러한 측면에서 건강한 가정은 가장 중요한 사회자본이라고 할 수 있다. 즉, 가정에 대한 예방적 차원의 제도적 접근을 통하여 가정문제의 발생 가능성을 사전에 차단함으로써 장기적으로 사회적 비용을 크게 줄이는데, 이러한 점에서 가정에 대한 예방적 접근을 지지하는 「건강가정기본법」의 사회적 기여가 크다.

③ 다양한 형태의 가정에 대한 지원을 통한 사회통합 실현

변화하는 사회현상 중 가장 두드러진 것은 다양한 가족 형태의 출현과 확산 그리고 이에 따른 가족 관련 가치관과 인식의 변화 등이다. 「건강가정기본법」에서는 다양한 형태의 가정의 욕구를 충족시키고, 다양한 가정과 함께 연대하여 건강한 가정, 건강한 사회를 만들어 간다는 점을 명시하고 있다(건강가정육성기본법 추진위원회, 2004).

최근 들어 '복지'는 매우 다양한 개념들과 결합하며 다양한 대상을 포괄하는 추세를 보이고 있다. 어떤 특수한 계층만을 포함하는 것이 아니라 다양한 형태의 개인과 가족, 생활단위, 공동체를 포함하며, 그들이 살아가는 보편적 · 일상적인 생활의 연장선 위에서 문제가 발생하지 않음과 동시에 삶의 안정과 행복을 추구하는 개념으로 확산되고 있다. 「건강가정기본법」은 가정의 건강성에 대해 다양한 가족, 다양한 계층, 다양한 시각에서 접근하고 있으며[2], 그 이념으로 '복지'뿐 아니라 안정, 평등, 존중, 주체성, 삶의 질 향상 등 다양한 가치를 포괄하고 가족 간 연대, 가족공동체 문화 형성을 통한 지역사회와의 연대를 지향한다는 점에서 사회적 통합에 기여하는 바가 크다.

④ 가정생활에 대한 제도적 접근의 전문화를 통한 서비스의 질적 향상

「건강가정기본법」에서는 건강가정사업을 수행하는 전문 인력의 자격과 역할, 제도화의 조건 등을 시행령 및 시행규칙을 통해 제시함으로써 가정생활에 대한 전문 교육을 받은 전문가를 양성하고 배출하며, 전문기관으로 보급하는 등 전문 인력체계를 제도화하고자 한다. 그리고 이들 전문가를 통해 가정문제 해결 및 예방을 위한 프로그램의 개발과 보급, 관련 서비스의 실천, 교육과 상담을 통한 접근 등 전문적인 사업이 수행될 수 있는 기반을 확보하고자 한다.

또한 「건강가정기본법」에서는 건강가정사업을 수행하는 전담기구와 행정부서 등에 대한 규정을 둠으로써 그동안 산발적으로 행해지던 가정생활 관련 사업들이 통합성과 효율성을 갖고 행해질 수 있는 기틀을 마련하였다. 「건강가정기본법」 제정을 계기로 가정생활에 대한 접근이 전문기관을 통하고 전문가에 의해 전담조직의 지원하에 행해질 수 있는 환경이 조성됨으로써 복지서비스의 질적 향상을 도모하고 효과적인 정책 실현이 가능하게 되었다.

⑤ 가정 관련 정책 및 제도의 거시적, 장기적 방향 제시

「건강가정기본법」에 나와 있는 가족실태조사, 건강가정기본계획의 수립과 실행 등을 통하여 장기적으로 효과를 가져올 수 있는 가정정책이 본격적으로 발전하는 계기를 마련하게 되었으며, 세부적인 정책 실현 사업들에 대한 비전

---

2) 「건강가정기본법」에서 건강가정은 합리적 자원 관리, 경제적 안정, 열린 대화, 안정적인 의식주 생활, 민주적 평등가정, 건강한 시민의식, 휴식 및 여가 공유, 자원봉사 참여, 가족역할 공유—일과 가정의 조화, 자녀의 성장 지원, 가정문화 창조·유지 등의 복합체를 의미한다(건강가정육성기본법 추진위원회, 2003).

을 제시할 수 있다. 그리고 가정생활에 대한 정확한 실태에 기반하여 가족 관련 변화를 정확하게 예측해서 거시적이고 장기적인 가정정책의 방향을 제시함으로써 앞으로 심각한 문제가 예상되는 저출생·고령화 사회에 효과적으로 대응할 수 있다.

⑥ 사회적 일자리 창출에 기여

「건강가정기본법」의 제정에 따라 중앙, 시·도 및 시·군·구의 건강가정지원센터에 전문가인 건강가정사를 두도록 규정하고 있다. 건강가정사가 사회복지학, 가정학, 여성학 등 관련 교과목을 이수하고 졸업한 자 또는 특례조치에 의해 양성교육을 받은 자로 되어 있어 이들의 대부분은 여성들이 된다. 이로 인해 건강가정사는 여성의 사회적 일자리 창출에 기여할 것이다. 또한 여성의 유휴 인력을 사회로 환원하는 과정에서 나타나는 일과 가정의 양립문제, 자녀양육 스트레스, 가사노동의 분담문제 등을 법과 제도를 통해 지원할 수 있는 다양한 방법과 의식교육 등이 포함되어 결과적으로 국가경쟁력을 높일 수 있다(정민자, 2003c).

(2) 「건강가정기본법」의 가족정책의 비전과 핵심 과제

우리나라 가족정책 분야의 중장기 종합 대책으로 건강가정기본계획을 들 수 있다. 건강가정기본계획은 중앙정부 차원에서 관계 부처 합동으로 건강가정 지원을 위한 기본계획을 수립하여 한국 가족정책의 좀더 체계적인 접근을 이루고자 하는 시도로 볼 수 있다. 따라서 본 절에서는 「건강가정기본법」 제15조 규정에 의해 만들어진 건강가정기본계획을 중심으로 가족정책 비전 및 5대 핵심과제에 대해 살펴보고자 한다.

건강가정기본계획은 제1차 건강가정기본계획(2006~2010)에 이어 제2차 건강가정기본계획(2011~2015) '2015 가족 행복 더하기', 제3차 건강가정기본계획

(2016~2020)으로 이어져 가족정책의 종합대책으로 추진된다.

제4차 건강가정기본계획은 '2025 세상 모든 가족과 함께"를 가족정책의 비전으로, 1인가구증가 등 가족 형태와 가족 생애주기의 다변화, 가족구성원 개인 권리에 대한 관심 증대 등 최근의 급격한 가족변화가 반영되었다.

제4차 건강가정기본계획은 ① (다양성) 모든 가족이 차별 없이 존중받으며 정책에서 배제되지 않는 여건 조성에 초점을 두었으며, ② (보편성) 한부모·다문화가족 등에 대한 맞춤형 지원은 지속 강화하되 보편적 가족 지원으로 정책 패러다임을 확장하였고, ③ (성평등) 남녀 모두의 일하고 돌봄 권리의 균형을 중시하는 성평등 관점의 정책 기조를 강화하였다.

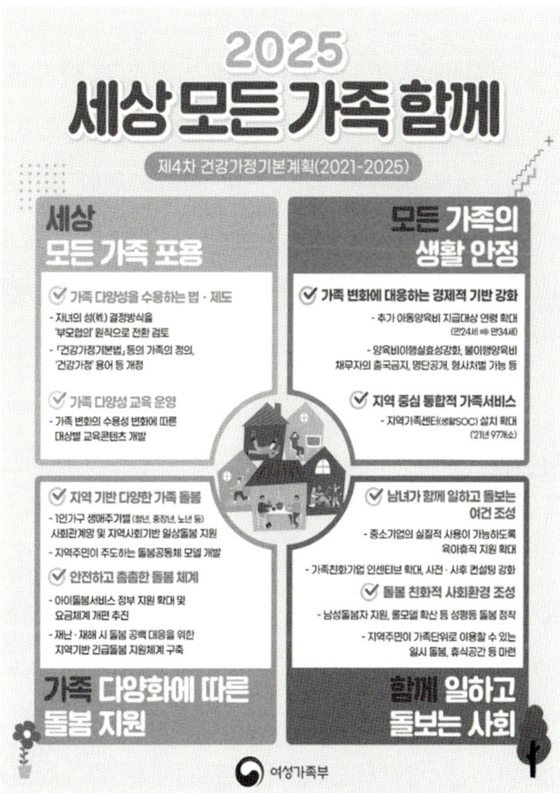

그리고 이러한 기본방향 하에 ▷계획의 명칭을 '2025 세상모든가족함께'로 하고 ▷'모든 가족, 모든 구성원을 존중하는 사회' 구현을 비전으로 ▷'가족 다양성 인정', '평등하게 돌보는 사회'를 목표로 하였다. 이에 기반하여 ① 세상 모든 가족을 포용하는 사회기반 구축, ② 모든 가족의 안정적 생활여건 보장, ③ 가족다양성에 대응하는 사회적 돌봄 체계 강화, ④ 함께 일하고 돌보는 사회 환경 조성의 4개 영역별정책과제를 마련하였다(여성가족부, 2023).

2 가족관련법

한국 가족정책의 역사를 보면, 전쟁 이후를 기점으로 과거 선별적·간접적이던 가족복지정책은 현재 보편적·명시적으로 변화하고 있으며, 인구사회적 변화에 다차원적 접근을 시도 하면서 일-가정 균형을 위한 정책으로까지 이어지고 있음을 알 수 있다. 본고에서는 9장 한부모가족정책, 10장 1인가구정책, 11장 빈곤가족정책, 12장 다문화가족정책에서 자세히 가족정책 현황과 방향을 서술하기 때문에, 가족관련법의 법명과 개요만 간략히 정리하고자 한다.

1) 한부모가족지원법

모부자복지법의 명칭이 변경되고 내용이 개정되면서 2007년 한부모가족복지법으로 불리우게 되었다. 총 31조로 구성된 한부모가족지원법은 특정가족유형을 대상으로 가족의 기능 유지와 자립을 지원하고, 교육과 고용환경 등 이들이 차별받지 않도록 하는 사회환경 조성을 위해 국가와 지방자치단체가 해야 하는 역할과 의무를 제시하고 있다. 법의 내용 중 제4조와 제5조에서는 범위를 넓혀 청소년 한부모(제4조1의2)와 조손가족(제5조의2)까지 한부모가족에 포함하여 지원대상으로 명시하고 있으며, 이를 위해 여성가족부는 법의 시행을 전담하며, 3년마다 실태조사를 해 정책수립에 활용하도록 해야 한다(국가법령정보센터, 2023). 해당 시설로는 모자·부자가족 복지시설과 미혼모자가족복지시설, 한부모가족복지상담소 등이 있으며, 관련 시설을 비롯해 건강가정지원센터나 사회복지 관 등을 통해 구체적인 사업과 프로그램, 서비스가 제공되는 체계이다.

2) 다문화가족지원법

다문화가족지원과 관련된 법률로는 「다문화가족지원법」, 「결혼중개업의 관리에 관한 법」, 「출입국관리법」, 「재한외국인처우기본법」, 「국적법」 등이 있다. 이러한 법률은 결혼이민자와 다문화가족의 사회통합을 목적으로 하고 있다. 「다문화가족지원법」(제정 2008.3.21., 시행 2008.9.22.)은 결혼이민자가족을 주된 정책지원 대상으로 가족구성원의 안정적인 가족생활을 통해 삶의 질 향상과 사회통합에 기여함을 목적으로 하고 있다. 이 법에 의해 2008년 이후 다문화가족에 대한 다문화가족정책의 제도적 틀이 마련되었으며, 필요한 제도와 여건에 관한 중앙정부와 지자체의 각종 조치와 지원이 규정되는 등 다문화가족정책의 법적 기반을 공고히 했다.

법령 내에는 재한외국인 처우기본법과 국적법 등을 기준으로 다문화가족을 정의하고 있으며(제2조), 다문화가족과 그 구성원이 법령의 주 지원 대상임을 명시하고 있다(국가법령정보센터, 2023).

3) 저출산 · 고령사회기본법

2005년 시행 중인 「저출산 · 고령사회기본법」은 저출생 및 인구의 고령화에 따른 변화와 대응하는 저출산 · 고령사회정책의 기본방향과 그 수립 및 추진체계에 관한 사항을 규정함으로써 국가의 경쟁력을 높이고 국민의 삶의 질 향상과 국가의 지속적인 발전에 기여하고자 한다. 기본이념은 국가의 지속적인 발전을 위한 인구 구성의 균형과 질적 향상을 실현하고, 국민이 건강하고 안정된 노후 생활을 할 수 있도록 하는 것이다.

저출산고령사회정책은(제3조2) 저출생 및 인구의 고령화에 따른 변화에 대응하기 위하여 수립 시행하는 정책이다. 저출생 대책의 기본방향으로는 인구정책(제7조), 자녀의 출산과 보육 등(제8조), 모자보건의 증진 등(제9조), 경제적 부담의 경감(제10조)에 대해 명시하고 있다. 그리고 이를 추진할 주체는 저출산 · 고령사회위원회이다(국가법령정보센터, 2023). 저출산 · 고령사회위원회는 대통령이 위원장을 맡는 대통령 소속 하에 직속기구로 정부가 추진하는 저출산 및 고령화 관련 정책을 총괄하는 컨트롤타워(총괄기구)역할을 하며, 중앙의 저출산 행정은 보건복지부 인구정책실 인구아동정책관이 실질적 업무를 수행하고 있고, 그 밑에 인구정책 총괄과와 출산정책과, 아동복지정책과, 아동권리과로 분리되어 업무를 수행하고 있다.

4) 가족친화 사회환경의 조성 촉진에 관한 법률

2008년 개정되어, 2020년 시행되고 있는 「가족친화 사회환경의 조성 촉진에 관한 법률」은 일과 가정생활을 조화롭게 병행하기 위한 사회적 책임과 정부의 노력을 명시 한 법령이다. 법령은 아동양육과 가족부양 등 가족 돌봄을 위한 직장 환경과 지역사회 환경 조성을 통해 궁극적으로 국민의 삶의 질 향상과 국가의 발전 을 지향한다. 가족친화제도는 탄력적 근무제도, 자녀의 출산·양육 및 교육 지원제도, 부양가족 지원제도, 근로자지원제도 등이 있다(국가법령정보센터, 2023).

그리고 가족친화 직장환경의 조성 촉진을 위해서 국가와 지방자치단체장은 가족친화 직장환경의 조성을 촉진하고, 기업 등의 참여를 확산시키기 위하여 가족친화제도 인식제고를 위한 홍보, 가족친화제도에 대한 컨설팅, 직장 내 가족친화 교육 실시 및 강사양성, 가족친화 프로그램 개발 및 보급, 가족친화 우수기업 선정 및 포상 등을 지원할 수 있다. 이 중 가족친화기업에 대한 지원책으로는 가족친화기업에 인증제 도입, 남녀고용평등 기업이나 가족친화 우수기업을 선정하여 표창하고 이들에 인센티브를 부여하는 것, 가족친화기업 모델 개발 및 사례 발굴, 홍보, 가족친화 일터 만들기 캠페인 전개, 불필요한 야근, 접대문화 개선, 육아데이, 가정의 날 지정, 가족친화 교육 및 컨설팅 실시 등이다. 가족친화적 근무제도 실시의 효과에 대해 미국에서 한 연구를 보면 대체로 생산성 제고와 결근율 감소에 긍정적인 효과를 미친 것으로 보고되고 있다.

이에 법령의 주 대상은 모든 가족 혹은 모든 근로자라 할 수 있으며, 전담부처는 여성가족부이다. 법령에 의거해 5년마다 수립되는 가족친화 사회환경 조성 기본계획은 정부 조직 내 다른 부처의 협조와 지방자치단체, 그리고 공공기관과 각계 기업을 통해 추진된다. 이에 법령에서는 가족친화 직장환경 조성, 가족친화 마을환경 조성, 가족친화문화 조성 및 확산 사업 등의 추진과 기업의 가족친화제도 도입, 그리고 사업주의 책무와 근로자 참여의 노력 등을 명시하고 있다.

5) 남녀고용평등과 일·가정 양립 지원에 관한 법률

「남녀고용평등과 일-가정 양립 지원에 관한 법률」은 저출생·고령화 시대에서 여성인력을 적극적으로 활용하고 직장과 가정의 양립을 지원해야 한다는 필요성이 제기되면서, 2007년 12월 남녀고용평등법의 개정과 함께 명칭이 변경된 법령이다. 현재 2021년 일부개정 후 시행되고 있으며, 제22조의2 근로자의 가족 돌봄을 위한 지원은 배우자 출산휴가, 취학 전 아동 양육지원과가족돌봄휴직 등을 지원하기 위한 사업주의 노력과 의무 등 새로운 제도 도입을 위해 개정의 과정을 거쳐 왔다(국가법령정보센터, 2023). 고용에서 남녀가 평등한 기회와 대우를 보장받고, 모성보호와 여성고용을 촉진하여 남녀고용평등을 실현함과 동시에 근로자의 일과 가정의 양립을 지원하여 모든 국민의 삶의 질을 높이는 것이 법이 지향하는 목적이다. 법령은 총 6장 39조로 구성되어 있으며, 전담부처는 고용노동부이다. 이에 고용노동부는 남녀고용평등과 일-가정 양립에 관한 기본계획을 5년마다 수립하고 있다.

생각해 봅시다

1 「건강가정기본법」 제정의 의의에 대해 생각해 봅시다.

2 「건강가정기본법」의 쟁점과 과제에 대해 생각해 봅시다.

3 여성가족부의 건강가정기본계획(Ⅱ)의 비전과 핵심과제에 대해 생각해 봅시다.

4 가족관련법이 발의되고 시행되는 사회환경의 배경이 무엇인지 생각해 봅시다.

참고문헌

강기정, 김연화, 박미금, 송말희, 이미선 (2010). 건강가정론. 양서원.

여성가족부 (2023). 제4차 건강가정기본계획: "2025 세상 모든 가족 함께". 보도자료. 홈페이지.

이윤정, 박수선, 이무영, 강기정 (2020). 가족복지론. 서울: 공동체.

조흥식, 김인숙, 김혜란, 김혜련, 신은주 (2010). 가족복지론. 서울: 학지사.

조희금, 김경신, 정민자, 송혜림, 이승미, 성미애, 이현아 (2005). 건강가정론. 서울: 신정.

조희금, 송혜림, 성미애 (2007). 건강가정 현장실습. 서울: 신정.

국가법령정보센터 (2023). 가족친화 사회환경의 조성촉진에 관한 법률.

국가법령정보센터 (2023). 건강가정기본법.

국가법령정보센터 (2023). 다문화가족지원법.

국가법령정보센터 (2023). 남녀고용평등과 일 · 가정 양립 지원에 관한 법률.

국가법령정보센터 (2023). 저출산 · 고령사회기본법.

Chapter 06

가족정책의 행정 및 전달체계

이 장에서는 가족정책이 서비스로 전환되는 행정 및 전달체계에 대하여 살펴보고자 한다. 2005년 6월 23일자로 여성가족부가 출범하면서 가족정책을 여성가족부가 담당하던 것이 2008년 2월 새로운 정부가 들어서면서 정부조직이 대폭 개편되어 보건복지가족부로 그 업무가 이관되었다. 그러나 가족 해체 및 다문화가족 등 현안 사항에 적극 대응하기 위하여 보건복지가족부의 청소년 및 다문화가족을 포함한 가족 기능을 여성가족부로 이관하는 내용으로 정부조직법이 개정(2010.1.18)되었고, 이에 따라 "보건복지가족부"는 "여성가족부"로 개편되고, 여성 · 종합 및 여성의 권익증진 등 지위향상뿐만 아니라 가족정책, 건강가정사업을 위한 아동 업무 및 청소년의 육성 · 복지 및 보호 기능을 수행하게 되어 현재에 이르고 있다.

1 가족정책의 행정 및 전달체계의 개념과 요건

1) 가족정책의 행정 및 전달체계의 개념

행정(administration)이란 '두 사람 이상의 합리적 협동행위'(Waldo, 1995)를 의미한다. 앞 장에서도 전술한 바와 같이 정책이란 정부가 하고자 또는 하지 않고자 하는 모든 의도와 행동을 일컫는다. 가족정책은 건강가족과 관련된 정책으로 가족정책에 관하여 정부가 구현하고자 하거나 또는 하지 않고자 하는 모든 의도와 행동을 의미하는데, 대체로 정책은 행정을 통하여 그 목적이 구체화된다. 가족정책의 행정은 건강가족과 관련된 행정이며 수립된 가족정책을 집행에 옮기는 것에 관련된 것이라고 할 수 있다.

전달체계는 학자와 관점에 따라 다양하게 정의된다. 가족정책의 전달체계가 사회복지 전달체계의 범위 안에서 논의된다는 측면에서 먼저 사회복지 전달체계의 개념을 살펴보는 것은 의미가 있다.

Gilbert와 Terrell(1988)에 의하면 사회복지 전달체계는 지역사회체계 속에서 서비스의 공급자와 소비자를 연결시키기 위한 조직적 장치(최성재 · 남기민, 2004 재인용)로서 서비스의 공급자와 이용자인 소비자가 서비스를 중심으로 연결되는 통로를 의미한다. 이에 따라 전달체계의 효과적인 운영은 이의 토대가 되는 제도적 · 행정적 뒷받침과 공급자와 소비자를 연결시키는 법적 근거에 의해 결정적인 영향을 받게 된다. 즉, 관련 업무를 중앙과 지방의 어떤 행정부서에서 담당하는가, 일선 현장에서 처리하는 조직의 구조는 어떠한가, 그리고 이 조직의 설치 기반에 대한 법적 근거는 어떠한가 등이 주요 쟁점으로 등장한다는 측면에서 전달체계에 대한 논의는 '행정'과 직결된다고 할 것이다.

Friedlander와 Apt(1980)에 따르면 사회복지 전달체계는 사회복지서비스를 이용하는 클라이언트의 측면에서 클라이언트를 둘러싼 일체의 공적 및 사적인 사회복지기관 간 서비스 전달망을 의미한다(박광덕, 1999 재인용). 전달체계는 '행정'의 맥락에서 통례적으로 정부에 의해 제공되는 공공서비스 전달체계뿐 아니라 사회복지서비스를 둘러싼 사회복지기관이나 시설은 물론 중앙에서 지방에 이르기까지 공·사의 모든 조직을 의미하기도 하며(최일섭, 1987), 공공부조와 사회복지서비스를 서비스 대상자에게 제공하는 공공기관 간, 공공기관과 민간기관 간, 그리고 민간기관 간 수직적·수평적 조직 배열을 말한다(박경숙, 2003).

위와 같은 학자들의 정의를 종합해 보면 사회복지 전달체계는 중앙에서 지방에 이르기까지 사회복지서비스를 전달하는 공급 주체에 있어서 공적·사적인 기구를 모두 포괄하는 포괄성을 갖고 있으며, 서비스를 제공하는 공급 주체와 이를 이용하는 소비자를 연결시키는 매개체로서의 역할을 수행하고, 공급 주체의 관점과 역할분담에 따라 전달체계의 유형이 다양해질 수 있다는 것을 알 수 있다. 가족정책의 전달체계 또한 위와 동일한 선상에서 가족정책에 입각하여 건강가정사업 및 서비스를 실제적이고 잠재적인 이용자와 소비자인 수요자에게 전달하기 위한 모든 공·사의 조직적인 장치를 의미한다고 하겠다.

조희금 외(2002)는 가정생활복지서비스 전달체계를 정의함에 있어서 가정생활복지정책을 구체적인 가정생활복지서비스로 전환하여 가정 및 가정성을 가진 집단과 그 구성원에게 효과적으로 전달하기 위한 목적을 지닌 체계를 의미하는 것으로 규정하고 있다. 이러한 정의에 따르면 전달체계가 정책과 무관하지 않으며, 정책이 구체적인 서비스로 전환되어 소비자인 이용자에게 전달될 수 있도록 하는 장치임을 알 수 있다. 효과적이고 효율적인 정책의 목표 달성은 그 집행체계인 전달체계가 어떻게 설정되어 있는가에 의하여 직접적인 영향을 받는다는 측면에서 전달체계에 대한 이해는 수립되는 정책에 대한 관점과 이해가 선행되어야 하는 것이다.

가족정책의 전달체계는 「건강가정기본법」에 근거하여 설치된 건강가정지원센터를 통하여 이루어진다. 동법에 의하면 건강가정지원센터는 다양한 건강가정사업을 수행하기 위해 설치된 조직으로서 기능하게 되는데, 국가와 지방자치단체는 건강가정사업 및 서비스가 전달될 수 있도록 재정적·정책적·행정적 지원을 담당하며, 건강가정지원센터는 실질적인 서비스 공급 주체로서 가정의 건강성 증진에 기여하기 위하여 실제적 또는 잠재적 욕구를 갖고 있는 지역사회 개인과 가정이 적절한 서비스에 접근하거나 이용하도록 도움으로써 욕구를 충족시키게 되는 것이다. 여기에서 우리는 전달체계에 대한 논의가 재정, 인력 그리고 조직 및 기구 등의 세 가지 요소와 관련되어 있음을 알 수 있다. 이 절에서는 조직 및 기구를 중심으로 구조적·기능적 측면과 운영 주체의 측면에서 전달체계에 대하여 살펴보고자 한다.

첫째, 구조·기능적 측면에서 전달체계는 행정체계와 집행체계로 구분할 수 있다(성규탁, 1992). 행정체계는 서비스 전달의 기획, 지원 및 관리와 관련된 조직을 말하며, 집행체계는 서비스를 전달하는 공급자가 이용자인 소비자와 상호 접촉을 하면서 서비스를 직접 전달하는 조직을 일컫는다. 여성가족부는 행정체계에 해당하며, 한국건강가정진흥원은 집행체계에 해당한다고 할 수 있다. 시·도와 시·군·구에 설치된 지방의 건강가정지원센터에 보조금을 지원하며 건강가정지원센터의 사업을 위탁한 지방자치단체는 행정체계에 해당하고, 지역주민을 대상으로 직접적인 건강가정사업과 서비스를 수행하는 지역단위의 건강가정지원센터는 집행체계에 해당한다고 할 것이다.

둘째, 운영 주체에 따라 전달체계는 공적 전달체계와 민간 전달체계로 구분할 수 있으며(최성재·남기민, 2004), 공공부문과 민간부문으로 분류하기도 한다(박광덕, 1999). 민간부문을 세분화하여 비영리부문과 영리부문의 민간공식부문과 민간비공식 부분으로 구분하기도 하며, 공공(국가)-시장-민간 비영리부문으로 구분하기도 한다(이인희, 2004). 이렇듯 전달체계의 유형이 운영 주체에 따라 다양하게 구분되는 것은 역할을 담당하는 각각의 부문마다 장단점이 있으며, 서비스를 이용하는 소비자의 욕구가 그만큼 다양하다는 것을 의미한다. 예컨대 중앙정부나 지방정부와 같은 공공부문이 건강가정사업 및 서비스의 운영 주체로서 주도적인 기능을 수행할 경우 이용자인 소비자에게 비교적 안정적으로 서비스를 제공할 수 있다는 장점이 있다. 그러나 공공부문이 서비스를 독점함으로써 선의의 경쟁이 배제되어 자유로운 서비스의 창출을 저해하여 일률적인 서비스가 제공되는 등 서비스의 경직성에 함몰될 가능성이 높다. 지역주민의 욕구에 부합하는 서비스를 제공하는 데 한계를 갖게 되는 것이다.

반면, 중앙이나 지방정부가 배제된 민간부문에서 건강가정사업이나 서비스가 제공될 경우 지역주민의 욕구에 탄력적으로 접근할 수 있으므로 다양한 서비스를 제공할 수 있다는 장점이 있다. 그러나 건강가정사업 및 서비스 전달에 필요한 재정적 지원이나 인력을 확보하지 못할 경우 보편적인 서비스를 제공하는 데 한계가 있고 지나치게 시장경제 원리에 의하여 건강가족사업 및 서비스가 제공되므로 서비스 수혜자가 제한될 수밖에 없어서 소외되는 이용자가 생길 수 있다. 이는 자칫 보편적으로 건강가족사업이나 서비스가 제공되어야 하는 시점에서 오히려 서비스를 구매하거나 이용할 수 있는 능력에 따라 서비스가 제공되는 위험을 초래할 수도 있다.

특히 비영리부문에 의하여 건강가정사업 및 서비스가 제공되는 경우 공공부문에 비하여 전문성 있는 질 높은 서비스를 제공할 수 있다는 강점에도 불구하고 재원 조달의 불안정성, 이용대상자에 대한 차별 등의 문제가 제기될 수 있으므로(이인희, 2004) 전달체계의 운영방식 선택은 신중을 기해야 한다. 즉, 각각의 전달체계가 가지고 있는 강점과 약점 그리고 지역사회의 특성을 충분히 고려하여 건강가정사업 및 서비스 전달에 가장 효과적이면서도 효율적인 전달체계의 운영방식을 선택해야 한다.

2) 가족정책의 전달체계가 갖추어야 할 요건

가족정책은 구체적인 서비스로 전환되는 행정 및 전달체계의 측면에서 공적 전달체계인 여성가족부 산하 한국건강가정진흥원과 각 지방의 시·도 및 시·군·구 건강가정지원센터를 통하여 전달된다고 할 수 있다. 한국건강가정진흥원은 여성가족부의 연계하에 건강가정사업의 구체적인 방향을 수립함과 동시에 각 지방의 시·도 및 시·군·구 건강가정지원센터를 지원하는 역할을 수행하는 기능을 담당한다. 각 지방 건강가정지원센터는 지방자치단체의 지원하에 실질적인 지역주민 및 가족과의 대면적인 접촉을 통하여 지역사회에 다양한 가정의 기능을 향상시키고 역량을 강화할 수 있는 역할을 수행하는 것이다.

여기에서 간과할 수 없는 것은 전달체계가 효과적이고 효율적으로 기능하는가에 관한 것이다. 전달체계가 지역사회 내에 존재하는 자원을 최대한 활용하여 건강가정사업 및 서비스를 제공하고자 하는 목표를 효과적으로 달성하기 위해서는 몇 가지 요건들을 충족시킬 수 있어야 한다. 최성재와 남기민(2004)은 전문성, 적절성, 포괄성, 지속성, 통합성, 평등성, 책임성, 접근용이성을 제시하고 있으며, 조희금 등(2002)은 통합성, 지속성, 포괄성, 보편성, 적절성을 박용순(1999)은 전문성, 적절성, 포괄성, 지속성, 통합성, 평등성 등을 제시하고 있다. 이밖에 이현주(2001)는 충분성, 통합성, 전문성, 접근성을, 송근원과 김태성(1995)은 평등성, 통합성, 지속성, 효율성, 경쟁성, 접근가능성, 대응성, 선택성, 오용방지성 등을 제시하기도 한다. 무엇보다 중요한 것은 자격 요건 자체가 아니라 전달되는 서비스의 특성 및 요소를 고려하여 접근해야 한다는 것이다. 여기에서는 기본적으로 사회복지 전달체계가 갖추어야 할 자격요건에 근거하여 가족정책의 전달체계가 갖추어야 할 자격요건에 대하여 살펴보고자 한다.

(1) 통합성

건강가정사업 및 서비스는 그 운영에 있어서 지역주민이 제기하는 욕구를 전문적으로 충족시킬 수 있는 전담조직 및 부서별로 각각의 기능과 역할이 분담되어 있으나 그 업무의 수행에 있어서 인적·물적 자원을 상호 연계하여 체계적이며 유기적으로 운영해야 한다는 것을 말한다. 건강가정사업 및 서비스가 지나치게 해당 업무나 부서를 중심으로 개별적으로 운영된 나머지 서비스 이용자에 대한 전체적인 맥락을 고려하지 않은 채 서비스를 제공하거나 접근해서는 안 된다는 것이다. 통합성을 고려하지 않는다면 건강가정사업이나 서비스는 서비스 이용자인 소비자에게 중복된 서비스를 제공할 우려가 있다. 심한 경우에는 한 사례에 대해서 부서별로 접근방식이 상이할 경우 서비스 이용자에게 혼돈을 야기할 위험이 있을 뿐 아니라 기관에 대한 신뢰를 잃게 할 수도 있는 것이다.

지역주민의 욕구를 충족시킬 수 있는 자원은 제한될 수밖에 없으므로 이의 한계를 고려하는 차원에서도 건강가정사업 및 서비스의 통합성에 대한 고려는 매우 중요한 의미를 갖는다. 이를 위해서는 지역주민의 욕구를 포괄적으로 사정하여야 한다.

(2) 전문성

가족정책이 구체적인 서비스로 전환되기 위해서는 그 과정에 전문가의 개입이 필수적이다. 건강가정사업 및 서비스를 전달하는 전문 인력인 건강가정사들은 지역주민 및 가정이 제기하는 문제를 예방하거나 해결하는 것과 관련된 전문적인 지식과 기술을 갖추어야 하는 것이다. 이를 위해서는 사회의 다양한 변화를 포착할 수 있어야 하며, 이러한 변화가 각 개인 및 가정에 미치는 영향을 한 발 앞서 포착하고 이에 접근할 수 있는 바람직한 대안을 제시할 수 있는 전문적인 능력을 확보할 수 있어야 한다. 무엇보다 건강가정에 대한 철학과 관점을 견지할 수 있어야 하며, 이를 토대로 배타적이기보다는 다양한 학문과 전문가들이 상호 교류하고 협력할 수 있는 역량을 배양해 나가야 한다.

(3) 지속성

건강가정사업 및 서비스가 지역주민이 제기하는 욕구에 효과적으로 대응하기 위해서는 일회적이기보다는 지속성을 확보하여 제공하여야 한다. 실제로 지역주민이 제기하는 욕구는 일회적인 건강가정사업이나 서비스로 제공할 수 없는 것이 대부분이며, 변화하는 상황과 환경을 고려하여 서비스 공급자와 서비스 이용자인 수요자 간의 지속적인 관계를 토대로 서비스가 제공될 때 효과적일 수 있다. 건강가정사업과 서비스가 지속적으로 전달되기 위해서는 이와 관련된 서비스 공급 체계 간의 상호 연계와 협력이 이루어져야 하며, 이는 협약서나 공문서 작성 등으로 보다 구체화될 수 있다.

(4) 포괄성

지역주민 및 가족의 건강성을 향상시키는 데 단일화된 서비스는 한계가 있으며, 서비스 이용자인 소비자의 욕구는 매우 다양하고 다른 욕구와도 밀접한 관련이 있다. 따라서 지역주민 및 가족이 제기하는 욕구의 다양성과 다른 서비스와의 연계를 고려하여 건강가정사업 및 서비스는 포괄적으로 제공할 수 있어야 하며, 이를 유지할 수 있는 연계체계를 구축하여야 한다. 최근 들어 네트워크가 강조되는 것은 같은 맥락이다.

(5) 적절성

건강가정사업과 서비스는 이용자인 소비자가 제기하는 욕구를 충족시키는 데 적절한 양과 질, 수준, 기간, 인력, 전문성, 개입시기 등을 확보할 수 있어야 하며, 이를 통해 궁극적인 사업의 목표를 달성할 수 있는 것이어야 한다. 구체적으로 기관 차원에서는 서비스 이용자인 지역주민 및 가족이 제기하는 욕구를 충족시킬 수 있는 운영방식, 서비스 인력, 인적·물적 자원 활용체계, 재정능력 등을 갖추어야 한다.

(6) 접근성

건강가정사업과 서비스에서 요구되는 접근성이란 지역주민이나 가족 등 누구나 쉽게 건강가정사업과 서비스를 이용할 수 있는 지리적인 요건을 갖추어야 함을 의미한다. 설사 전문적인 사업 및 서비스를 운영한다고 하더라도 접근성이 확보되지 않는다면 실질적인 서비스 혜택이 지역주민이나 가족 등에게 미치는 데는 한계가 있을 수밖에 없기 때문이다. 서비스 소비자인 이용자의 관점에서 건강가정지원센터를 이용하는 데 수반되는 장애요인을 찾아서 이를 제거하고, 접근성이 떨어진다면 이를 보완할 수 있는 물리적·정서적 및 심리적 측면에서의 대안을 모색해야 할 것이다.

2 가족정책의 전달체계

1) 공적 전달체계

「건강가정기본법」 제13조에 의하면 가족정책을 수립하기 위하여 중앙정부는 국무총리 산하에 가족정책위원회를 설치하고 중앙정부가 관련 부처들과 협의하여 가족정책을 수립하도록 하고 있다. 그리고 동법 제13조에 따라 가족정책위원회는 건강가정에 관한 주요 시책을 심의하는 기구로서 기능을 수행하게 된다.

가족정책을 전담하는 주무 부처는 여성가족부이지만 가족정책의 특성상 가족과 관련되어 있는 다양한 부처가 공동으로 지원하지 않으면 실효를 거두기 어려운 것이 가족정책이고, 앞에서 말한 바와 같이 「건강가정기본법」 제13조에도 중앙정부가 관련 부처와의 협의를 통해 가족정책을 수립하도록 명기하고 있으므로 종합적인 가족정책의 수립에 있어서 관련 부처 간 유기적인 관계와 협조는 필수적인 조건이라고 할 수 있다. 가족정책은 정부 부처 가운데 특히 행정자치부, 교육부, 고용노동부, 문화체육관광부와 연계하여 수립하게 된다.

(1) 중앙정부의 전달체계

「건강가정기본법」 제43조, 동법 시행령 제13조, 동법 시행규칙 제6조에는 가족정책을 전담할 수 있는 전담기구와 건강가정지원센터를 설치하도록 명시되어 있다. 이에 따르면 건강가정사업의 업무를 수행하기 위하여 여성가족부, 시·군·구 지방자치단체는 행정체계를 구축하여야 하며, 국가와 지방자치단체는 가정문제의 예방, 상담 및 치료, 건강가정 유지를 위한 프로그램 개발, 가정 관련 정보 및 자료 제공 등을 위하여 건강가정지원센터를 설치하여야 한다. 즉, 효과적인 건강가정사업을 수행하는 전달체계로서 주무 부처에는 중앙 건강가정지원센터를, 지역사회에는 시·도 및 시·군·구 건강가정지원센터를 설치하여야 하는 것이다. 특히 2015년부터는 통합적인 가족정책의 추진을 위하여 건강가정지원센터와 다문화가족지원센터를 통합하여 효과적, 효율적인 가족정책의 운영을 도모하는 방향으로 개편되는 추세이다.

중앙정부의 차원에서 여성가족부는 가족정책의 주무 부서로서의 기능을 수행하며, 공적 전달체계로서 주도적인 역할을 담당한다. 여성가족부는 '여성·청소년·가족 모두가 행복한 사회'를 가족정책의 비전으로 제시하고 여성과 남성이 함께 하는 사회, 여성과 아동이 안전한 사회, 청소년이 건강하게 성장하는 사회 그리고 모든 가족이 행복한 사회를 가족정책의 목표로 추진하고 있다. 여성가족부는 여성정책의 기획·종합 및 여성의 권익증진, 청소년의 육성·복지 및 보호, 가족과 다문화가족정책의 수립·조정·지원, 여성·아동·청소년에 대한 폭력피해 예방 및 보호를 목적으로 설립되었으며, 주요 추진업무는 여성정책의 기획·종합 및 여성의 사회참여 확대, 정책의 성별영향 분석·평가, 여성인력의 개발·활용, 청소년정책의 협의·조정, 청소년 활동진흥 및 역량개발, 유해환경으로부터의 청소년 보호, 위기청소년 등의 보호·지원, 가족 및 다문화가족 정책의 기획·종합, 양육·부양 등 가족기능의 지원, 다문화가족의 사회통합 지원, 성폭력·가정폭력 예방 및 피해자 보호, 성매매 예방, 피해자 보호 및 아동·청소년 등의 성보호 및 이주여성·여성장애인 등의 권익보호를 담당하고 있다.

그림 6-1 여성가족부 조직도

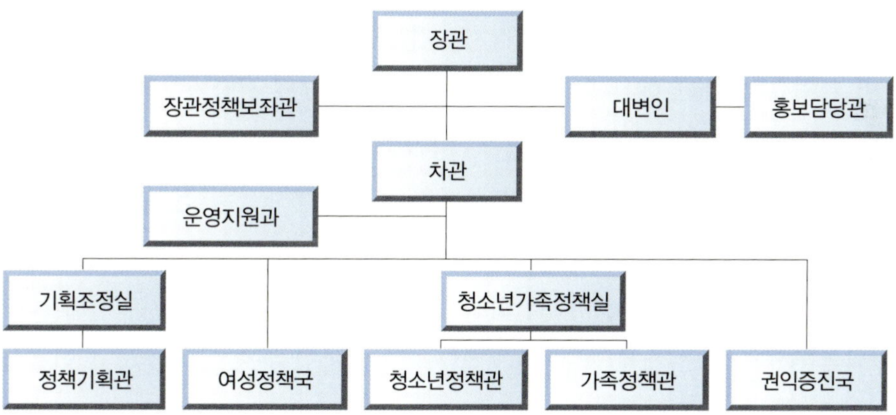

출처: 여성가족부(www.mogef.go.kr).

(2) 지방정부의 전달체계

중앙부처인 여성가족부의 행정적 지원 아래 지방정부의 수준에서는 광역시

군구를 통해 한국건강가정진흥원을 거쳐 실질적으로는 건강가정지원센터 및 다문화가족지원센터를 통하여 전달된다([그림 6-2] 참조). 최근, 건강가정지원센터와 다문화가족지원센터의 운영이 통합되는 방향으로 추진되고 있는 추세에 있다. 기초자치단체의 수준에서는 지역사회 내의 행정기관, 사회복지기관 및 민간기관 등과의 협력을 통하여 지역주민에게 전달되는 것이다. 이에 따라 건강가정지원센터는 건강가정사업을 전담하는 조직으로서의 성격을 갖는다. 행정기관은 지방자치단체의 성격에 따라 건강가정지원센터와 관련된 부서가 다르지만 대체로 시·군·구의 가족여성정책과 사회복지과 또는 주민복지과 등과 긴밀한 협력관계를 통하여 서비스가 전달되게 하며, 그밖에 건강가정사업의 내용에 따라 아동청소년과, 주민생활지원과, 동사무소 및 주민자치센터와 업무상 관계를 맺을 수 있다.

(3) 기타 건강가정사업 전담조직으로서의 건강가정지원센터

앞에서도 언급한 바와 같이 「건강가정기본법」 제43조, 동법 시행령 제13조, 동법 시행규칙 제6조에는 가족정책을 전담할 수 있는 전담기구와 건강가정지원센터를 설치하도록 명시되어 있다. 이러한 법적 근거에 의거하여 중앙정부와 지방정부의 건강가정사업 방침에 따라 건강가정사업은 건강가정지원센터가 전담조직으로서의 기능을 수행하게 된다. 건강가정지원센터는 건강가정사업을 가족교육, 가족상담, 가족친화적 문화조성사업, 가족돌봄지원사업, 다양한 가족통합서비스, 정보 제공 및 지역사회연계사업 등으로 구분하고 이를 위하여 교육팀, 문화팀, 상담팀, 가족지원팀(아이돌보미 전담 인력 포함)을 두고 있다. 배치 인원은 센터장 이외에 각 팀별로 최소 1인을 두도록 되어 있어서 대체로 건강가정지원센터는 최소 5명의 인력을 보유하게 되는데, 그 규모는 지역의 특성을 고려한 각 센터별 사업의 유형과 특성화 프로그램에 따라 차이가 있다. 특히 2013년도 이후에는 별도로 운영되던 건강가정지원센터와 다문화

그림 6-2 건강가정사업 전달체계

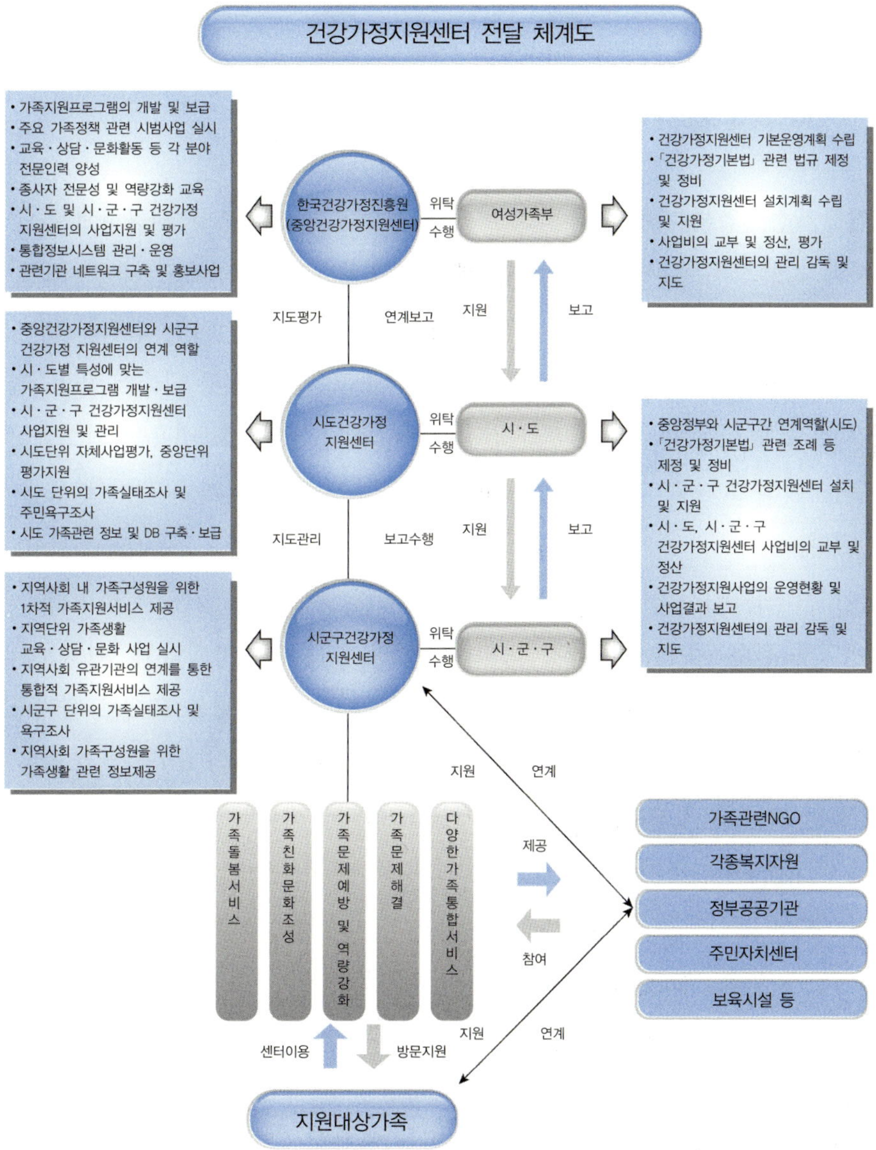

출처: 한국건강가정진흥원(2013). 건장가정지원센터 운영가이드북.

가족지원센터의 병합이 추진되고 있는 추세여서 향후 가족지원사업의 변화가 예측되고 있다.

2) 민간협력을 통한 전달체계

건강가정사업은 가족을 대상으로 하여 통합적인 서비스를 제공하므로 중앙정부와 지방정부 수준에서의 협력체계를 유지하는 것 이외에도 지역사회를 기반으로 조직되어 있는 다양한 서비스 전달체계와의 유기적인 협력을 통하여 서비스를 전달한다. 최근 작은 정부를 지향하고 사회복지서비스의 비용 절감 등이 주요 의제로 대두됨에 따라 건강가정사업 분야에서도 비용을 최소화하면서 최대한의 효과를 얻을 수 있는 방향으로의 서비스 체계 구축이 주목을 받고 있다.

이러한 맥락에서 건강가정사업은 중앙정부와 지방정부를 통한 서비스 전달 외에도 보건소, 주민자치센터, 사회복지기관, NGO 및 사회단체, 여성문화회관, 자원봉사단체, 보육단체 등과 사업상의 동반자적 관계를 토대로 서비스를 전달하고자 하는 구체적인 전략과 방안들을 모색하고 있다. 이러한 추세는 개인 또는 가족의 욕구는 항상 변화 가능하며 다양하다는 것과 관련이 있다.

건강가정지원센터에서 제공하는 사업은 포괄적인 가족 및 개인의 욕구에 초점을 두고 있으나 이를 충족시킬 수 있는 서비스에는 한계가 있을 수 있으며, 그 원인은 재정을 포함하여 인적·물적 자원의 결핍과 한계에서 비롯되는 경우가 대부분이다. 건강가정지원센터에서 가족 또는 개인에게 서비스를 충분하게 제공할 수 없는 경우 이를 충족시킬 수 있는 지역사회 내 다양한 자원을 발굴해야 하는데, 그 과정에서 요구되는 것이 지역사회를 기반으로 한 다양한 조직들 간의 유기적인 협력체계이다. 한 개인 또는 가족의 욕구를 충족시키기 위해서는 지역사회를 기반으로 조성되어 있는 가족 관련 서비스 전달체계와의 서비스 조정, 발굴 및 연계를 통하여 서비스를 제공해야 할 필요성이 제기된다.

최근 사례관리에 대한 관심이 날로 높아지고 있는 것은 노인이나 장애인과 같이 만성적이고 복합적인 욕구를 가지고 있는 서비스 이용자가 증가하고 있는 사회현상뿐 아니라 단일한 서비스기관에서는 충족시키기 어려운 복합적인 욕구를 호소하는 사례가 점차 증가하는 것과도 관련이 있다. 건강가정사업도 이와 동일한 선상에 있는 것이다. 건강가정지원센터가 비록 통합적인 가족지원체계를 구축하고 있음은 주지의 사실이다. 하지만 변화하는 가족이 제기하는 다양한 욕구를 충족시키는 데 있어서 제한점을 갖지 않을 수 없기 때문에 가족의 욕구에 민감하게 반응하고 즉각적으로 대처할 수 있는 신속한 서비스 전달체계로서의 역할을 수행하기 위해서는 다른 민간기관과의 협력체계 구축에 능동적으로 대처해야 할 필요가 있다.

건강가정지원센터가 민간기관과 협력체계를 형성하고 유지하는 유형에는 공문서 전달, 간담회 개최 그리고 협약서 체결 등이 있다. 건강가정지원센터에서 사업을 추진하고자 하는 경우 지역사회 내에서 관련이 있는 다른 민간기관을 대상으로 사업과 관련하여 공문서를 발송하고 공적인 업무체계를 형성하는 것이 가장 기초적인 사업 수행 형태이다. 다음 단계에서는 대체로 공문서 발송을 전제로 사업과 관련이 있는 기관장 또는 실무자가 참가하는 간담회를 정기적 또는 비정기적으로 개최하게 된다. 이때 건강가정지원센터에서는 사업과 관련하여 주도적인 역할을 수행하는 기관과 보조적인 역할을 수행하는 기관을 구분해야 하며, 각 기관의 구체적인 역할을 조정하여 구체적이고 체계적인 사업수행 모형과 전략을 해당 기관과 충분히 공유하고 합의를 도출할 수 있어야 한다. 이러한 작업이 명료화되면 기관과 기관 간 협약서를 작성함으로써 사업을 공유하고, 사업수행에 따른 역할과 기능을 분담하게 된다. 과거에는 기관장 또는 해당 사업과 관련 있는 실무자 간의 사적인 경로를 활용하는 업무 협의 형태의 사업 수행과정에서 필요한 경우 민간기관 간 협력체계가 유

참고문헌

박경숙 (2003). 참여정부 초기의 지방분권화 및 참여복지 정책방향과 사회복지전달체계 개편과제. 사회복지정책, 16.

박광덕 (1999). 우리 나라 지역사회복지 전달체계의 모형정립. 한국행정학회 1998년도 하계학술대회 발표논문집.

성규탁 (1992). 사회복지서비스 전달체계의 개념적 틀과 분석방법의 예. 사회복지, 115(겨울호), 73-102.

송근원, 김태성 (1995). 사회복지정책론. 파주: 나남출판.

이인희 (2004). 사회복지서비스 제공의 역할분담 모형. 한국 사회와 행정연구, 14(1).

이현주 (2001). 공공복지 전달체계에 대한 새로운 대안 모형의 모색. 사회복지연구, 18.

조희금, 김경신, 정민자, 송혜림, 이승미, 성미애, 이현아 (2005). 건강가정론. 서울: 신정.

조희금, 송혜림, 공인숙, 이승미, 이완정, 박혜인, 조재순, 김선미, 최연실 (2002). 가정생활복지론. 서울: 신정.

최성재, 남기민 (2004). 사회복지행정론 개정판. 파주: 나남출판.

최일섭 (1997). 지역사회복지론. 서울: 서울대학교 출판부.

Gilbert, N., & Terrell, P. (1988). *Dimensions of Social Welfare Policy*. New Jersey: Prentice-Hall.

Friedlander, W. A., & Apt, R. Z. (1980). *Introduction to Social welfare*. Prentice-Hall.

〈인터넷 사이트〉

여성가족부 홈페이지 (www.mogef.go.kr).

한국건강가정진흥원 (www.kihf.or.kr).

03부 가족정책의 분야

Chapter 07

저출생가족정책

우리 사회는 IMF 이후 실직과 이혼, 가족해체와 더불어 최근 불어 닥친 경제위기로 인해 가족의 문제는 더욱 다양하고 복잡한 사회문제로 전개되면서 가족복지는 더 이상 부모 개인과 가족의 문제가 아닌 국가의 중요한 과제로 제기되고 있다.

특히 가족과 관련한 또 다른 사회문제로 제기된 것이 출산율의 급격한 감소 현상이다. 우리나라는 1962년부터 약 30년간 정부 차원에서 추진해 온 가족계획사업과 그동안의 사회·경제 발전에 따른 국민생활의 변화, 그리고 가치관의 변화가 출산수준의 변화를 초래하였다. 또한 IMF 이후 출산율은 급속히 저하되어 OECD 국가의 평균보다도 낮아 한국 사회에 큰 충격을 주었으며, 정부로 하여금 가족정책에 관심을 갖도록 하는 계기가 되었다. 따라서 이 장에서는 저출생의 의미와 가족의 자녀양육 환경, 저출생의 원인과 문제, 저출생 대책 가족정책의 현황을 살펴보고 앞으로의 방향을 제시하고자 한다.

1 출산율의 변화와 육아환경

1) 출산율과 인구의 변화

(1) 출산율의 변동추이

우리나라는 1962년부터 약 30년간 정부 차원에서 강력히 추진해 온 가족계획사업과 그동안의 사회·경제 발전에 따른 국민생활의 변화 그리고 가치관의 변화가 출산수준의 변화를 초래하였다. 1980년대부터 1990년대까지 우리나라의 성장은 지속적으로 이루어졌으나 1997년 IMF 외환위기를 겪은 이후 주춤하기도 하였다(정우륜, 2019).

2004년도 합계출산율(total fertility rate)은[1] 1.15명으로 OECD 국가의 평균인 1.6명보다도 낮아 한국 사회에 큰 충격을 주었으며, 정부로 하여금 저출생·고령사회정책[2]에 관심을 갖도록 하는 계기가 되었다.

우리나라는 1960년 6명에서 1970년 4.53명, 1980년 2.83명, 1983년에 인구 대체수준(population replacement level)인 2.1명보다 낮은 2.08명을 기록한 이래 인구 증가 억제정책의 성공과 경제사회 발전에 따른 국민의식 변화에 기인하여 1980년대 중반에서 1990년대 중반까지는 현재의 OECD 평균치와 유사한 1.6명 수준을 유지하다가 IMF 경제위기 이후 2002년에는 출산율이 급격히 감소하여 1.17명이 되었다. 10년 후 2012년에는 출산율이 1.30명으로 증가하였으나 이후 출산율은 급격히 감소하며 2022년 출산율은 0.78명이 되었다.

2021년 경제협력개발기구(OECD) 국가 합계출산율을 비교했을 때도 이 수치는

1) 합계출산율(total fertility rate)이란 한 여성이 가임기간(15~49세) 동안 평균 몇 명의 자녀를 낳는가를 나타내는 지표로 출산력 비교를 위해 사용되는 대표적인 지표임.

2) '저출산·고령사회정책'이라 함은 저출생 및 인구의 고령화에 따른 변화에 대응하기 위하여 수립·시행하는 정책을 말한다(「저출산고령사회기본법」 제3조 정의).

세계적인 저출생 국가로 꼽히는 스페인 1.19명, 일본의 1.30명보다 적은 숫자이다. 또한 경제협력개발기구(OECD)의 평균 1.58명에도 못 미치는 세계 최저수준 0.78명에 도달하게 되었다(통계청, 2023). 2014년에서 2015년의 지난 2년간 출산율은 연속 증가하였으나 2022년 출생아 수는 249천명으로 2012년 10년전에 비하여 235천명이 감소한 것으로 나타났으며, 2022년 기준 0.78명으로 〈표 7-1〉, [그림 7-1]과 같다(통계청,2023).

표 7-1 총출생아 수 및 합계출산율 추이[3] (단위: 천 명, 가임여성 1명당 명)

	2012	2013	2014	2015	2016	2017	2018	2019	2020	2021	2022
출생아수	484.6	436.5	435.4	438.4	406.2	357.8	326.8	302.7	272.3	260.6	249.2
합계출산율	1.30	1.19	1.21	1.24	1.17	1.05	0.98	0.92	0.84	0.81	0.78

출처: 통계청(2023). 2022년 출생통계, 통계청 보도자료(2023.08.29.)

그림 7-1 출생아 수 및 합계출산율

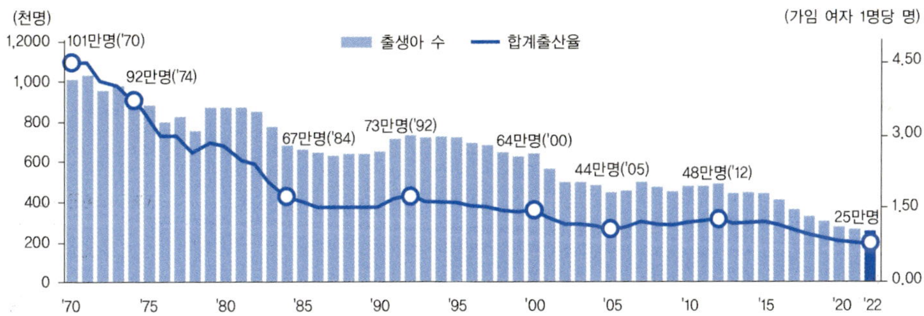

출처: 통계청(2023).

이러한 추이는 [그림 7-2]에서처럼 최근 출산율의 일부 증가에도 불구하고, 우리나라의 출산수준은 세계 최저수준을 유지하고 있으며 다문화 국가인 미국

3) • 합계출산율: 2012년 1.30 → 2018년 0.98(1명이 되지 않음) → 2022년 0.78(최저점)
• 총출생아 수: 2012년 484.6천 명 → 2018년 326.8천 명 → 2022년 249.2천 명

과 영국, 저출생 대응에 성공한 프랑스와 스웨덴보다도 현저하게 낮은 수준이다. 또한 세계적으로 출산수준이 낮은 국가군에 속한 이탈리아, 독일, 일본 등에 비해서도 낮은 수준이며, OECD 국가 평균 약 1.7명 보다 낮은 수준이다(OECD, 2012).

표 7-2 주요 국가 합계출산율 변동추이

	2012	2013	2014	2015	2016	2017	2018	2019	2020	2021	2022
한국	1.30	1.19	1.21	1.24	1.17	1.05	0.98	0.92	0.84	0.81	0.78
일본	1.41	1.43	1.42	1.43	1.35	1.33	1.29	1.29	1.30	1.30	1.31
스웨덴	1.90	1.88	1.88	1.85	1.85	1.79	1.76	1.72	1.67	1.67	1.67
미국	1.88	1.86	1.86	1.84	1.81	1.76	1.72	1.69	1.64	1.66	1.66
프랑스	1.99	1.97	1.98	1.93	1.89	1.86	1.84	1.83	1.79	1.79	1.79

그림 7-2 OECD 회원국의 합계출산율 비교(2011, 2021)

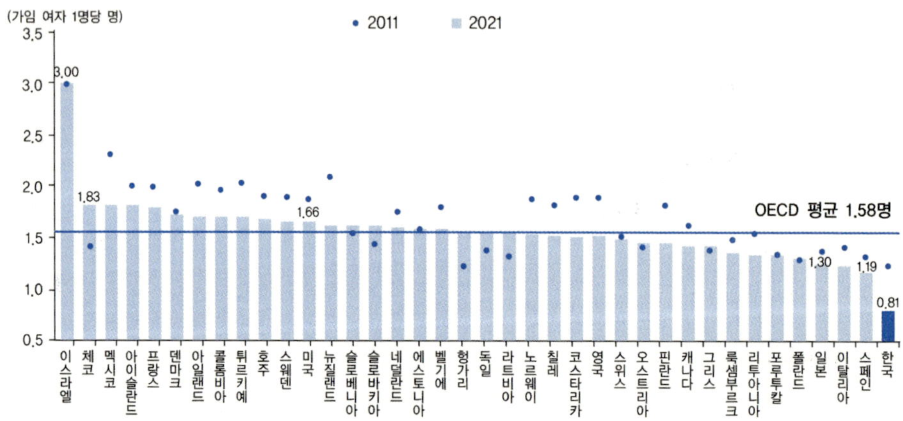

출처: 통계청(2023).

(2) 인구의 변화

21세기 지식기반사회(Knowledge-Based Society)는 지식과 정보의 창출, 확산, 분배, 활용이 개인의 부와 사회적 지위는 물론 지역과 국가 경쟁력의 주요한 원천이 되는 사회이다. 이러한 지식기반사회에서 사람은 지식을 창출하는 핵심체로서 국가의 지속 가능한 발전을 위해서는 인적 자원의 확보가 일차적인 요건이며, 인적 자원의 경쟁력이 국가 사회의 명암을 좌우하게 된다. 따라서 인구구조의 활성화는 각 국가의 초관심 분야가 되고 있다. 사실 우리나라의 급속한 경제 발전에 기여한 핵심 요인은 빈약한 물적 자원을 채워 준 무한한 잠재력을 가진 우리 국민 개개인이다. 따라서 우리나라에서 '인구'란 다른 여타의 국가에 비할 바 없는 매우 중요한 핵심 동력이며 기초자원이다. 따라서 인구구조의 변화와 그로 인한 사회적 모든 사회현상들은 국가의 정책적 기조를 설정하는데 가장 핵심적이고 기초적인 고려 사항이 되어야 한다(김경신, 2008).

그런데 현재의 인구 변동추이를 보면 합계출산율이 조금 상승하더라도 가임기 여성(15~49세)이 계속 감소하므로 장기적으로 출생아 수는 감소할 전망이고, 현재의 추세가 지속될 경우 2005년에 4,829만 명에 달했던 총인구는 2018년에 4,934만 명을 정점으로 감소할 것이다(박하정, 2008). 그리고 2050년에는 4,234만 명으로 줄어들 것으로 추정된다.

2005년 924만 명으로 전체 인구의 19.1%를 차지한 유년인구는 2050년에 380만 명, 9.0%로 급격히 하락할 것으로 보인다. 반면 2005년 438만 명으로 총인구의 9.1%를 차지한 노인인구는 2050년에 1,579만 명으로 늘어나 전체 인구의 37.3%에 이를 것으로 예측되고 있다. 이것이 의미하는 바는 다음 [그림 7-3], [그림 7-4]에서 보는 것처럼 생산가능인구인 15~60세의 인구가 2015년을 기점으로 급격히 감소하고 대신에 부양을 필요로 하는 노인인구가 급속히 늘어나 노인부양 문제가 큰 사회적 문제로 부각될 것이라는 점이다.

그림 7-3 연령별 인구분포의 변화 (단위: %)

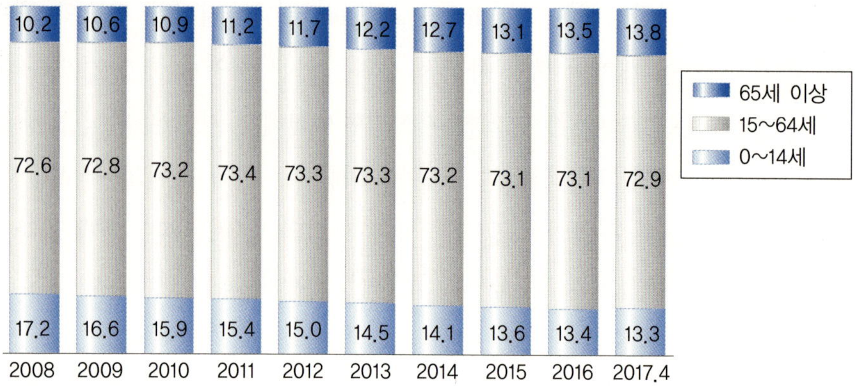

출처: 행정자치부(2016).

그림 7-4 한국의 생산가능 인구

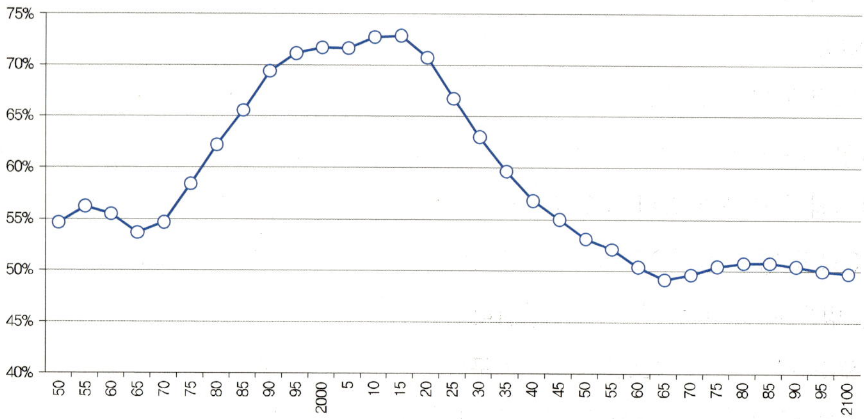

출처: UN(2014). UN 통계 한국의 생산 가능인구 변화.

2022년도 출생아 수가 249.2천 명 정도이며 이는 사상 최저 수준이고, 합계 출산율이 0.78명 미만이면 초저출생 국가인데, 우리나라는 2002년부터 무려 20년 동안 초저출생 국가이다. 또한 2017년부터는 생산가능인구가 줄어들고, 2026년이 되면 초고령사회에 접어들고 2031년이 되면 우리나라의 총인구가 줄어들게 될 것이기에 지금까지의 저출생 대책들은 실패했고, 충분하지 못했다고 할 수밖에 없다(중앙일보, 2017).

물론 정부에서는 육아휴직제도, 출산수당 등의 일련의 대책을 제시하고 있으나 저출생의 원인은 무엇이며, 그 원인 중 어떠한 것에 정책적으로 접근가능한지, 이러한 정책이 결혼이나 자녀 수의 선택에 개입할 수 있을 것인지, 가족정책, 노동정책을 포함한 저출생 관련 대책이 출산 향상에 효과가 있을 것인지 등 검토해야 할 과제는 많다. 그중에서도 열악한 재정 사정에 비추어 어떠한 정책이 국민의 수용도가 높고 어떠한 시책에 중점을 두어야 효과적인지 주목할 필요가 있다.

2) 저출생과 아동의 출산양육권

1990년대에 와서는 평등과 효율을 동시에 이룬 복지국가 모형으로 평가받아 온 스웨덴 모델도 세계 경제환경의 변화나 내부적 노동환경 등의 변화로 한계에 직면해 있다는 주장이 대두됨에 따라(김태성, 1999), 이제 서구 사회가 복지국가의 재편이라는 과제를 어떤 방식으로 극복해 나갈 것인가가 논쟁의 핵심이 되고 있다. 이러한 논의들은 한국 사회에서도 가족정책에 대한 비판적 관심을 불러일으키고 있으며, 가족은 과거에 가지고 있었던 많은 기능을 여타 사회제도에 이전시키게 되었으나(김승권 외, 2000) 서구 복지국가들이 가족을 복지수혜자로 할 때는 일차적 관심이 자녀양육에 있음을 보여 준다. 이것은 가족을 자녀양육 기능의 주체로 보기 때문이다.

가족복지는 가족 전체(family as a whole)를 지향하는 것이라고 할 때 가족 전체를 위해 개인의 욕구가 무시되거나 희생되는 것이 아니고 가족 개개인의 욕구와 조화된 가족관계를 전체로서 유지하는 것을 의미한다. 이때 가족의 욕구는 중요하며, 부모의 자녀양육 책임을 고려해 볼 때 과거에는 그 책임을 부모에게 국한하고 아동문제에 대해서도 아동에게만 국한하여 보호하던 관점에서 이제는 아동만이 아니라 가족도 아동복지의 대상이 되며 아동은 물론이고 이들을 포함하는 공적·사회적 지원과 보호가 필요하다는 관점으로 전환되고 있다. 이러한 관점은 아동의 권리보장의 책임이 '사회적'이라는 생각의 일치로 가족을 통하여 아동의 권리를 보장하는 것이며, 부모가 어떠한 사정으로 그 책임을 수행할 수 없는 경우에 그 책임을 수행할 수 있도록 지원하는 것에 대한 기본적인 관점이자 방향성의 제시라 볼 수 있다(許斐有, 2001).

이러한 방향성을 기초로 저출생과 관련한 아동의 양육과 발달권에 대한 권리조약의 기본적인 지침을 제시하여 보면 다음과 같다. 즉, 권리조약의 제18조 제1항은 아동의 양육과 발달에 대한 부모의 일차적 책임을 규정함과 동시에 제2항에서는 국가는 부모가 그 양육책임을 수행하는 데 적당한 원조를 해야 하며, 아동의 원조를 위해서 시설 또는 서비스 등의 발전을 확보할 의무가 있음을 규정하고 있다. 이것은 부모의 양육책임뿐만 아니라 국가의 의무, 즉 부모가 그 책임을 수행할 수 있도록 원조해야만 한다는 국가의 의무를 명확히 제시하고 있다.

이 조약의 취지는 아동을 양육하고 그 발달을 보장하는 일차적 책임은 당연히 부모에게 있지만 그렇다고 해서 모든 것을 부모에게 맡겨둔다는 것이 아니라 '아동이 건전하게 출생하고 성장할 수 있는 최선의 이익'을 확보하기 위해서는 국가는 부모에 대해서도 원조할 의무가 있음을 규정함으로써 아동은 출산·양육받을 권리를 갖게 된다고 볼 수 있다. 이러한 아동의 출산·양육받을 권리에 대한 사회법상의 책임주체에 대하여 우리나라의 경우 다음과 같은 규정을 두고 있다.

우리나라의 「헌법」 제10조에는 '모든 국민은 인간으로서 존엄과 가치를 가지며 행복을 추구할 권리를 가지며 국가는 이를 보장할 의무를 진다.'라고 명시되어 있으며 그 권리와 의무를 구체적으로 들고 있다. 또한 「아동복지법」에서는 아동이 건전하게 출생하여 행복하고 안전하게 자라도록 그 복지를 보장하며(제1조), 국가와 지자체는 이에 대한 책임을 지도록 되어 있다(제4조).

궁극적으로 출산율 회복을 위하여 구체적으로 검토하여야 할 것은 국가가 권력을 행사하듯이 '아이를 낳아라, 더 낳아라' 하는 식의 인구정책은 더 이상 통용되지 않는다는 사실이며, 부모가 자신의 자녀 수를 결정하는 자유원칙이 존중되어야 한다는 것이다. 즉, 출산율 회복을 위한 정책은 어떤 이유로 이상적(理想的)으로 생각하는 자녀의 수만큼 자녀를 두지 않던 부부가 이상적으로 생각하는 수만큼의 자녀를 낳을 수 있도록 하는 출산·양육환경의 정비이다.

2 저출생의 원인과 문제

1) 저출생의 원인

현대 사회는 아동이 건전하게 태어나서 행복하고 안전하게 자랄 수 있는 상황이 아니며, 더욱이 부모 입장에서 보면 아동을 건강하고 행복하며 안전하게 출산·양육할 수 있는 상황이 아니다. 아동이 성장, 발달할 수 있는 환경의 장(場)은 가정, 지역사회, 어린이집이나 학교와 같은 제도화된 장으로 볼 수 있다. 아동은 이 세 개의 장과 상호관계를 유지하면서 성장해 간다고 볼 수 있는데 산업사회의 진전과 함께 각 장의 환경은 많은 변화를 가져왔다.

일차적 사회화의 장(場)인 가정의 경우 주 양육자인 모친의 취업은 일과 양육의 이중부담을 가중시키고, 고물가 시대의 양육비 상승은 자연히 아동출산을 저하시키는 결과를 가져왔다. 선행연구를 토대로 저출생 문제의 대표적 원인을 살펴보면, 우리나라 초혼 연령의 상승, 여성의 사회참여와 진출 증가, 소득 및 고용 불안정과 가족 내 책임의 불평등한 분배, 일과 가정의 양립곤란, 육아지원 기능의 미흡, 자녀양육 부담 증가, 가족구조의 변화 및 결혼관이나 자녀관 등의 가치관의 변화 등이 출산율 저하에 영향을 미친다(도미향, 2015). 또한, 보편혼이 지배적이던 과거와는 달리 결혼이나 자녀출산이 필수가 아닌 선택이라는 의식과 함께 변화하는 자녀양육을 위한 교육비, 주거비, 주택구입, 고용불안정 및 사회적 편견과 관행 등의 사회경제적인 요인과의 상호작용은 출산율 하락에 더 큰 영향을 주고 있다(통계청, 2011).

이러한 현상은 저출생의 주요원인에 관한 도미향 외(2017)의 연구에서는 일·가정양립 및 자녀양육비 등을 정책적으로 지원함에도 불구하고 '직장과 양육을 병행하기가 어려워서(4.08점/ 5점 만점)'가 가장 높고, '자녀 교육비가 많이 소요되므로(3.93점)', '자녀 양육비가 많이 소요되므로(3.81점)', '정부의 지원 대책이 미흡하기 때문이다(3.72점).'이 가장 높게 나타났다.

이처럼 세계 최저 수준인 현재의 출산율 하락을 저지하고 향후 출산율을 제고하기 위해서는 임신, 출산 및 양육을 지원하기 위한 실질적인 정책과 더불어 양성평등의 환경조성, 일-가정 양립을 위한 현실적 방안모색, 가족유형 및 다자녀 가구 등에 대한 중앙정부와 지방정부의 종합적이고 적극적인 정책 추진이 필요하지만 특히, 정부나 지자체의 출산장려정책에 대한 시민들의 인식 및 태도 개선은 더욱 중요하다. 이러한 출산에 대한 개인의 인식이나 가치관은 개별적인 지원이나 단기간의 관심으로 이루어지는 것이 아니기 때문에 지속적인 홍보 및 인식전환의 노력이 필요하다. 이러한 저출생의 직접적, 간접적 원인을 정리해 보면 [그림 7-5]와 같다.

그림 7-5 저출생의 원인

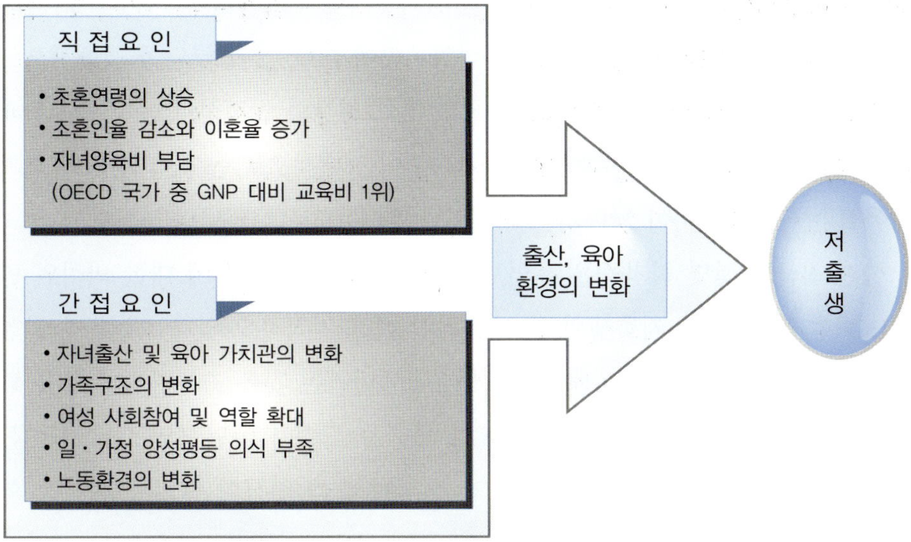

직접적 요인으로 대표적인 것은 경제적인 부담일 것이다. 이러한 현상은 최근의 한 연구결과에서도 나타나고 있다. 즉, 우리나라의 출산 및 육아세대를 대상으로 한 여론조사에 의하면 아이를 출산할 수 있는 20대 등 '출산 세대' 중 '비출산'을 결심하는 이들 비중이 매우 높은 것으로 나타났다. 수도권에 거주하는 미혼자 셋 중 하나, 자녀가 없는 기혼자 넷 중 한명이 "앞으로 아이를 갖지 않겠다고 답했다. '출산 · 육아 공포'는 지인 친구, 직장, 미디어에 의해 확대, 재생산되고 있었다. '출산과 양육에 대한 부담과 불안감은 어디에서 가장 많이 접하는가?'란 질문에 무자녀 기 · 미혼의 절반가량(46%)이 '친구나 직장 동료 등의 경험담'이라고 했고, '뉴스 등 언론 보도'(22%)도 높은 순위에 올랐다. 이어 '부모 등 기성세대의 경험담'(15%) 등의 순이었다(조선일보, 2018.1.3.). 김두섭(2008)의 저출생 원인에 관한 연구결과에 따르면 1990년대 후반 이후 경기침체가 계속되고, 사회경제적 불평등이 심화되는 과정에서 사회경제적 지위가 낮은 부부들에게 자녀 수를 줄이고자 하는 동기가 가장 절실하게 출산수준 저하에 반영되었다. 대도시 지역에서는 사회경제적 지위가 높은 부부들도 급속하게 증가하는 교육비를 포함하여 자녀양육비에 대한 심적 부담이 상대적으로 높아져 출산수준이 현저하게 낮아졌다. 그리고 직장의 안정성이 높은 공무원과 교사, 공공기관에 종사하는 여성의 출산수준이 상대적으로 높고, 직장의 규모가 작아질수록 출산수준이 낮아지는 경향도 있는 것으로 나타났다.

한편 최근의 몇몇 학자들은 무엇보다 젊은 연령층의 결혼에 대한 의식의 변화(도미향 외, 2017)가 저출생의 주요 요인이 됨을 지적하고 있다. 다시 말해 현대를 살아가는 젊은이들은 전통사회에서 결혼이라는 것을 직계가족 확립을 위한 필수조건으로 인식했던 시대와 달리 결혼을 필수가 아닌 선택으로 인식하고 있다. 이러한 우리나라 젊은이들의 결혼에 대한 의식의 변화는 사회적 환경 변화 등의 요인과 함께 출산율 저하에 영향을 미치는 요소 중 하나로 지적되고 있다. 이러한 결과는 젊은 층의 결혼의식이 실제 우리나라의 저출생 현상을 설명하는 주요한 요인이 된다는 실증적 증거라 할 수 있다.

결혼에 대해 긍정적 또는 부정적 의식을 가지고 있는지의 여부는 실제 결혼의 실행여부뿐만 아니라 이후 결혼 생활의 유지, 자녀의 출산과 양육에도 영향을 미치게 된다(도미향 외, 2017). 결혼에 대한 의식은 결혼 적령기에 접어들어 갑자기 형성되는 것이 아니라 이미 성인기 초기부터 누적되는 자신의 가치관이기 때문에 결혼에 대해 긍정적인 의식의 함양을 위해서는 중·고·대학생을 대상으로 하는 교육적 접근과 인식 전환의 기회를 제공하는 것이 필요하다.

2) 저출생의 문제

(1) 국가와 사회적 관점의 문제

저출생 문제가 국가적인 차원에서 사회문제로 논의되는 이유는 자녀의 출산이 각 가족의 개인적인 차원에서 선택하는 문제이기 때문에 그 자체로는 독립적인 형태로 진행되는 것처럼 보이지만 사실은 국가의 경제발전과 사회환경과 밀접히 관계되어 있어 국가의 존속과 발전에 중요한 영향을 미치기 때문이다.

다시 말해 출산율 저하는 인구 규모의 감소 속도를 증가시키고 인구구조를 비정상적인 형태로 변화시켜 인구의 고령화, 사회복지비 지출 증대, 노동력 감소 등의 문제를 야기함으로써 미래의 지속 발전 가능성을 위협한다. 즉, 생산가능인구(15~64세)는 지속적으로 감소할 전망이고, 생산가능인구의 감소로 노년부양비(65세 이상/15~64세 인구)가 급증하여 생산가능 인구 7.9명(2005)이 부양하던 노인 한 명을 1.4명(2050)이 부양하여야 하는 결과를 유발할 것이다(보건복지부, 2017).

그림 7-6 노인부양비[4] 전망

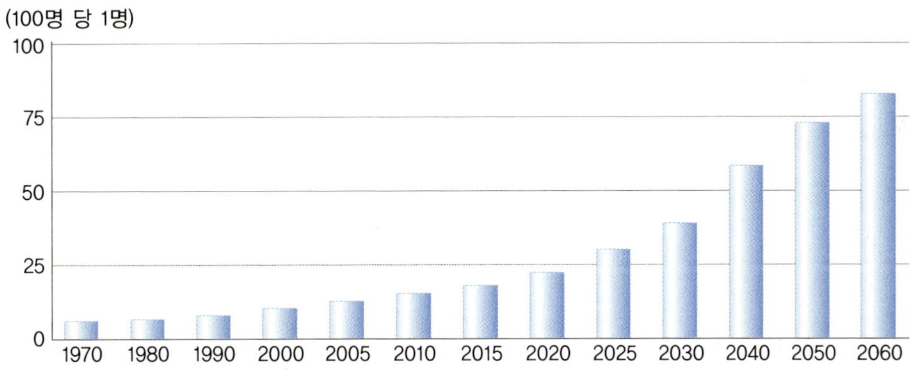

출처: 통계청(2016). 장래인구추계(2015~2065).

이는 이미 저출생으로 인한 노동인구 감소와 노인인구 비율의 증대로 사회

4) 생산가능인구(15~64세) 100명에 대한 고령인구(65세)의 비
노년부양비=고령인구(65세 이상)÷생산가능인구(15~64세)×100

보장제도의 운영위기를 경험했던 외국의 사례에서 주지된 바로 각국은 출산율 저하에 대해 각별한 관심을 가지고 이에 대한 가족정책을 마련해 왔다. 그리고 이러한 저출생 문제는 주로 고령화 사회와의 관련성을 중심으로 생산연령 인구의 감소에 따른 사회의 활력 저하 등 인구문제 또는 경제문제로 논의되어 왔다. 이것은 가족문제라기보다는 사회의 존속에 관련된 문제로 저출생 문제를 보는 시각이다.

(2) 가족과 개인적 관점의 문제

가족과 개인적 관점에서는 저출생 문제를 개별 가족의 자녀수의 감소에서 발생하는 아동 자신의 성장·발달상의 문제 또는 부모의 자녀양육 환경에 직접 영향을 미치는 문제라는 측면에서 보고 그에 대한 가족서비스의 방향성을 고려해 볼 필요성이 있다고 보는 것이다. 즉, 저출생이 초래하는 또 다른 측면의 문제를 아동성장 발달의 위기라는 관점에서 가족환경의 문제, 성장하는 아동의 발달권의 문제, 아동양육을 담당하고 있는 부모의 육아능력의 문제, 더욱이 아동이 자라나는 가족·지역사회·학교환경 등의 문제를 고려하여 보아야 한다는 점이다.

예를 들면 자녀수의 감소로 인한 부모-자녀 간의 밀착화와 양육의 고립화에 따른 아동학대, 자녀양육에 대한 불안, 양육능력의 저하 등의 현상을 들 수 있다. 다시 말해 지역사회와의 관계의 희박화는 아동발달에 관한 사회관계의 결여를 가져와 한 자녀 양육가족의 경우 부모의 양육 불안, 양육 스트레스, 아동학대 등을 일으켜 부모-자녀관계의 악순환을 가져올 수도 있다.

또한 출생아 수의 감소는 아동에게 형제관계나 친구관계의 경험을 감소시켜 인간관계 발달의 경험에 관한 기회를 상실한 채 성장하도록 하고 있다. 오늘날 아동양육에 관한 이러한 환경의 변화는 누구라도 적극적으로 자녀를 출산하려 하지 않을 것이고 당연히 저출생 문제는 해결되지 않을 것이다. 이러한 문제에 대한 정책의 목표는 가족의 자녀양육 환경을 정비하여 아동을 건전하게 육성하고 가족과 함께 쾌적한 생활을 할 수 있도록 하는 것이다. 따라서 이에 대한 평가는 가족에게 적절한 양육환경이 제공되는지, 아동의 성장 발달을 지원하는 서비스가 적절한지 아닌지 등의 관점에서 측정·논의되어야 할 것이다. 여기에 자녀를 출산·양육할 수 있는 가족에 대한 공적인 지원과 서비스의 지원을 통하여 안심하고 자녀를 출산·양육할 수 있는 환경의 정비가 필요하며, 아동권리를 구체화하는 적극적인 시책이 필요하게 된다.

이와 같이 우리나라의 경우 저출생 문제는 가족복지의 주요한 정책목표를 '다산-빈곤정책'이라는 구도에서 '소자녀-육아지원'으로의 방향 전환을 필요로 하고 있다. 이러한 저출생 현상이 경제적 시점에서 보면 '사회적 위기'로 이해되지만 한편으로는 아동 하나하나가 그들의 권리를 중시하는 기반을 준비하는 것과 연계되어 그 의미를 부여해야 할 것이다. 따라서 향후 우리나라의 가족정책은 현재 가족복지의 이념이나 가치, 목표의 관점과 긴밀한 연관을 가지면서 가족이 놓여 있는 저출생의 환경에 대한 이해와 맥락 속에서 이루어져야 한다. 즉, 가족환경의 고려와 함께 지역사회 내에서 생활하는 모든 아동과 그 가족, 관계자를 대상으로 아동의 건전한 육성과 가족의 육아기능을 지원하는 가족정책·서비스에 역점을 두어야 할 것이다.

3 저출생가족정책의 현황

그동안 우리나라의 가족정책은 Kadushin(1980)에 의한 지지적(support) 서비스, 보완적(supplement) 서비스 및 대리적(substitute) 서비스 체계에 따른다면 핵심은 시설보호와 입양 등 대리적 서비스에 초점이 맞추어져 있다고 단정

할 수 있을 정도이다. 그러나 저출생의 진행과 함께 양육의 보완적·지지적 서비스의 중요성이 증대하고 있으며, 특히 「건강가정기본법」 제정 이후에는 가족정책이 보편적, 예방적 차원에서 접근하고자 노력하고 있다.

이러한 노력의 일면으로 정부의 저출생 대응정책은 2006년 수립된 '제1차 저출산고령사회 기본계획(새로마지플랜 2010)'과 이를 수정하여 발표한 제2차 계획(2011~ 2015), 제3차 계획(2016~2020), 그리고 제4차 계획(2021~2025) 수립 총체적으로 제시하고 있으며 현재 각 단계별 사업이 진행되고 있으며, 2025년까지 모든 가족의 안정적 생활여건 보장을 위하여 평균수준의 출산율(1.58) 회복을 위해 출산과 양육의 장애요인 해소를 추진하고 있다. 정부는 1~4차 대책 15년간 280조 원 천문학적인 예산이 투입되었으나 출생률은 계속 감소하고 있다(저출산고령사회위원회, 2023). 정부의 저출생 극복을 위한 대책 현황에 대하여 보육정책, 육아휴직제도, 가족수당 등을 중심으로 이를 구체적으로 살펴보면 다음과 같다.

1) 보육정책

취업모가족의 아동과 일반아동을 위한 가족정책에서 중요한 비중을 차지하고 있는 보완적 서비스로 영유아보육정책을 들 수 있다. 저출생 문제가 사회적 이슈로 등장하면서 최근 몇 년 사이에 국가적 차원에서 가장 많은 관심과 이에 따른 정책적 대응을 보인 대표적 분야가 보육서비스이다.

출산율 변화를 설명할 수 있는 단일한 변수는 존재하지 않지만 급격한 출산율 저하 현상에 직면하여 보육에 대한 국가의 개입을 증가시켜 공보육을 늘리는 것은 당연히 해야 할 정책이다. 보육정책은 기혼여성의 일과 육아의 양립 지원이라는 여성 노동정책적 관점이 강하다. 이러한 관점은 이제 출산·육아에 대한 사회적 가치에 대한 인식을 강조하면서 출산율 회복을 위한 공공정책의 대응과제로 여겨지고 있다(宮島洋, 1994).

한국의 경우 선진국에 비해 국공립 등 공보육어린이집이 미흡한 실정이며, 이러한 상황은 출산 후 여성의 노동 복직과 출산율에 부정적인 영향을 미치는 요인이 되고 있다. 한국 여성의 경제활동참가율이 M자 형태를 취하고 있는 것은 이를 잘 반영해 주고 있다. 직장어린이집 의무설치 대상 사업장을 '상시 여성근로자 300명 이상인 직장'에서 2006년부터 '근로자 500명 이상 또는 상시 여성근로자 300명 이상인 직장'으로 확대하도록 「영유아보육법」 시행령을 개정했는데, 여성근로자뿐만 아니라 모든 근로자를 설치기준으로 한 것은 여성기피현상을 방지하기 위해 바람직한 사항이다.

보건복지부(2018)의 저출생 대응을 위한 보육정책에서의 대책을 살펴보면 다음과 같다.

■ 영유아보육료 지원 사업

- 만 0~2세 보육료 양육수당, 종일제 아이돌봄서비스를 지원받지 않고 어린이집을 이용하는 만 0~2세 영유아에 대해 보육료 지원
- 연령별 보육료 지원단가: 종일반기준 만 0세(540천 원), 만 1세(475천 원), 만 2세(394천 원), 만 3~5세(280천 원)
- 만 3~5세 보육료(누리공통과정) 양육수당, 유아학비를 지원받지 않고 어린이집을 이용하는 만 3~5세 아동에 대해 보육료 지원
- 다양한 시간유형의 보육서비스 제공 및 맞춤형 보육서비스 제공, 시간연장보육 내실화를 위해 시간연장 보육교사 인건비 지원 지속, 아이돌보미 파견사업 등 다양한 보육서비스 제공

■ 아이행복카드(구 아이사랑카드)

- '09년 9월부터 정부가 지원하는 보육료를 바우처 형태로 전자카드(아이

행복카드)에 담아 부모가 직접 결제
- 정부지원금에 대한 수요자 체감도를 제고
- 부모: 직접 보육료를 결제함으로써 어린이집에 대한 관심, 신뢰도 제고
- 어린이집 및 지자체: 보육료 지원 관련 행정업무 전산화 및 절차 간소화로 행정부담 경감

■ 국공립 어린이집 확충 등

- 저소득 밀집지역, (국공립)어린이집 미설치 지역 등 취약지역에 국공립 어린이집 확충
- 평가인증을 유지하고 있는 어린이집에 교재교구비를 지원
- 농어촌 소재 사회복지법인어린이집에 급간식비, 교직원 인건비 등의 운영비 일부 지원
- 농어촌 소재 어린이집, 정부지원 장애전담 어린이집에 차량운영비 지원

■ 보육료 지원대상 및 지원수준 현황

(단위: 원)

유형	지원구분	연령	부모보육료 (기본보육)	부모부담보육료
인건비 지원 어린이집	만0~5세반 보육료·다문화 보육료	만0세	540,000	0
		만1세	475,000	0
		만2세	394,000	0
		만3세	280,000	0
		만4세	280,000	0
		만5세	280,000	0
	장애아보육료	구분 없음	587,000	0
	누리(만3~5세반 장애아)보육료	만 3~5세	587,000	0
기관보육료 지원 어린이집	만0~5세반 보육료·다문화 보육료	만 0세	540,000	0
		만 1세	475,000	0
		만 2세	394,000	0
		만 3세	280,000	시·도지사가 정한 수납 한도액 내에서 어린이집이 결정한 보육료 수납액과의 차액
		만 4세	280,000	
		만 5세	280,000	
	장애아보육료	구분 없음	587,000	0
	누리(만3~5세반 장애아)보육료	만 3~5세	587,000	0

※ 기관보육료 지원 어린이집 유아반(만 3세반 이상) 아동은 시·도지사가 정한 수납한도 내에서 해당 어린이집 보육료 수납액과 부모보육료의 차액만큼을 부모가 부담. 단, 영아(만 0~2세반)는 차액부담이 없으며, 유아(만 3세반 이상)의 경우라도 법정저소득층과 장애아동은 부모부담 없음

출처: 보육사업안내(2024). 보육료·양육수당 지원대상 선정안내.

그리고 정부는 중장기보육 기본계획에 따라 2018~2022년 5년간 국공립 어린이집을 총 2천697곳(연 539곳)으로 늘렸으며, 앞으로 2027년까지 연 500곳

씩 더 늘린다는 계획이다. 그러나 수도권과 비수도권으로 나눠보면, 국공립 어린이집의 확충정도에 차이가 있었으며, 민간 어린이집을 포함한 전체 어린이집 자체도 비수도권이 수도권보다 부족했다(연합뉴스, 2023).

이상과 같이 보육관련지원금 확대와 국공립어린이집 확충은 필요한 일이지만 이를 통해서만은 출산율 증가의 효과를 보기는 쉽지 않고, 고용안정과 더불어 남성육아휴직제 활성화, 주택 마련이나 사교육에 들어가는 비용을 줄이는 사회구조적인 변화까지 함께해야 출산율이 오를 것이다.

2) 일과 가정 양립 및 육아휴직제도

Castles(2003)는 OECD 21개 국가에 대한 분석을 통해 과거에는 여성의 노동참여가 적은 국가가 출산율이 높았으나 최근에는 이러한 관계가 반전되었으며, 여성의 경제활동을 지원하는 가족지원정책과 출산율은 높은 정적 상관관계가 있다는 것을 제시해 주고 있다. 한국노동연구원(2005)은 OECD 30개국의 자료를 분석하여 여성 고용률과 출산율이 정적 상관관계가 있음을 밝히고 있다.

이러한 연구결과는 1970년대 이전에는 여성의 경제활동 참여가 출산율 감소에 영향을 미쳤지만 1980년대 이후에는 여성의 경제활동 진출이 용이한 사회, 즉 양육과 직업을 병행할 수 있도록 가족복지제도가 잘되어 있는 사회에서 출산율이 높다는 점을 시사해 주고 있다. 이러한 측면에서 일과 가정 양립을 위한 가족친화 사회환경 조성이 필요하고, 최근 정부의 노력은 다음과 같다(보건복지부, 2017).

- **일하는 부·모의 육아휴직 권리 보장을 위한 제도 개편:** 육아휴직 적용 대상자 확대 실시, 만 0세 이하 자녀에 대해 부·모 모두의 육아휴직 사용 활성화
  - 영아기 부·모 모두 육아휴직 사용 시 일정 기간 육아휴직 급여상향 조정(22년부터 부모 모두 3개월+3개월 각각 최대 월 300만 원 지원)

* 영아기 부·모 모두에게 양육기회를 부여함으로써 여성의 경력단절 예방 및 아버지 육아를 장려

- **기간제근로자 또는 파견근로자의 육아휴직 활용 촉진**: 사업주가 기간제 또는 파견근로자에게 육아휴직을 부여할 때 원칙적으로 육아휴직기간을 사용 또는 파견기간에 산입하지 않도록 함.
- **육아기 근로시간 단축 제도 도입**: 만 12세 이하 또는 초등학교 6학년 이하의 자녀가 있는 근로자가 육아휴직 대신 육아기 근로시간 단축을 신청할 경우 사업주는 특별한 경영상의 이유 등이 없는 한 근로시간 단축을 허용하도록 해야 함. 부모 1인당 최대 36개월(유아휴직 미사용 기간을 2배로 가산). 주당 최초 10시간 통상임금 100% 지원함.
- **임신기 근로시간 단축 기간 확대**: 조산 위험으로부터 임산부, 태아의 건강을 두텁게 보호하기 위한 제도로 임신 후 12주 이내 또는 32주 이후 해당함.
- **가족돌봄 휴직제 강화**: 가족을 돌보아야 하는 근로자가 가족돌봄휴직(무급, 최대90일)을 신청할 경우 사업주는 특별한 경영상의 이유 등이 없는 한 휴직을 부여(1회 30일 이상)해야 함.
- **출산전후휴가 분할 사용허용**: 현재는 임신 중의 여성 근로자는 90일의 휴가를 출산 전과 후에 연속하여 사용해야 하나 이번 개정안에서는 유산의 위험이 있는 경우 등에는 예외적으로 산전 휴가기간을 분할하여 사용할 수 있음.
- **유산·사산에 대한 보호휴가의 범위 확대**: 현재 임신 16주 이후에 유산·사산한 경우에만 보호휴가를 부여하던 것을 모든 유산 및 사산에 대하여 확대함으로써 임신 초기 여성근로자의 모성보호를 강화하기로 했음.
- '산전후 휴가'를 '출산전후휴가'로 명칭 변경

한편 여성취업자의 일과 가정(육아)의 양립을 지원하고자 하는 대표적인 제

도로 육아휴직제도를 들 수 있다. 이 제도는 「남녀고용평등법」(제19조)에 의거해 1세 미만 영아가 있는 근로자가 영아를 양육하기 위해 30일 이상 1년 이내 휴직할 수 있도록 2001년에 도입된 제도이다. 이 제도는 어머니가 갖는 모성적 기능(출산·육아)보호를 통한 출산정책의 하나로 볼 수 있다. 본래 어머니가 갖는 모성적 기능, 즉 출산·육아에 대한 사회적 배려는 다음 세대를 이어나갈 자녀를 낳고 기르는 기능을 단순히 근로자 개인의 문제가 아니라 사회기능을 포함하여 사적 노동에서 사회적 노동으로, 즉 육아의 사회화 및 공공성을 발전시키는 기본이 된다고 보기 때문이다. 이 육아휴직제도는 기혼 취업여성을 대상으로 하여 자녀양육에 대한 여성책임관을 반영한 것이다. 후에 남녀 근로자 모두를 대상으로 명시함으로써 법체계상으로는 여성의 자녀양육 책임관이 완화되는 성격을 지니게 되었으나 한편으로는 여성이 고용시장에서 불이익을 받을 수 있는 의도하지 않는 결과를 초래할 수도 있다.

그리고 또 다른 일과 가정 양립을 위한 지원서비스로 모자복지제도를 들 수 있다. 모자복지제도는 과거에 있어 왔던 공공부조를 기반으로 하였는데 모자가족을 대상으로 한 것으로 여성의 자녀양육 책임이라는 문화적 특성을 반영하고 있다고 할 수 있다. 뒤에 부자가족도 대상에 포함됨에 따라 여권론적 관점에서 볼 때 여성의 책임이 완화되는 성격을 가지게 되었다. 그러나 외국과 비교해 볼 때 우리나라는 여전히 여성에게 자녀양육의 책임이 많이 남아 있음을 알 수 있다. 그러나 외국과 비교해 볼 때 우리나라는 여전히 여성에게 자녀양육의 책임이 많이 부과되고 있다. 이는 서구의 경우 관리직에서 여성 비율이 높은 국가일수록 출산율 증가도 높은 경향이 있다. 이에 비해 우리나라 여성들은 아직도 노동보다는 자녀출산·양육을 선택해야 하는 배제적 노동시장 구조 속에 놓여 있다. 우리나라도 출산율 제고를 위해 북유럽 선진국가들과 유사한 여성노동 시장환경 구축이 우선되어야 한다.

3) 아동 및 가족수당

대부분의 나라들은 가족정책을 사회보장정책의 일환으로 추진하고 있으며, 우리나라도 어느 정도의 차이는 있지만 이에 준하고 있다. 가족을 위한 사회보장은 생활보장과 의료보호, 주택부조 등을 통한 공공부조와 건강보험과 같은 사회보험이 있으며, 대표적인 소득 지원 프로그램으로는 출산수당 및 가족수당을 들 수 있다. 가족수당은 부양가족의 수에 따라서 일정액 또는 일정 비율로 지급되는 수당으로 부양수당(扶養手當) 또는 가족급여라고도 하며 아동수당(Child Allowance)과 동의어로 사용되고 있다. 가족수당은 복지 프로그램의 딜레마라고 할 수 있는 노동의식의 저하를 가져오지 않기 때문에 가장 매력적인 프로그램으로 인정되고 있으며, 또한 미래의 소중한 자원인 아동에 대한 경제적 책임을 사회가 나누어 부담한다는 의미에서 가족정책의 필수적인 프로그램으로 받아들여지고 있다(Kahn & Kamerman, 1988).

OECD 주요 국가의 가족수당의 증가 정도를 살펴보면 1975~1990년 기간 동안 노르딕국가를 중심으로 가족수당이 증가하였으며, 특히 노르웨이, 영국, 오스트리아의 경우 가족수당이 많이 증가한 것으로 나타났다. 그리고 미국의 경우는 아동을 가진 가족에게 가족수당을 지급하지는 않지만 부양아동을 가진 빈곤가족에게 한시적(5년)으로 지급되는 빈곤가정 한시부조(Temporary Assistance for Needly Families: TANF)제도가 있다.

우리나라의 경우 보육 바우처제도를 도입하여 시행하고 있으며 2018년부터는 아동수당을 실시한다. 현재 시행하고 있는 가족수당은 사회보험제도, 사회복지서비스, 임금 및 조세제도 안에서 지급되고 있다. 사회보장제도 안에서는 「국민연금법」 제48조 및 동 시행령 제36조의 가급연금액(加給年金額)에 의하여 수급권자의 18세 미만 자녀 또는 장애등급 2급 이상에 해당하는 자녀에 대하여 지급하도록 되어 있다.

또한 2000년 10월부터 시행되고 있는 「국민기초생활보장법」에 근거하여 생활급부와 교육급부가 실시되고 있으며, 사회복지서비스 안에서는 「한부모가족지원법」5)에 근거하여 저소득 모·부자가족에 대한 양육비 및 학비의 지원, 「장애인복지법」 제34조의 자녀교육비 지급 규정에 의해 장애인 자녀에 대한 교육비 지급이 이루어지고 있다. 그리고 저출생과 관련하여 고무적인 정책은 아동양육 가족에 대한 경제적 지원 강화로 만 0~1세의 집중 돌봄을 위한 보육료와 양육수당의 차등화 된 지원을 통합한 영아수당 도입을 추진하였다(보건복지부, 2023).

그리고 윤석열 정권에서 도입하여 2023년부터 시행하는 부모급여/양육수당/아동수당의 구체적인 내용은 다음과 같다(보건복지부, 2023).

1. 부모급여 (구 영아수당)

보육 형태와 소득 재산 특별 조건 없이 전액 현금지급
출생연도와 상관없이 개월 수 기준으로 소급 적용
보육기관 이용 시 보육료 결제 후 나머지 금액은 자율적으로 사용 가능

- 지급 대상 : 만 0~1세 아동 (만 1세 아동은 영아수당 지급 계획과 동일)
- 지급 금액 : 만 0세 아동 월 10만 원 / 만 1세 아동 월 50만 원
- 지급 방식 : 현금 또는 바우처(보육료 또는 종일제 돌봄)
  - 바우처(보육료 또는 종일제 돌봄) 지원금액이 부모급여 지원금액보다 적은 경우 그 차액을 현금으로 지원

2. 아동수당

아동수당액은 월 10만 원이며, 아동 또는 보호자의 계좌로 입금된다. 다만, 지자체 장은 조례로 정하는 바에 따라 지급 대상 등을 확대할 수 있도록 하고, 고향사랑상품권 등으로도 지급할 수 있게 할 예정이다.

아동수당을 받으려면 보호자나 대리인이 신청을 해야 하며, 신청한 날이 포함된 달부터 수급권을 상실한 날이 포함된 달까지 매월 아동수당이 지급된다.

5) 「모부자복지법」이 2007년 「한부모가족지원법」으로 법명이 변경되었다.

• 적용례: ① 7월 31일에 신청하면 8월 지급일에 7, 8월분 아동수당 총 20만 원 지급
② 아동이 9월 1일에 사망, 국적상실, 해외 이주한 경우 9월분 수당까지 지급

아동수당 신청은 가까운 읍 · 면 · 동 주민센터를 방문하거나 온라인(PC, 스마트폰) 등을 통해 가능하도록 할 예정이다.

출처: 보건복지부(2023). 보육사업안내.

4 저출생 대책 관련법과 행정

1) 저출생 대책 관련법

우리나라가 고령화 사회에 진입한 이후 학회와 전문가를 중심으로 고령사회에 대비하기 위한 국가 차원에서 종합대책위의 필요성이 제기되어 「저출산 · 고령사회기본법」의 제정을 의결하였고, 이는 본 회의를 거쳐 2005년 5월 18일에 법률 7496호로 공포되어 9월 1일부터 시행되었다.

기본법이 제정되는 과정에서 고령사회 대비와 저출생 문제가 동일한 법안에 담길 수 없다는 논란도 일부 제기되기는 하였으나 고령사회의 원인이 되는 저출생 문제 역시 고령사회대책안에서 함께 논의되어야 한다는 것에 대한 합의가 이루어져 「저출산 · 고령사회기본법」이 탄생하게 되었다. 우리 사회의 인구고령화가 전대미문의 속도로 진행되는 이 시기에 「저출산 · 고령사회기본법」의 제정은 매우 큰 의의를 갖는다고 할 수 있으며, 「고령사회대책기본법」 제정방안 공청회에서 제시된 「고령사회대책기본법」에 포함되는 법령과 저출생에 관련된 법을 제시하면 다음과 같다.

의 저출생 행정은 보건복지부 인구정책실 인구아동정책관이 실질적 업무를 수행하고 있고, 그 밑에 인구정책 총괄과와 출산정책과, 아동복지정책과, 아동권리과로 분리되어 업무를 수행하고 있다. 인구정책총괄과에서는 저출산·고령사회 및 인구관련 기본계획 및 시행계획의 수립, 정책 총괄, 재원 조달, 홍보전략 등을 실시하고 있으며, 출산정책과는 출산 및 출산지원 관련 계획 및 시행, 정책의 총괄, 다자녀가정의 사회적 지원, 임신·출산 및 자녀양육의 지원, 출산·양육에 유리한 사회환경 조성, 출산 장려를 위한 홍보전략, 출산 및 여성 관련 민간단체의 지원, 저출산·고령화 대비 인력·재정·금융, 노동인력의 확보, 모자보건 등의 업무를 실시하고 있다(보건복지부, 2018).

5 저출생 대책 가족정책의 방향

가족복지 증진을 위한 한국 가족정책의 발전과제는 다양한 가족의 출현에 따른 욕구를 수용할 수 있는 다양한 가족문제의 예방과 해결에 있어 '가족을 위한 복지'로 다양한 접근방식의 통합적 차원에서 보편적 가족정책이 필요하다. 그리고 저출생 극복을 위해서는 보편적 가족정책의 관점에서 결혼 및 가족가치관의 재정립, 아동양육 관념의 재정립, 노동환경의 정비, 자녀양육의 사회화 등이 필요하다([그림 7-8] 참조).

다음에서는 보육서비스의 정비 및 다양화, 육아휴직제의 정비, 가족수당제도의 도입 그리고 이를 위한 저출산가족 관계법 측면을 중심으로 향후 저출생 가족정책의 방향을 제시하고자 한다.

1) 보육서비스의 정비와 다양화

OECD(경제협력개발기구) 통계를 살펴보면 여성들의 노동시장 진출을 원활하게 하는 보육 및 노동·가족 양립정책 등 사회적 지원체계가 마련되면 여성들의 경제활동참여율과 출산율이 동시에 증가할 수 있음을 알 수 있다(OECD, 2000).

그림 7-8 출산장려를 위한 방향

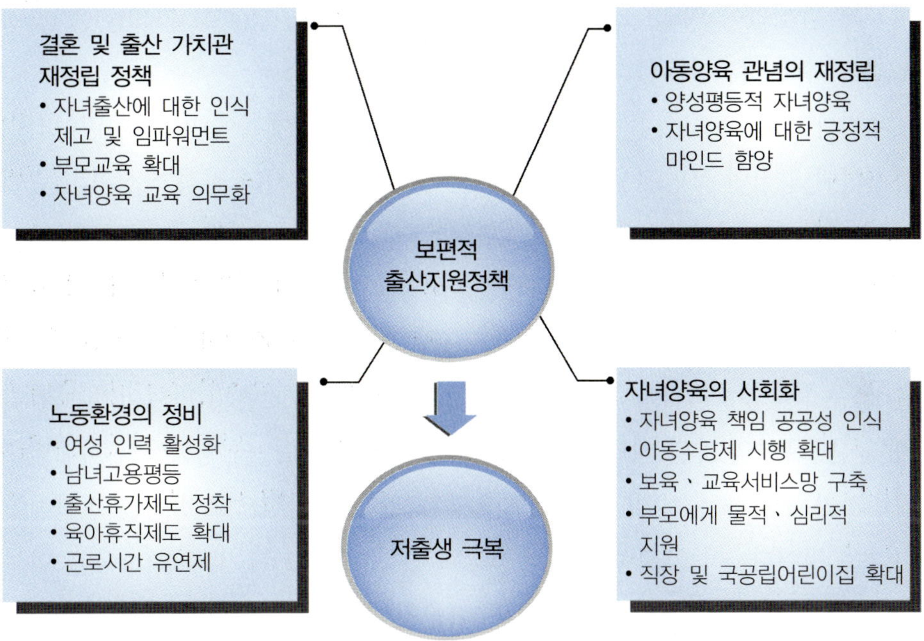

출처: 도미향(2010)을 재정리.

이처럼 보육서비스는 출산율 회복에 중요한 정책으로 작용하는데, 0세부터 6세까지 아동인구에 대한 어린이집 재적률을 증가시키면 출산율의 증가가 가능한 것으로 연구결과에서 나타났다(島田晴雄, 2000). 이는 많은 사람들이 출산을 아이를 낳는 그 시점의 일로 보는 것이 아니라 이후의 육아와 결부지음으로써 양육부담이라는 장애가 저출생과 연계된다는 점이다. 그렇다면 정부정책은 결혼이나 출산 시점에 개입하는 것과 더불어 출산 이후의 양육 시점에도 지속적으로 개입하는 것도 필요하다.

OECD 국가의 ECEC6) 정책에서 보면 국가의 공공재정 투입의 이유는 첫째, 영유아가 있는 가족에게 소득을 이전하기 위해서이고, 둘째, 아동양육과 가족의 역할에 대한 공공의 이익을 증진시키고 보호하기 위해서라고 설명한다(Cleveland & Krashinsky, 2003). 즉, ECEC 정책에 대한 개입은 부모의 경제력 여부에 관계없이 양질(quality)의 서비스에 대한 접근성(accessibility)을 공평(equity)하게 하는 데 있다.

우리나라는 1990년대 이후 정부의 보육사업 확충계획에 따라 어린이집이 증가하여 양적인 측면에서는 이미 충족되었고 보육교사의 질적 향상과 어린이집의 내실화가 중요한 정책과제로 여겨진다. 또한 가족 내 자가보육을 받고 있는 아동의 양육 지원도 고려해야 한다. 어린이집의 미이용자, 미취업모 가족인 자가보육 계층이 실감할 수 있는 보육서비스가 존재하지 않으면 출산율은 상승하지 않으리라는 점이다. 이는 보육서비스가 기존의 맞벌이가족의 일과 출산·육아의 양립 지원을 중심으로 전개하던 서비스의 영역에서 비취업모 가족까지 포함하는 지역 내 육아 지원을 포함하는 관점으로 방향을 전환해야 한다는 것이다. 이를 위해서는 현행되고 있는 무상보육, 맞춤형 보육과 더불어 국공립어린이집, 직장어린이집과 다문화통합보육, 장애아보육 등 특별보육의 지속적인 확충도 필요하다. 또한 보육서비스의 질적 측면의 향상을 위한 보육교직원의 전문화, 우수 보육 프로그램의 개발과 보급, 보육기준과 내용의 내실화를 기해야 한다.

6) ECEC는 Early Childhood Education and Care의 약어로서 취학 전 아동을 위한 보육, 교육 그리고 부모휴가, 3세 미만 아동과 관련된 정책들을 포함하는 개념이다(OECD, 2001).

2) 일과 가정 양립 및 육아휴직제도의 정비

국제적으로는 1965년 ILO 123호 조약이 가족적 책임을 갖는 여성노동자의 부담을 경감하는 시책으로 출발하였고, 미국의 경우 임신·출산에 대한 법적 보호를 배경으로 스웨덴의 경우 출산율의 증가를 목적으로 하는 인구정책과 어머니의 일과 아동양육의 양립 지원이라는 노동정책의 목적을 갖고 정립되고 있는 실정이다. 그리고 노르웨이의 경우를 살펴보면 총 49주의 육아휴직 기간을 부모가 나눠 쓸 수 있지만 이중 10주는 반드시 아빠가 사용해야 하는데 이 제도는 저출생 문제의 해결책은 일·가정 양립의 정착이며, 일·가정 양립의 실현을 위해서는 아빠들에게 양육자로서의 권리와 의무를 부여해야 한다는 판단 아래 도입한 것이다. 아버지 육아 할당기간 동안 급여의 100%를 보장하기 때문에 정책적 효과가 강력하게 나타났고, 특히 할당제 도입 직전인 1992년 3%에 불과했던 남성 육아휴직 사용 비율이 2017년에는 97%까지 상승했다. 노르웨이의 성공을 지켜본 스웨덴, 덴마크, 이탈리아 등 주변 국가들도 아버지 육아 할당제를 순차적으로 도입했다.

이에 따라 1970년대 말까지 만 해도 1.7명 수준이던 노르웨이의 출산율이 2009년 1.96명으로 증가했으며 현재까지 이 수치를 유지하고 있고, 유럽 국가 중 최고 수준이다. 여성의 사회활동이 활발해지면 출산율이 떨어지는 것이 일반적이지만 노르웨이의 결과는 달랐으며, 그 비결은 바로 아버지 육아휴직제와 더불어 '육아시간선택제'이다. 노르웨이에서는 12세 이하 자녀를 양육하는 부모는 근로시간을 20% 단축하여 일할 수 있으며 부모의 60%가 육아시간선택제를 사용하고 있다(김보영, 2018).

그리고 2017년 OECD 통계에 따르면, 네덜란드는 '워라밸(Work and Life Balance의 앞글자)'지수가 10점 만점에 9.4점으로 30개 국가 중 1위였고, 한국은 5.0점으로 28위였다. 즉, 네덜란드는 아이를 키우면서 일하기 좋은 나라로

시간제 근로자도 정규직과 유사한 사회보장과 노동법 적용을 받으며 이는 근로자가 시간제 근로를 선택했을 때 고용주가 불이익을 주지 못하도록 보장하는 것이다. 부모들은 근무 시간을 자유롭게 선택할 수 있어서 공식적인 업무 시간의 4분의 3만큼만 일하고, 나머지 시간은 자녀를 돌볼 수 있다. 네덜란드의 중앙통계국(CBS) 자료에 따르면, 자녀가 있는 네덜란드 남성의 절반가량이 평일 중 하루를 온전히 육아에 할애할 수 있고, 법적으로 주 노동시간은 40시간을 넘길 수 없기에 근무시간을 조정하면 주 4일 근무도 가능하다고 한다(조선일보, 2018. 1. 5).

이상의 선진국 사례를 볼 때 부모의 양육지원을 위한 육아휴직제도와 유연한 근로제도 및 부모노동권 확보는 곧 바로 저출생을 극복하는 방법임을 알 수 있으며 우리나라도 출산제고를 위한 법률상의 조건정비를 기반으로 정부의 전폭적인 육아 지원과 여성의 노동권 확보와 더불어 양성평등에 기반을 둔 아버지 육아휴직 확대 그리고 기업의 육아휴직에 관한 관점 전환 등이 무엇보다 선행 과제이다.

정부는 지난 10년 동안 저출생 대책은 보육 인프라 투자에만 집중됐고, 전문가 및 육아 당사자들이 중요하게 여기는 일, 생활 균형, 성평등 관련 정책 분야 투자가 부족했다고 분석했다. 따라서 저출산·고령사회위원회는 일과 생활의 균형을 위한 육아가 근로자의 근로시간 문제 해결, 남성의 육아 참여, 성평등을 위한 여성 경력 단절 방지 정책 등을 우선적으로 검토할 계획이다. 특히 지금 현재 법적으로 보장된 출산휴가 및 육아휴직 등이 잘 지켜지도록 근로감독을 강화해 여성들의 경력 단절을 방지하겠다는 구상이다. 또 고용보험에 가입되지 않아 출산휴가나 육아 휴직 등 혜택을 받지 못하는 사업장의 노동자들이나 비정규직 노동자들도 혜택을 받을 수 있도록 힘을 쓴다는 계획이다.

3) 아동 및 가족수당제도의 확대 시행

가족수당은 양육비의 보조적 급여를 통하여 아동의 최저생활을 보장하고 가족의 정상적인 생활수준을 확보한다는 사회보장의 관점에서 출발하였다. 이는 양육에 드는 비용을 모두 부모가 부담하는 것이 아니라 많은 부분을 국가 부담에 의한 사회적 양육의 합의를 형성해 가는 것이다. 가족수당제도는 가족의 형태, 양육의 환경과 방법이 변화하고 있는 현대 사회에서 본래 가족수당이 가지고 있던 방빈대책의 의미와 함께 국가·사회가 가족의 육아부담을 완화하고, 출산장려를 위한 가족육아정책의 일환으로 출산율 상승에 대한 인구정책의 하나로 논의되고 있다(Kierman, 1997).

외국의 경우 1997년 가족수당제도를 실시하고 있는 국가는 86개국이며(Social Security Administration, 1997), 사회보험비를 포함하여 복지재정의 삭감 경향을 띠는 각국 복지제도 개혁 속에서도 가족수당제도가 그 대상 범위를 확대하고 있다는 점은 국가는 모든 가족을 지원할 의무가 있으며, 보편적 가족수당 제도야말로 도움이 필요한 가족에게 혜택을 주는 데 가장 효과적이라는 취지의 표명이기도 하다(조애저 외, 2000).

현재 아동수당을 포함하는 가족수당제도를 세계에서 가장 중시하고 있는 프랑스의 경우 1946년 전 국민을 대상으로 하는 가족수당에 관한 규정이 제정된 이래로 전 국민을 대상으로 하는 가족수당제도가 실시되기 시작하여 현재 사회보장 지출에서 가족수당이 차지하는 비율은 13.7%이다. 이는 1991년 '가족정책보고서'에서도 가족수당이 셋째 자녀에 대한 지원강화를 반영할 수 있는 인구학적 목적을 반영할 것을 제시하고 있어(Conseil of Europe, 1994) 가족정책의 틀 안에 가족수당제도를 통한 인구정책의 실시를 암시하고 있는 것을 알 수 있다.

프랑스의 가족수당제도는 초기에는 비용의 전액 또는 대부분을 사업주 갹출에 의거한 고용 관련 시스템으로 시작되었으나 현재는 아동이 있는 모든 가족을 대상으로 재원은 국고에서 지출하여 피고용인, 자영업자, 실업자에 관계없이 그 국가의 국민을 대상으로 실시하고 있다. 이와 같은 형태의 가족수당제도는 영국, 스웨덴, 독일, 네덜란드 등의 국가들에서도 실시되고 있으며, 스웨덴에서는 가족수당의 실시로 1976년부터 1984년까지 1.6포인트로 떨어진 합계출산율이 1985년 이후부터 상승하였고, 1989년부터 1992년에는 2.1포인트 전후까지 회복되기도 하였다. 그리고 핀란드의 경우 1994년 가족 정책은 출산장려를 위한 인구정책보다는 자녀가 있는 가족의 경제 상황을 향상하기 위한 것으로 전환하였다. 그 결과 1994년 세금제도에서 가족을 위한 세금감면이 완전히 폐지되었고, 1995년에는 아동수당의 급여액이 증가하였다(이선주 외, 2007; Gauthier & Monna, 2004). 그리고 핀란드의 현재 출산율은 다른 유럽국가에 비해 높은 수준이다(http://www.stm.fi).

이와 같이 북유럽(스웨덴, 노르웨이, 덴마크) 국가들은 아동에 대한 지원에 비중을 두고 가사노동과 아동양육에의 사회화를 통하여 맞벌이가족에 대한 전폭적인 지원을 하고 있다. 그중에서도 유럽에서 가장 가족 친화적인 정책을 펼치고 있다는 스웨덴에서는 배우자에 대한 분리과세를 채택하고 있어서 맞벌이 부부의 경우 양쪽 모두 가장으로 인식되어 여성의 취업으로 인한 아동 양육과 관련된 손실분을 가족에게 보상하는 제도가 마련되어 있다.

우리나라의 경우 「아동수당법」이 2018년 하반기부터 시행될 예정이다. 이는 문재인 대통령의 대선 공약 중 하나로써 0~5세 아동에게 월 10만 원씩 지원하는 내용으로 대상자는 250만 명 정도, 연간 약 3조 원이 필요하다.

그림 7-9 연도별 아동수당 대상자 및 재정 추이

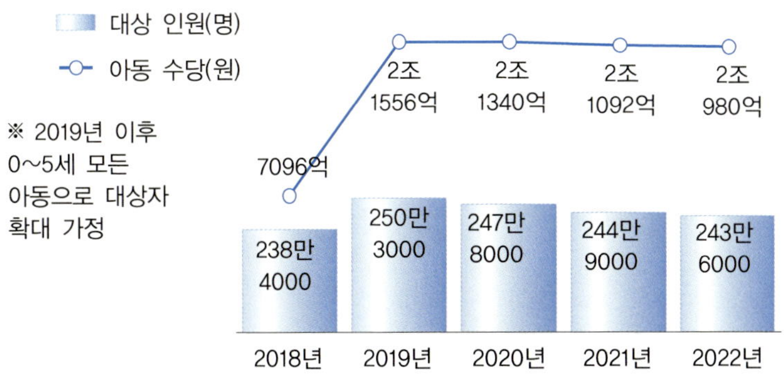

출처: 국회정책예산처(2018).

아동수당의 목표는 아동의 생존권을 보장하고, 건강하게 자랄 수 있도록 국가가 지원하는 것이며, 동시에 미래의 노동력 확보 및 출산률 제고를 위한 미래지향적 투자이다. 경제협력개발기구(OECD) 회원국 중 아동수당을 도입하지 않은 국가는 2017년 기준으로 볼 때 한국과 미국·멕시코·터키뿐이었다. 한국은 다행스럽게도 2018년부터 아동수당 제도를 실시하고 있다. OECD 회원국의 경우 국내총생산(GDP)의 평균 2.4%를 아동과 가족을 지원하는 데 쓰고 있으며, 영국·프랑스 등은 4%에 이르며 아동수당과 같은 현금과 보육·교육료, 조세 지원 등이 여기에 포함된다. 그러나 우리나라의 경우 1.4%로 OECD 회원국 중 최하위권이며 이 예산마저도 대부분 보육서비스에 집중되어 있어 현금 급여는 매우 낮은 수준이다.

한편, 정부의 아동수당제도 도입취지는 출산율을 높이려는 의도가 담겨 있는데 국회예산정책처의 보고서에 따르면 GDP 대비 아동수당 비중을 1% 늘리면 합계출산율이 0.02포인트 증가하는 것으로 나타났다. 다수의 선진국은 이미 아동수당을 저출생 해결책 중 하나로 활용하고 있는데 아동 수가 늘어날수록 총급여액이 늘어나도록 하는 방식으로 둘째, 셋째에게 더 많은 지원을 해주며 스웨덴은 모든 아동에게 동일한 급여를 주면서 다자녀 가정에는 추가 수당을 준다. 일본 역시 2012년부터 셋째부터는 지급액을 늘리는 차등지급제를 도입했고, 1990년대 후반 심각한 저출생 위기를 겪었던 프랑스 또한 이런 방식을 적용하고 있다(중앙일보, 2018). 우리나라의 아동수당제도도 보편적 수당으로 모든 아동을 대상으로 적극적으로 시행되어 아동의 권리강화와 더불어 출산율 제고를 위한 대책이 되어야 할 것이다.

표 7-3 OECD 주요국 아동수당

	도입시기	대상 아동	월지급액	비고
프랑스	1932	0~20세	4만~60만 원	소득과 자녀수에 따라 차등 지급
독일	1936	0~17세	25만 원	자녀수가 늘수록 수당 증가
영국	1945	0~16세	12만 원	아이를 실제 돌보는 사람에게 지급
스웨덴	1947	0~16세	14만 원	자녀수에 따라 최대 21만 원 추가 수당
일본	1972	0~15세	10만~15만 원	소득과 자녀수에 따라 차등지급
한국	2018	0~5세	10만 원	소득상위 10% 제외

출처: 국회정책예산처; OECD(2018).

4) 저출산가족 관계법의 강화

한국 사회의 자녀양육 관련 정책은 정책 배경에 있어서 모두 80년대 후반의 우리 사회변화와 밀접한 관련성이 있다. 즉, 1987년 「남녀고용평등법」의 제정, 1989년 「모자복지법」의 제정, 1991년 「영유아보육법」의 제정은 당시 국가의 사회복지정책의 확대 방향과 관계된 것이다. 그런데 저출생 문제는 사회의 여러 가지 요건을 고려해야 하는 복잡한 문제이므로 이에 대비하는 가족양육기능의 강화와 아동의 건전·육성에 접근하여 안심하고 자녀를 출산·양육할 수 있는 법적 기반이 중요하다.

정부는 출산율을 높이기 위한 대안으로 2003년 가족정책에 관한 기본법 성격의 「건강가정기본법」을 제정하였다. 「건강가정기본법」은 출산과 양육에 대해 국가 및 지방자치단체가 재정적으로 지원할 수 있도록 하는 법적 근거를 마련하여 전국의 건강가정지원센터를 통해 가족을 위한 통합적 서비스 제공을 위해서 노력하고 있다. 이와 더불어 현재 저출생 위기에 바람직한 대안을 수립하기 위하여 다양한 가족과 역기능적 가족을 위한 지원 및 관련 서비스의 확대가 필요하다. 이러한 측면에서 우선 일-가정 양립을 위한 제도적 인프라가 확충되어야 한다.

우리보다 먼저 저출생을 경험한 일본의 경우를 보면 저출생 현상에 대비하기 위한 법 제정의 노력은 2003년 공포된 「소자화(少子化)기본법」과 2003년 7월 16일의 「차세대 육성지원대책 추진법」을 들 수 있다. 이들 법들은 소자화의 진행이 가져올 영향에 대처하기 위하여 장기적인 시점에서 안심하고 지낼 수 있는 사회를 실현하고, 차세대 육성지원대책을 추진하여 아동이 건강하게 태어나 육성될 수 있는 사회를 형성하고자 하는데 목적을 두고, 이를 위한 부모 및 국가, 사업주와 국민의 책임을 강조하고 있다. 특히 차세대 육성지원대책 추진법의 경우 차세대 육성지원대책 관련 세 가지 법을 「아동복지법」, 「아동수당법」, 「육아· 개호휴업법」으로 정하고, 대책 추진을 종합적이고 효과적으로 추진하기 위하여 각각의 법 내용을 개정해 나가고 있다.

한편, 우리나라가 고령화 사회에 진입한 이후 학회와 전문가를 중심으로 고령사회에 대비하기 위한 국가 차원에서의 종합대책위원회의 필요성이 제기되어 「저출산 · 고령사회기본법」을 의결하였고, 2005년부터 시행하고 있다. 이와 함께 최근 실시하고 있는 아동수당 및 양육수당 제도나 저출생과 관련한 기타 관련 법의 법조항 적정성 검토 작업의 추진도 필요하겠다.

이외에도 최근의 거버넌스(governance) 개념을 적용해 본다면 보다 적극적인 정책 수행 및 평가과정이 필요하고, 특히 저출생정책은 그 당위성이나 시급성 및 정책적 전문성이 특히 요구되는 분야로서 저출산·고령사회위원회 등 전담기구의 전문가를 통해 체계적으로 정책이 수립되어야 할 것이다.

이상에서 볼 때 저출생 대책은 개별적인 단일시책의 시행보다는 가족을 위한 다양한 통합적 정책의 접근이 필요하다. 즉, 각 지자체에서도 지역적 역량을 집중하여 장기적인 계획 수립 및 시행이 필요하며, 국공립과 직장어린이집의 확대 및 보육 내실화, 육아휴직제도의 시행력 강화, 자발적인 시간제 고용 모델 개발 및 근로유연제 확산, 아동수당제도의 확대 등 정책적 제도 시행과 더불어 결혼 및 출산, 자녀양육에 관한 긍정적 가치관과 인식전환, 일 가정 양립을 위한 사회 전반적인 각고의 노력이 필요하다.

생각해 봅시다

1 우리나라의 출산율 변화추이를 파악하고 심각한 저출생률이 사회에 미치는 영향에 대해 생각해 봅시다.

2 저출생의 다양한 원인을 살펴보고, 원인별 대책 및 효과에 대해 생각해 봅시다.

3 자녀를 출산하고 부모가 되는 것에 관한 의미와 가치에 대해 생각해 봅시다.

참고문헌

관계부처합동 (2024). 임신, 출산, 양육이 행복하도록 2024년 정부지원이 대폭 확대됩니다. 보도참고 자료.

국회예산정책처 (2016). OECD 국가의 아동수당제도가 출산율에 미치는 효과 분석.

김경신 (2008). 저출산정책 및 사업의 평가와 대안. 정부의 저출산 대응정책 어떻게 볼 것인가? 2008년 한국가정관리학회 추계학술대회 발표 자료집.

김두섭 (2008). 출산수준과 사회경제적 차별출산력의 최근 변화. 저출산대책포럼 창립총회 및 제1회 포럼. 저출산대책포럼준비위원회.

김미혜 (2005). 저출산 · 고령사회기본법 제정에 관한 고찰. **계간 사회복지**, 2005년 여름, 통권 제165호.

김보영 (2018. 1. 12.). '아빠도 애봐라' …남성육아할당제 도입한 노르웨이. 이데일리 다음뉴스.

김상윤 (2018. 1. 5.) 제1부 한국인의 출산보고서. 나라에선 아빠도 아이 키우라는데, 회사는 째려보네요. 조선일보.

김태성 (1999). 복지국가의 한계: 스웨덴으로부터의 교훈. **사회복지연구**, 13, 71-79.

도미향 (2006). 저출산시대 가족복지정책의 현황과 과제-부모의 자녀양육기능 강화를 중심으로. **한국가족복지학**, 11(1), 93-112.

도미향, 이기숙, 홍계옥, 주정, 최순옥, 문순영, 양한연 (2009). **건강가정론**. 서울: 신정.

박은주 외 (2018. 1. 3.). 아이가 행복합니다. 제1부 한국인의 출산보고서. 〈2〉 무엇이 아기 울음소리를 막나. 조선일보.

보건복지부 (2018). 인구정책실 담당업무.

보육사업안내 (2023). 보육료 · 양육수당 지원 대상 선정안내.

손진석 (2017. 8. 24.). 10년간 100조원 쏟아 부었는데... 출산율은 계속 뒷걸음. 조선일보.

양선아 (2017. 12. 2.). 저출산, 국가주도 벗어나 사람중심정책으로 전환. 한겨레신문.

연합뉴스 (2023. 4. 16.). 국공립 어린이집 늘었지만...수도권 · 비수도권 격차는 더 벌어져.

위문희 (2017. 12. 26.). 文 대통령 "출산장려정책 만으론 부족. 하던 일 계속하며 아이 낳고 키울 수 있어야". 중앙일보.

장원석 (2018. 2. 5.). 아동수당이 포퓰리즘? 이 정도 노력도 없이 저출산 탈출이라니. 중앙일보.

장지연 (2004). 모성휴가제도의 주요 쟁점과 정책 방안. 고용평등 주요 쟁점에 관한 정책 토론회. 한국여성개발원.

저출산고령사회위원회 (2018). 새정부 정책방향.

정재훈 (2005). 돌봄노동으로서 보육서비스에 대한 국가 개입을 통해 본 한국형 복지국가 유형 연구. **사회복지연구**, 27, 133-161.

조애저, 김형모, 김유경, 이상헌, 이재연 (2000). 아동수당제도의 도입방안에 관한 연구. 한국보건사회연구원.

중앙일보 (2007. 11. 13.). 쌍춘년 갔는데도 결혼 · 출산 계속 는다.

채구묵 (2005). 가족복지정책과 출산율. **한국사회복지연구**, 57(3), 337-361.

최혜영 (2017. 12. 20.). 집 가까이에서 믿고 보낼 수 있는 어린이집. 한국일보.

통계청 (2016). 장래인구추계(2014-2065) 국가승인통계 제10133호 공표 노인부양비 전망.

통계청 (2023). 2022년 출생통계(확정) 출생통계.

통계청 (2023). 주요 국가 합계출산율 변동 추이.

한국노동연구원 (2005). 여성 고용률이 높은 국가가 출산율도 높다. **월간노동리뷰**, 4월호(통권 제4호).

행정자치부 (2016). 연령별 인구분포의 변화.

宮島洋 (1994). 出生率の低下と公共政策. 現代家族と社會保障. 東京大學出版部, 233-250.

島田晴雄 (2000). 高齡 · 少子化社會 家族と經濟. NTT出版.

澁谷敦司 (1999). 少子化問題の社會的構成と家族政策. 季刊會問題硏究, 34(4), 374-383.

神尾眞知子 (1991). 諸外國における育兒休業法制度の現狀. 世界の勞動, 4(10), 2-12.

竹中惠美子 (1995). 育兒休業職制度とその問題點. 賃金と社會保障, 370, 4-10.

許斐有 (2001). 子どもの權利と兒童福祉法. 信山社.

Castles, F. G. (2003). The World Turned Upside Down: Below Replacement Fertility, Changing Preferences and Family-friendly Public Policy in the OECD Countries. *Journal of European Social Policy*, *13*(3), 209-227.

Commission of the European Communities (1989). Conclusion of the Council and the Ministers Responsible for Family Affairs Meeting within the Council 29 September 1989 Regarding Family Policies. Official of the European Communities, 277.

Conseil of Europe (1994). Recent Demographic Developments in European 1993. Conseil of Europe Press.

Kadushin, A. (1980). *Child Welfare Service*. Macmillan Publishing Company.

Kahn, A., & Kamerman, S. (ed.)(1988). Child Support; From debt collection to Social Policy. Newbury Park: SAGE publications.

OECD (2000).. Labor Force Statistics.

Social Security Administration (1997). Social Security Program Throughout the World-1997.

UN (2014). UN 통계 한국의 생산 가능인구 변화.

UN Department of Economic and Social Affairs (2017). http://esa.un.org/unpd/wpp/, World Population Prospects: The 2017 Revision_Total fertility (children per woman). United Nations, World Population Prospects.

van de Kaa, Dirk J. (1987). Europe's Second Demographic Transition. *Population Bulletin*, *42*(1), 32-41.

Chapter 08

일가정 양립정책

한국의 일가정 양립정책은 여성 취업이 과거 산업화 초기에는 저소득층 여성을 중심으로 이루어졌으나 현재는 중산층 여성까지 확대되어 여성의 경제활동은 한국 사회의 보편화된 현상이 되었다. 그러나 일가정을 병행하는 데서 파생되는 다양한 갈등과 문제로 인하여 결혼 및 출산 기피와 이혼 증가 현상 등 다양한 사회현상은 저출생으로 이어졌고, 이에 일가정 양립은 개인의 책임이 아닌 사회의 책임을 강조하게 되었다.

2006년 건강가정기본계획의 정책과제로 일가정 양립, 가족친화적 사회환경 조성, 가족돌봄의 사회화 등이 도입되면서 여성의 경제활동 참여를 증진하고 출산율을 높일 수 있는 방안이 제기되기 시작하였다. 따라서 이 장에서는 일가정 양립정책의 현황과 문제를 알아보고 일가정 양립을 통해 삶의 질 향상을 도모할 수 있는 전반적인 정책에 대해 살펴보고자 한다.

1 일가정 양립정책의 개념과 특징

1) 일가정 양립정책의 개념

여성의 사회진출 및 경제활동이 활발해지면서 여성의 일과 가정생활의 병행, 저출생, 자녀 양육 등은 더 이상 개인적 문제가 아니라 우리 사회가 당면하고 있는 사회적 문제이다.

현대 여성은 과거에 비해 교육수준이 전반적으로 향상되었고, 가치관, 여성에 대한 인식, 생활 등 많은 변화를 가져왔다. 그러나 여성의 경제활동이 높아졌지만 남성 위주의 경제활동은 여성에게 불평등을 초래하고, 이에 양성평등의 방향으로 고용정책이 변화하고 있다. 여성이 사회에서 평등한 권리를 갖기 위해서는 정치, 자본, 가부장적인 전통적 가치 등 제도적 맥락에서 양성평등이 이루어져야 한다. 국가적 차원의 큰 문제인 저출생은 다양한 원인이 있지만 경제활동을 하는 여성에게 출산, 양육, 가사일등 가정생활과 사회생활을 함께 해나가는 일은 매우 어려움이 있다. 이에 단순히 여성의 경제활동 지원을 위한 정책이 아닌 남녀의 일과 가정생활을 보다 안정되게 지원하며, 나아가 현재 최대 현안이 되고 있는 저출생 대응정책의 가장 근본적인 대안으로 일·가정 양립정책을 도입하였다.

일가정 양립정책의 목적은 대한민국 헌법의 평등이념에 따라 고용에 있어 남녀의 평등한 기회와 대우를 보장하고, 여성고용을 촉진함과 동시에 모성을 보호하는 것이다(유자영, 2019). 또한 일과 가정의 양립을 지원하여 남녀 차별 없이 모든 국민의 삶의 질을 높이는 것을 목적으로 한다(남녀고용평등과 일·가정 양립 지원에 관한 법률 제1조).

2) 일가정 양립정책의 특징

(1) 출산전후휴가제도(근로기준법 제74조 제1항)

취업여성의 건강보호와 태아의 순조로운 발육을 위해 출산 전후 최소한의 보호휴가를 부여하고 있다. 산전후 휴가는 90일을 부여하며 분할사용이 가능하며, 반드시 산후에 45일(다태아 60일) 이상 보장되어야 한다. 또한 출산한 여성근로자의 근로의무를 면제하고 임금상실 없이 휴식을 보장받도록 하기 위해 중소기업에 근무하는 취업여성은 산전후 휴가기간 90일(다태아 120일) 전체에 대하여 고용보험에서 산전후 휴가급여를 지급하고 있으며, 대기업에 근무하는 근로자의 경우에는 산전후 휴가기간 90일 중 최초 60일(다태아 75일)은 사용자가 급여를 지급(유급휴가)하고 잔여 30일분(무급휴가)은 고용보험에서 산전후 휴가급여를 지급하고 있다. 산전후 휴가급여는 통상임금 전액을 지급하고 있으며, 고용보험에서 지원하는 산전후 휴가급여는 월 200만 원이 최대 지급액으로 유급기간(60일)에 대하여는 이를 초과하는 통상임금 부분은 사용자가 부담하고 있다.

(2) 배우자 출산휴가제도(남녀고용평등법 제18조의2)

2008년 6월 22일 시행된 「남녀고용평등과 일·가정 양립 지원에 관한 법률」에서 배우자 출산휴가를 새로 도입하였다. 이에 따라 배우자의 출산을 이유로 휴가를 청구하는 근로자에게 10일의 유급 휴가를 주도록 하고 있다. 배우자 출산휴가급여는 배우자 출산휴가 기간 중 최초 5일을 통상임금에 상당하는 금액(상한액 401,910원, 하한액 최저임금)을 배우자 출산휴가 급여액으로 고용보험에서 지급하고 있다.

한편, 배우자 출산휴가제도의 대표적 나라의 예로 노르웨이를 들 수 있다. 노르웨이는 '1993년에 도입한 육아휴직 '아버지 할당제(Daddys' Quota)'가 노르웨이 맞벌이 부모들의 삶을 바꿨다.'고 했다(Ellingsaeter, 2018).

노르웨이와 핀란드를 비롯한 북유럽 국가들은 이미 1970년대부터 맞벌이 부모들이 정해진 육아휴직을 나눠 쓰는 부모 육아휴직 제도를 도입해 운영해 왔다. 특히 노르웨이가 세계 최초로 도입한 아버지 할당제는 부모 육아휴직 제도에서 한 단계 더 나아가 일정 기간은 반드시 아버지가 사용하게 강제하고 있다(김보영, 2018).

(3) 난임치료 휴가제도

2018년부터 시행되는 규정[1]에서 보면 사업주는 근로자가 인공수정 또는 체외수정 등 난임치료를 받기 위하여 휴가를 청구하는 경우에 연간 3일 이내의 휴가를 주어야 하며, 이 경우 최초 1일은 유급으로 한다. 다만, 근로자가 청구한 시기에 휴가를 주는 것이 정상적인 사업 운영에 중대한 지장을 초래하는 경우에는 근로자와 협의하여 그 시기를 변경할 수 있으며, 남녀근로자 모두 사용 가능하다. 사업주는 난임치료휴가를 이유로 해고, 징계 등 불리한 처우를 하여서는 아니 된다.

(4) 기타 모성보호제도

① 유산·사산 휴가제도(근로기준법 제74조 제3항)

근로기준법 시행령에 따르면 임신 중인 여성이 임신 이후 유산 또는 사산한 경우 근로자의 청구에 따라 유산·사산 휴가를 다음과 같이 부여하고 있다.

- 유산 또는 사산한 근로자의 임신기간(이하 '임신기간'이라 함)이 11주 이내인 경우: 유산 또는 사산한 날부터 5일까지
- 임신기간이 12주 이상 15주 이내인 경우: 유산 또는 사산한 날부터 10일까지

---

1) 남녀고용평등과 일·가정 양립 지원에 관한 법률 제18조의 3 난임치료 휴가[본조신설 2017.11.28.]

- 임신기간이 16주 이상 21주 이내인 경우: 유산 또는 사산한 날부터 30일까지
- 임신기간이 22주 이상 27주 이내인 경우: 유산 또는 사산한 날부터 60일까지
- 임신기간이 28주 이상인 경우: 유산 또는 사산한 날부터 90일까지

유산, 사산 휴가기간 중 급여는 출산전후휴가급여 지급방식과 동일하다.[2)]

② 태아검진시간제도(근로기준법 제74조의2)

2008년 3월 21일에 「근로기준법」을 개정하여 태아검진시간제도를 새로 도입하였다. 이에 따라 임신한 취업여성은 태아검진에 필요한 시간을 청구할 경우 사용자는 이를 허용해야 한다. 또한 사용자는 태아검진 등을 이유로 임금을 삭감하지 못한다.

취업여성은 임신기간에 따라 태아 검진횟수(「모자보건법」에 따라 임산부 건강진단을 받는데 필요한 시간)를 조정할 수 있다. 임신 28주까지는 4주마다 1회, 임신 29주에서 36주까지는 2주마다 1회, 임신 7주 이후에는 1주마다 1회씩 정기건강진단이 법으로 정해졌다(모자보건법 제10조).

③ 임신기 근로시간 단축제도(근로기준법 제74조 제7항)

임신 12주 이내 또는 36주 이후에 있는 여성근로자가 1일 2시간의 근로시간 단축을 신청하는 경우 사용자는 임금의 삭감 없이 이를 허용해야 한다.

- **사용기간**: 임신 12주 이내(임신 후 84일까지), 36주 이후(임신 후 246일 이후)
- **사용방법**: 1일 2시간 근로시간 단축. 단 2일 근로시간이 8시간 미만인 근로자의 경우 1일 근로시간이 6시간이 되도록 단축을 허용할 수 있음.
  * 1일 근로시간이 6시간 이하인 경우 사용자가 단축을 허용할 의무는 없음.
- **소득보장**: 단축을 이유로 임금을 삭감할 수 없음.

---

2) 「근로기준법」 제74조에 따른 출산전후휴가 또는 유산·사산 휴가비 지급 〈개정 2012.2.1.〉

④ 생리휴가(근로기준법 제73조)

여성의 생리일에 주어지는 휴가이다. 여성 근로자가 청구하면 월 1일의 생리휴가를 주어야한다. 유급의무는 없다.

⑤ 임신 중 시간외 근로 금지(근로기준법 제74조 제5항)

임신 중의 여성근로자에게 본인의 동의, 신청 여부와는 상관없이 시간외 근로를 하게 하여서는 아니 되며 그 근로자의 요구가 있는 경우에는 쉬운 종류의 근로로 전환하게 하여야 한다.

이외에도 모성보호제도로는 임신 중 쉬운 근로로 전환(근로기준법 제74조 제5항), 임신 중 위험 유해직종 근무 금지, 임신 중 야간·휴일근로의 제한, 출산 후 시간외근로 금지, 수유시설 및 수유시간 제공 등이 있다.

(5) 육아휴직제도(남녀고용평등법 제19조)

여성의 노동참여에 대한 중요한 제도로서 육아휴직제도는 어머니가 갖는 모성적 기능(출산·육아)보호를 통한 가족정책의 하나로 볼 수 있다. 이 제도는 여성취업자의 일과 가정(육아)의 양립을 지원하고자 하는 대표적인 제도로 「남녀고용평등과 일·가정 양립 지원에 관한 법률」(제19조)에 의거해 1세 미만 영아가 있는 근로자가 영아를 양육하기 위해 30일 이상 1년 이내 휴직할 수 있도록 2001년에 도입된 제도이다.

만 8세 이하 또는 초등학교 2학년 이하의 영유아를 가진 근로자가 1년 이내의 기간 동안 육아휴직을 사용할 수 있다. 이 경우 근로자는 남녀를 불문하고, 친생자뿐만 아니라 입양자의 경우도 포함된다. 아울러 여성 근로자는 임신 전 기간에 걸쳐 여성 근로자는 임신 전 기간에 걸쳐 근로시간 단축 제도(남녀고용평등법 제19조의2)를 이용할 수 있다. 또한 여성 근로자는 임신 기간 중에도 육아휴직을 사용할 수 있게 되고, 임신 12주 이내 또는 36주 이후에 있는 여성근로자가 1일 2시간의 근로시간 단축을 신청하는 경우 사용자는 임금의 삭감 없이 이를 허용해야 한다.

그러나 고용노동부(2020)의 자료에 따르면 육아휴직제도의 인지도는 86.8%로 높았지만, 기업의 활용 가능 정도는 자유롭게 활용 가능 47.3%, 활용가능하나 어려움이 있음이 24.9%, 전혀 활용할 수 없음 27.8%로 각각 조사되었다. 이러한 추세는 2001년부터 적용된 상황을 볼 때 육아휴직제도에 대한 인지도는 높아졌으나, 직장 분위기기나 문화, 동료 및 관리자의 업무 가중으로 이용률이 낮음을 알 수 있다(통계청, 2019).

2023년 국무회의에서 「남녀고용평등과 일 · 가정 양립 지원에 관한 법률」, 「고용보험법」, 「근로기준법」 일부 개정법률안을 심의 · 의결하고 국회에 제출하였다. 이번 법 개정은 모성보호제도 확대를 통해 근로자의 일·가정 양립 및 경력단절 예방을 지원하고 저출생 문제 해소에 기여하려는 것이다. 주요내용은 육아기 근로시간 단축제도 확대로 자녀 나이를 '12세 이하 또는 초등학교 6학년 이하'인 경우로 확대하며, 육아휴직 기간 중 미사용 기간에 대해서는 그 기간의 두 배를 육아기 근로시간 단축 기간으로 가산하도록 하고, 배우자 출산휴가 제도 활성화로 분할사용 횟수를 3회로 늘리는 것이다. 또한 배우자 출산휴가 급여 지원 기간을 휴가 전체 기간(10일)으로 확대한다. 또한 임신기 조산 위험으로부터 임산부 · 태아의 건강을 보호하기 위해 1일 2시간 근로시간 단축 기간을 '임신 후 12주 이내 또는 32주 이후로'로 임신기 근로시간 단축제도를 확대한다.

난임치료휴가 기간은 '연간 6일'로 그 기간 중 유급 휴가일을 '2일'로 확대하며, 2일에 대한 급여를 우선지원 대상기업 소속 근로자에게 지원하는 제도를 신설한다. 또한 사업주는 근로자의 난임치료휴가에 관하여 알게 된 사실을 난임치료 휴가를 청구한 근로자의 의사에 반하여 다른 사람에게 누설하여서는 안 된다. 마지막으로 직장 내 성희롱 과태료 제재 대상 확대이다. 가족이 질병, 사고, 노령으로 인하여 돌봄을 위한 휴직이 필요할 때 경력단절을 방지하는 가족돌봄휴직은 300 미만 사업장으로 확대하였다. 사용기간은 연간 90일이며, 분할 사용이 가능하고 1회의 사용기간은 30일 이상이 되어야 한다.

근로자뿐 아니라 사업장을 대상으로 한 대책으로 여성 근로자와 여성 관리자 비율을 높이기 위한 적극적 고용개선조치 적용 대상을 전체 지방공기업·대기업집단 소속기업, 300인 이상 민간기업 등으로 확대하였다.

▌표 8-1▐ 출산, 육아지원제도 사용례(제도 개선 시, 총 3년 9개월)

제도	출간휴가 (3개월)	육아휴직- 부부동시 (1년)	아빠 육아휴직 보너스제(22년 까지 운영) (3개월)	엄마 육아기 근로시간 단축 (1년)	아빠 육아기 근로시간 단축 (1년)
지원 내용	통상임금 100% (상한 200만 원)	통상임금 80% (상한 150만 원 하한 70만 원)	통상임금 100% (상한 250만 원)	최초 5시간분 통상임금의100% (상한 200만 원) 5시간 이후 단축 통상임금의80% (상한 150만 원)	하루 1시간 단축 통상임금의100% (상한 200만 원) 2시간 이상 단축 통상임금의 80% (상한 150만 원))

출처: 고용노동부.

육아휴직의 활용실태를 살펴보면 출산을 하고 산전후 휴가를 활용한 여성근로자 중 육아휴직을 사용한 경우는 2015년 59.2%로 확대되었고, 이 중 76.9%가 직장에 다시 돌아왔다(법제처, 2016). 2020년 조사에서는 83.0% 복귀 후 지속적으로 근무하는 것으로 나타났으며, 복귀하지 않고 그만두는 경우는 5.9%였다(고용노동부, 2020). 이처럼, 육아휴직급여자가 매년 꾸준히 증가하고 있는 추세이나, 육아휴직급여의 신청자 대다수가 여성에게 편중되어 있다.

한편, 육아휴직제도의 대표적 나라의 예로는 앞서 언급했듯이 노르웨이를 들 수 있다. 노르웨이는 '엄마가 살기 좋은 나라', '일하는 엄마, 아빠가 행복한 나라'로 불린다. 노르웨이는 국제구호개발 NGO 세이브더칠드런이 세계 179개국을 대상으로 조사해 발표한 보고서(2015)에 따르면 여성과 아동이 살기 가장 좋은 나라 1위를 차지했다. 그리고 경제협력개발기구(OECD)가 발표한 '일·가정 양립(Work-Life Balance)' 지수 보고서에서 상위 점수를 받은 국가는 노르웨이를 비롯한 프랑스, 덴마크가 있으며, 1위는 네델란드로 10점 만점에 9.4를 받았으며, 우리나라의 경우 5.0점으로 하위국가이다(OECD, 2017).

그림 8-1 OECD의 일·가정 양립(Work-Life Balance) 지수

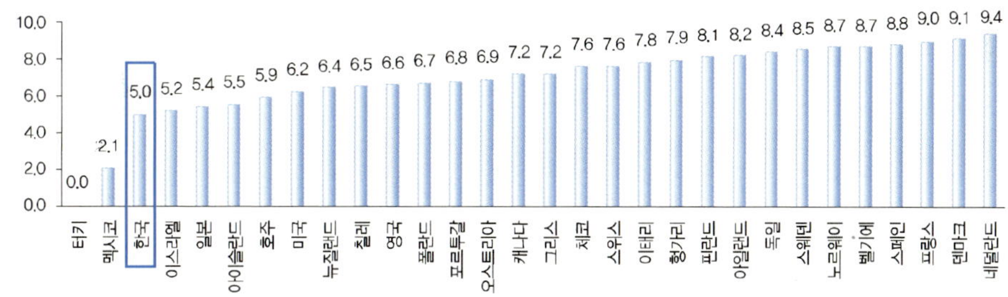

주: 국가별로 공표한 자료의 시기는 다를 수 있음.
출처: OECD 통계(2017).

노르웨이의 기차에는 아이 전용 놀이방 칸이, 모든 버스와 트램에는 유모차 전용공간이 있으며 육아용품 비용도 아주 저렴하다. 이곳에서는 만 14세 이하 자녀를 양육 중인 부부의 약 80% 이상이 맞벌이를 한다. 우리나라는 만 14세 이하 자녀를 양육 중인 부부 10쌍 중 3쌍만 맞벌이 부부다. [그림 8-1]과 같이 일·가정 양립 지수가 낮아 직장을 포기하는 여성들이 많아서다. 노르웨이에서는 젊은 여성이 육아와 일을 병행하기 힘들다는 이유로 직장을 그만 두는 일이 거의 없다(김보영, 2018).

(6) 보육제도

취업모가족의 아동과 일반아동을 위한 가족정책에서 중요한 비중을 차지하고 있는 보충적 서비스로 보육정책을 들 수 있다. 저출생 문제가 사회적 이슈로 등장하면서 최근 몇 년 사이에 국가적 차원에서 가장 많은 관심과 이에 따른 정책적 대응을 보인 대표적 분야가 바로 보육서비스이다. 출산율 변화를 설명할 수 있는 단일한 변수는 없지만 초저출생율 현상에 직면하여 보육에 대한 국가의 개입이 증가하고 있는 현상은 돌봄노동과 국가의 관계를 살펴볼 수 있다. 보육정책은 기혼여성의 일과 육아의 양립 지원이라는 여성 노동정책적 관점이 강하다. 이러한 관점은 출산·육아에 대한 사회적 가치에 대한 인식을 강조하면서 출산율 회복을 위한 공공정책의 대응과제로 여겨지고 있다.

이러한 정부의 노력들, 즉 무상보육을 통한 보육 관련 공공예산 규모 증가가 보육에 대한 국가 책임 강화와 보육의 공공으로의 변화로 알 수 있다.

부모들의 다양한 욕구조사를 보면 '집 가까운 거리에서, 안심하고 보낼 수 있는 어린이집'의 확충을 필요로 하는 것으로 나타났다(서울시여성가족재단, 2017). 이에 따라 현재 국가의 보육정책은 저출생을 극복하기 위한 국가적 핵심과제가 되면서 수요자 중심의 보육으로 변화하고 있으며, 공보육 확대를 추구하고 있다(보건복지부, 2021). 보육이 공공보육으로 진행되면서 모든 영유아가 어린이집에 입소하고 부모들은 질 높은 보육을 요구하게 되었다. 그러나 저출생 극복을 위한 보육정책의 시도에도 불구하고 출산율 감소가 지속되어 보육환경에도 영향을 미치며 보육 아동의 감소세가 지속되고 있다. 보육 아동수가 감소하면서 전국어린이집 정원 및 현황에 영향을 끼쳐 현원리 급격하게 하락하는 추세를 보이고 있다.

보건복지부(2022)는 '보육·양육서비스의 질적 도약으로 모든 영유아의 행복한 성장을 뒷받침하겠다'를 실현하기 위한 '제4차 중장기 보육 기본계획(2023~2027)'을 수립하여 발표하였다. '제1차, 제2차 보육 기본계획'은 보육서비스 공급 확충과 무상보육 확대에 '제3차 보육 기본계획'은 보육의 공공성 강화와 보육서비스 품질향상에 중점을 두고 수립했다면, '제4차 보육 기본계획을 살펴보면 만 0~1세 아동에 부모급여 도입으로 영아기 양육비용을 경감 시키고 시간제 보육 확대 등 가정양육 지원을 강화한다, 또한 어린이집 평가제를 부모와 교직원이 능동 참여하는 컨설팅 체계로 전환하여 보육에 최적의 환경을 조성한다. 보육교사 자격·양성체계를 개선하고 권익보호를 위한 기반 마련한다, 부모 수요가 높은 국공립어린이집을 지속 확충하고 보육취약지역을 지정, 지원한다. 즉 종합적으로 양육지원을 강화하고 보육교직원 전문성 제고 및 역량을 강화하여 모든 영유아가 질 높은 보육 환경을 통해 행복한 성장을 할 수 있게 계획을 수립했다(보건복지부, 2022).

(7) 가족친화 환경조성제도

2007년에 제정되어 2008년부터 시행하게 된 「가족친화 사회환경의 조성촉진에 관한 법률」에서는 가족친화기업에 대한 사회적, 제도적 지원을 하고 가족친화지원센터를 지정, 육성하며 가족친화마을 환경조성 등을 하도록 규정하고 있다. 가족친화제도는 다음과 같다(법제처, 2018).

- 탄력적 근무제도: 시차출퇴근제, 재택근무제, 시간제 근무 등
- 자녀의 출산·양육 및 교육 지원 제도: 배우자 출산휴가제, 육아휴직제, 직장보육 지원, 자녀 교육지원 프로그램 등
- 부양가족 지원제도: 부모 돌봄 서비스, 가족간호휴직제 등
- 근로자 지원제도: 근로자 건강·교육·상담프로그램 등

그리고 가족친화 직장환경의 조성 촉진을 위해서 국가와 지방자치단체장은 가족친화 직장환경의 조성을 촉진하고, 기업 등의 참여를 확산시키기 위하여 가족친화제도 인식제고를 위한 홍보, 가족친화제도에 대한 컨설팅, 직장 내

가족친화 교육 실시 및 강사양성, 가족친화 프로그램 개발 및 보급, 가족친화 우수기업 선정 및 포상 등을 지원할 수 있다. 이 중 가족친화기업에 대한 지원책으로는 가족친화기업에 인증제 도입, 남녀고용평등 기업이나 가족친화 우수기업을 선정하여 표창하고 이들에 인센티브를 부여하는 것, 가족친화기업 모델 개발 및 사례 발굴, 홍보, 가족친화 일터 만들기 캠페인 전개, 불필요한 야근, 접대문화 개선, 육아데이, 가정의 날 지정, 가족친화 교육 및 컨설팅 실시 등이다. 가족친화적 근무제도 실시의 효과에 대해 미국에서 한 연구를 보면 대체로 생산성 제고와 결근율 감소에 긍정적인 효과를 미친 것으로 보고되고 있다. 또한 독일의 경우도 가족친화기업은 생산성이 30% 높은 것으로 추정되고 있어 가족친화적 경영이 기업에도 발전적인 전략임을 알 수 있다(유가효, 2008).

2 일가정 양립 정책의 현황과 문제

1) 일가정 양립 정책의 현황

(1) 여성의 높은 경제활동 참여

서구 선진국들은 1960년대 이후 출산율 저하, 이혼율 증가, 한부모가족 증가, 여성의 경제활동 참여 증가 등 가족구조에 급격한 변화를 경험하게 되었다(Gauthier, 1998). 그리고 맞벌이가족은 경제구조의 급격한 변동과 전통적 성역할 개념이 변화하면서 한국 사회의 보편적 가족 형태로 등장하고 있다. 즉, 여성의 취업률은 1995년도 48.4%에서 2000년도에는 48.8%, 2016년에는 52.2%, 2022년에는 54.6%로 상승하였으며(통계청, 2022). 또한 기혼여성의 경제활동참여율이 지속적으로 증가하는 추세를 보이고 있다(〈표 8-2〉 참고). 그러나 고용노동부가 OECD(경제협력개발기구)의 통계를 분석한 결과, 기혼자 평균 맞벌이 비율은 58.5%로 조사되었으며, 맞벌이 비중도 OECD 평균의 절반에 머무르고 있다.

이는 맞벌이가족이 상당히 많다는 것을 잘 나타내고 있으며, 이러한 기혼여성의 취업은 지속적으로 증가할 것으로 보인다. 그 이유는 초혼연령의 상승, 자녀 소수화 및 고학력화 등으로 취업을 희망하는 기혼여성의 수가 계속해서 증가하고 있으며, 또한 노동수요 측면에서도 인력 부족 현상과 여성 집중 종사업종의 확대로 기혼여성에 대한 노동수요가 계속 높아지고 있기 때문이다(도미향 외, 2007).

개인의 삶에서 직업노동의 의미가 차지하는 비중이 커지고 있고 교육수준이 꾸준히 상승하는 점과 가족의 삶의 질 향상에 기여하는 측면에서 맞벌이가족 형태는 지속적으로 증가할 것으로 예측된다.

표 8-2 여성경제활동인구 및 참가율 (단위: 천 명, %)

	1995	2000	2016	2017	2018	2019	2020	2021	2022
15세 이상 여성인구	17,382	18,667	22,205	22,357	22,484	22,618	22,750	22,882	22,988
여성경제 활동인구	8,410	9,104	11,583	11,773	11,893	12,097	12,007	12,186	12,546
여성경제 활동참가율	48.4	48.8	52.2	52.7	52.9	53.5	52.8	53.3	54.6

출처: 통계청(2020). 경제활동인구조사.

(2) 일가정 어려움과 가사 부담의 불평등

가사노동시간은 2014년 기준으로 기혼 여성이 4시간 19분으로 남성(50분)의 5배를 넘는다. 남성의 가사노동 분담도 50분에 그쳐 OECD 중 회원국 중 가장 적게 나타났다(고용노동부, 2015). 그리고 또 다른 연구에서는 맞벌이 부부의 아내가 벌어오는 소득이 증가하더라도 남편의 가사 분담은 늘어나지 않는다는 연구결과가 있다(김소영, 2015). 남편의 경우 본인의 주당 근로시간이 길수록 가사노동시간은 줄었으나 아내의 근로시간이나 소득 비중 변화가 남편의 가사노동시간에는 별 영향을 주지 않는 것으로 나타났다. 즉, 1999년 남편의 주중 하루 평균 가사노동시간은 11.2분에서 2014년 16.8분으로 5.6분 증가하는데 그쳤으나 아내의 경우 주중 하루 평균 가사노동시간은 1999년 하루 평균 224.9분에서 2014년 192.2분으로 32.7분 줄어든 것으로 나타났고, 아내의 가사노동시간 하락에 가장 큰 영향을 미친 것은 아내의 주당 근로시간인 것으로 나타났다. 이처럼 각종 수치에 따르면 아내의 소득 비중과 남편의 가사노동시간의 관련이 낮음을 알 수 있고, 여성에게 출산과 육아를 불가능하게 하는 환경과 남성 중심적 문화가 여성의 경력 포기의 한 원인이라 할 수 있다.

가족을 부양하기 위한 가사노동을 여성만의 책임으로 여기는 잘못된 성역할 구분에서 벗어나야 하며, 가사노동은 설거지나 청소뿐만 아니라 육아부터 가정 경영에 이르는 총체적인 집안일로 남녀 모두 어려서부터 가사노동을 가족의 생존을 위한 가족구성원 모두의 일로 여기도록 교육해야 한다.

(3) 여성의 경제활동으로 인한 가정에서의 어려움

여성의 경제활동으로 인해 생활에서 불편한 것이 무엇인지를 묻는 질문(중복 응답)에 대해 자녀양육 및 교육에 문제점이 있다는 대답이 전체의 89.4%로 가장 높았다. 다음으로 가사노동(74.8%), 시댁 등 친척관계(16.5%), 부부관계(11.3%), 과소비(3.5%) 등의 순으로 나왔다. 집안일은 여성이 해야 한다는 전통적 유교관이 아직도 뿌리 깊기 때문에 분담문제로 갈등이 일어나는 부작용이 있다고 보고 있는 것이다. 또 시부모 등 친척들은 맞벌이가족이 집안의 대소사와 관련해 적극적으로 나서지 않는 경향에 대해 못마땅하게 보고 있는 현실이 문제점으로 지적됐다(김혜경 · 도미향 외, 2008).

(4) 맞벌이가족에 대한 사회의 인식

맞벌이를 어떻게 생각하느냐고 호감도를 묻는 질문에 전체의 76%가 바람직하다고 응답한 반면 바람직하지 않다고 본 사람은 불과 5%에 그쳤고, 그저 그렇다고 대답한 사람은 19%였다. 이를 성별로 보면 여성의 경우 긍정적으로 생각하는 사람은 78.6%로 남성의 73%보다 3.8%밖에 차이가 나지 않았는데, 이는 남녀 모두가 맞벌이에 대해서 긍정적으로 받아들이고 있음을 보이는 것이다.

2) 일가정 양립의 문제

(1) 자녀양육과 교육문제

맞벌이가족의 가족갈등 중에 가장 중요한 것은 자녀와의 관계이다. 취업여성의 자녀관계는 사회적 계층, 직종, 자녀의 연령과 성별 등의 복합 요인에 따라 상호작용을 하게 된다.

한 연구에 따르면 출산 전 취업에서 출산 후 비취업 가능성은 58.3%, 결혼 후 직장생활의 가장 큰 어려움은 자녀양육이라고 답한 경우는 83%, 자녀양육 문제로 직장을 그만두려고 생각해 본 적이 있다가 80%로 나타났다(이인덕, 2003). 이러한 결과에서 보면 자녀양육과 취업을 병행하기가 얼마나 어려운가를 잘 알 수 있다.

아동의 입장에서 보면 맞벌이가족 자녀는 어머니의 취업으로 인하여 홀벌이 가족의 자녀와는 달리, 자기보호(self-care)를 해야 하는 상황에 놓이기가 쉬워 삶의 질이 떨어질 수 있다. 뿐만 아니라 가정과 사회에서의 지지가 원만치 않은 경우 여러 가지 어려움에 부딪힐 수 있다. 그러나 현대 사회의 가족은 이혼이 급증하고, 학교폭력이나 가정폭력에 노출된 아동이 증가하며, 비행이나 일탈도 증가 추세에 있다. 학업문제나 또래관계 등은 과거에 비해 아동에게 더 많은 압력으로 작용하고, 부모-자녀관계 및 형제자매 관계, 이웃관계 등은 과거에 비해 상당 부분 약화되어 가고 있는 실정이라 맞벌이가족의 경우 이러한 현대 가족의 문제가 더욱 심화될 우려가 있다.

일반적으로 취업여성의 자녀관계는 사회적 계층, 직종, 자녀의 연령과 성별 등의 복합요인에 따라 상호작용을 하게 된다. 자녀양육 대행자는 시·친정 부모나 대리양육자(베이비시터, 이웃사람, 아이돌보미 등)인데, 시·친정 부모의 경우에는 과잉보호에 대한 갈등, 가족이 아닌 자에 의한 경우 애정 없는 양육에 대한 우려 그리고 형제끼리 방임하는 경우에는 자녀에 대한 죄의식 등으로 대부분의 취업여성들은 자녀와의 관계에서 심각한 갈등을 느끼고 있는 것으로 나타났다.

특히 36개월 이하의 영아를 둔 취업여성의 경우에 자녀양육상의 어려움을 더 호소하고 있다. 우리나라에서는 자녀를 보살피는 모든 책임을 일차적으로 여성에게 기대하고 있다. 아기에게 먹이고 기저귀를 갈아주고 씻기고 입히고 재우고 놀아주는 역할은 전적으로 엄마에게 책임이 부과된다.

이러한 맞벌이여성의 죄의식과 책임에 관한 현상을 Skinner(1980)는 다음과 같이 설명하고 있다. 즉, 현대의 핵가족은 친척이나 다른 확대된 지원체계 없이 자녀를 양육해야 하므로 이것이 맞벌이생활에 긴장을 야기하며, 특히 여성에게 긴장의 원천이 된다는 것이다. 이것을 정리해 보면 그 이유는 다음과 같다.

첫째, 사회구조의 급격한 변화에 비해 가족의 구조와 가치관은 느리게 변화함으로써 나타나는 사회변화와 가족변화 간의 지체현상 때문이다.

둘째, 가족 내의 구조와 의식 간의 불일치에서 나타나는 지체현상이다. 즉, 가족의 구조적 측면은 전통적인 가부장적 가치관으로 어머니가 취업을 한 상태에서 자녀가 잘못되면 그 원인을 어머니의 취업 탓으로 돌리는 경향 때문이며, 어머니 자신도 정체감의 혼란을 가지게 되는 것이다.

이러한 가운데 어머니의 취업이 실제 자녀에게 미치는 영향은 긍정적 입장과 부정적 입장으로 나눌 수 있다. 그 하나는 어머니의 취업에 대한 부정적 견해로 어머니의 자녀양육 역할을 극대화시킨 입장인데 반하여 어머니가 직업을 가지는 것에 대해 긍정적으로 해석하는 입장은 어머니 역할을 대신하거나 보충할 사람이 있어 계속 아동을 돌본다면 아동과의 정서적 유대나 대화에는 별 문제가 없다고 보는 견해이다(도미향, 2007).

따라서 부모의 맞벌이 여부보다는 어떻게 자녀를 양육하는가가 더욱 중요한 변수이다. 그리고 아동의 정서적인 측면에서는 어머니의 역할은 중요한 비중을 차지하고 있음은 자명한 사실이다.

(2) 가족관계와 가사역할 분담문제

일반적으로 여성의 취업이 민주적이고, 평등한 부부관계를 정립하는 데 기여하는가 하는 점에 대하여는 일치된 연구결과를 나타내지 않는다. 맞벌이가족에서 여성은 재정권 강화로 가정 내 역할분담이나 권력관계에서 비교적 대등한 위치를 차지하는 경우가 많고, 이러한 현상은 특히 저소득층이나 노동계층에서 더욱 뚜렷할 것이다. 그러나 우리나라와 같이 전통적인 남성 중심의 가부장 이데올로기와 경직된 사회적 규범 때문에 자신들의 경제적 자원을 서로 간의 권력분배를 위한 협상에 사용하지는 않는다.

부부의 성역할 태도 역시 여성의 취업 여부와 관련이 있는데 부부가 함께 근대적인 성역할 태도를 가진 경우 맞벌이가족 형태를 취할 가능성이 매우 높으며, 또한 부인의 취업을 통하여 남편의 성역할 태도가 근대적으로 바뀔 수도 있다. 그러나 여전히 가사역할은 음식 준비, 세탁, 청소 등 전통적으로 여성의 역할로 간주되어 온 부분은 아직도 여성의 역할로 기대하고 있으며, 일부 남편들에 의해 해결되고 있기는 하지만 사회에서 가사역할 수행을 남성에게 기대하지는 않는다. 남성은 직업을 가져도 가사노동의 책임을 느끼지 않는 반면 여성에게는 취업을 하였다 해도 가사노동으로부터 해방되는 기회를 주지 않는다.

그러나 맞벌이여성에게는 남편의 지지, 성역할분담이 무엇보다도 중요한 요소이다. 대체로 남편의 성역할 태도가 보수적인 집단의 경우 역할 갈등이 높게 나타난다. 성역할 지향 가설에 의하면 가사분담에 관한 평등적 이념이 남편의 가사참여 정도와 관련된다는 것인데, 실증적인 연구에서 남편이 평등한 성역할을 지향할수록 남편의 가사참여가 증가하는 것으로 보고된다(Kalleberg & Rosenfeld, 1990). 부인의 경우 가사분담이 불공평하다고 인지할수록, 남편의 가사참여가 적을수록 우울증을 더 많이 겪으며, 남편의 가사참여가 많을수록 개인적 복지감과 결혼만족도가 증가한다고 한다(도미향, 2007). 이처럼 남편의 지지는 맞벌이어머니의 역할수행과 심리적 복지에 중요한 요소이다. 앞서 언급한바 있지만 남녀가사노동시간에 대한 조사연구를 보면 2014년 기준으로 기혼 여성이 4시간 19분으로 남성(50분)의 5배를 넘는다. 남성의 가사노동 분담도 50분에 그쳐 OECD 중 회원국 중 가장 적게 나타났다(고용노동부, 2015).

취업 기혼남성, 여성의 역할 전환 문제는 취업 당사자와 가족구성원들의 유기적 관계를 재구성하고 사회적으로 남녀 간의 공평한 기회가 제도적으로 보장될 수 있는 공동체로서의 가족의 기능을 강구해야 한다. 그리하여 수직적 부부관계에서 수평적 부부관계로 전환되어야 하며 가사노동과 임금노동의 가치 불균형을 해소시켜 나가야 한다.

한편 취업률이 증가하면서 부인의 취업이 맞벌이가족 부부의 역할구조나 다른 구성원들과의 관계에 직·간접적 영향을 미치는 주요한 요인으로 작용하게 되었다. 부인의 취업은 부부간의 외면적 역할뿐 아니라 내면적 태도와 관계의 변화까지 가져와 부부 및 가족원의 행동에 영향을 미치고 있다. 이제 맞벌이

가족은 소수 계층이 아니라 보편적인 가족의 생활유형으로 자리 잡고 있어 맞벌이가족의 삶의 질적 향상 문제를 가족과 사회의 문제로 인식하여야 할 필요가 있다.

그러므로 맞벌이가족의 부부관계는 물론 부모-자녀관계, 다른 가족구성원과의 관계 그리고 노부모, 장애아 부양문제로 인한 인간관계에 직·간접적으로 영향을 미치고 있다. 특히 여성의 취업 증가는 기존의 가족 내 돌봄을 전적으로 담당해 온 여성의 역할 변화를 가져와 일과 자녀양육역할을 동시에 담당해야 하는 데서 오는 갈등을 경험하게 된다. 따라서 기존에 가족이 담당하던 많은 기능과 역할은 더이상 가족이 혼자서 담당할 수 없는 한계적 상황에 도달하게 되었으며, 국가는 저출생 이슈와 더불어 여성의 자녀돌봄 공백 등의 부담을 덜어 주기 위한 다양한 정책 수립을 하고 있다.

(3) 저출생의 문제

한국을 포함한 모든 국가의 공통된 관심사가 된 출산율 제고에 대한 고민은 OECD 국가 선진국을 중심으로 미주, 유럽의 많은 국가뿐 아니라 한국을 비롯한 동아시아가 함께 당면하고 있는 사회적 문제 중 하나가 되고 있으며 이러한 저출생 현상은 고령화 현상과 맞물려 생산인구 감소, 노인부양비용 증가, 생산과 소비의 감소로 인한 경제성장 저하 등 다양한 사회 문제를 초래하고 있다. 저출생 현상의 직접적 원인은 '자녀 양육의 경제적 부담', '일·가정 양립의 어려움', '고용 불안정' 등으로 인한 소득 불안정 증가와 같은 노동시장의 변화가 원인으로 제시되고 있다. 또한, 사회에서 일과 여가의 증가는 출산에 대한 여성 개개인의 가치에 변화를 가져왔으며 더불어 공교육의 발달로 인한 여성의 높은 학력 수준이 여권신장과 활발한 경제활동을 가능하게 함으로써 여성의 직업 유지나 자아실현 욕구가 증가하는 것도 큰 원인으로 작용하고 있다(도미향 외, 2023).

또한 산업화와 여성의 경제활동으로 맞벌이 부부가 증가하면서 일과 양육의 양립 어려움으로 출산에 대한 기피가 증가하고 부모-자녀 관계에 대한 인식이 변화되면서 사회는 심각한 저출생 사회에 직면하였고 과거 여성과 가정에 의존하던 육아의 책임이 국가의 책임으로 더욱 부각되고 있다. 이에 가정 내에서는 여성의 역할과 희생을 강요하는 보수적 가치관에서 벗어나 가족 내 돌봄과 가사노동을 분담하고 사회와 국가가 함께 공조하여 책임을 나누고 끊임없이 변화하는 양육 형태를 지원하기 위하여 원활한 정부 정책을 통한 다양한 육아 지원정책 수립과 시행이 필요하다.

3 일가정 양립을 위한 방향

1) 양성평등하고 민주적인 관계 확립

(1) 성인지적 정책 및 관점 확립

자녀양육의 어려움은 여성의 취업 중단 및 경력단절의 가장 큰 이유로 작용하고 있어서 국가와 지방자치단체는 자녀를 양육하는 가족에 대하여 아동의 행복추구권 및 자녀양육으로 인한 부담을 완화하기 위한 보육 및 방과 후 서비스, 양성평등한 육아휴직제 활용을 적극적으로 확대해 나가야 한다. 즉, 여성이 일과 가정을 양립할 수 있도록 국가가 적극적으로 지원하여야 하며, 자녀돌봄 지원은 가정의 건강성 증진에 필요할 뿐 아니라 여성의 일할 권리, 일과 삶의 균형권리, 비차별을 위해서도 아주 중요하다.

맞벌이가족을 위한 정책을 펴는 데는 기혼여성의 경제활동으로 야기되는 문제가 법적, 제도적으로 다루어져야 할 필요가 있다. 남녀고용평등법이 갖는 문제점은 고용기회의 균등, 취업여성의 근로조건 개선, 육아시설의 확대, 육아휴직제의 정착, 채용과 모집, 승진 등에 있어서의 성 차별이다. 우리나라의 의료보험법은 전통적 가족부양 원칙을 전제로 피보험자와 그에 의한 생계의존자로 구성되는 특정 가족유형은 피보험자 1인의 보험료로 가족원 모두 혜택을 받지만, 맞벌이가족의 일방이나 단신가족은 본인만의 의료보험 수급권을 갖게 되는 문제점이 있다. 또한 국민연금법에 의하면 맞벌이가족으로서 모두 연금수급자가 되면 여성 배우자에 대한 가급연금액이 지급되지 않고 있으며, 배우자가 사망하거나 배우자와 이혼한 때에도 가급연금액 계산에서 제외되고 있다.

가족정책뿐만 아니라 학교 교육의 평등화, 여성 취업훈련의 강화, 여성 사회교육 기회의 증대, 가정 지원 및 복지 증진(건전한 가족 규범의 정착, 보호가 필요한 여성의 복지 증진, 여성 개발지원체계의 강화) 등을 통해 우리 사회의 남녀 차별에 대한 사회적 편견이나 인습적 모습을 일소해야 한다. 남녀 불평등을 해결하려는 노력이 많은 분야에서 있어 왔지만 교육, 운동적 차원에서 가부장적 의식을 전환시키려는 노력이 필요하다.

(2) 가족친화적 환경조성

맞벌이 모델의 확산이 가족의 안정 속에서 순조롭게 진행되기 위해서는 개별 가족의 노력만으로는 부족하고 기업, 지역사회 등 사회환경 자체가 가족친화적 구조로 재편되어야 할 것이다. 근로자 대부분이 돌봄노동 및 가사를 전담해 줄 가족원이 없는 여건이 됨에 따라 기업은 가족친화적 직장문화 조성을 통해 근로자의 일과 가정의 양립을 지원함으로써 생산성 향상을 도모하는 것이 바람직하다. 또한 아동, 노인 등이 지역사회에서 안전과 돌봄을 보장받을 수 있는 공동체 환경 등 사회 전반의 가족친화적 환경조성이 필수적이다.

취업 기혼여성의 상당수가 고임금의 안정된 노동시장보다는 저임금, 미숙련의 불안정한 직종에 편중되어 있다. 높은 노동 강도 속에서 낮은 임금을 감수하면서 장기간의 노동시간에 시달리면서 일하고 있다. 특히 저소득층의 여성은 결혼하여 가정에서만 안주할 수 없다. 이들은 경제적 자립이나 생활수준 향상은커녕 현실적으로 절박한 생계유지 수단으로 절대적 빈곤을 탈피하기 위하여 취업을 하지만 결혼 전보다 더욱 불리한 조건으로 재취업을 하게 되는 경우가 많다. 경제적 이유로 노동시장에 참여하게 된다면 이러한 문제점들을 단순히 개인적 차원에서가 아닌 사회적 차원에서의 해결 방안을 모색하는 것이 필요하다.

(3) 시간제 근무 및 여성고용할당제

정보산업과 같은 첨단산업의 등장과 함께 근로 형태도 각자 개성과 효율성을 살리는 다양한 형태로 바뀌어 가고 있다. 종일 근무를 일정한 작업장에서 하던 방식이 생활수준의 향상과 여가에 대한 욕구 증가로 근무시간을 단축하는 시간제 근무나 자신의 근무시간을 자유롭게 조정하는 탄력근무제 등으로 신축적으로 운영되어야 한다. 즉, 단지 근무 시간만을 기준으로 생산성을 계산하는 방식은 적절하지 않다. 시간제 고용이 본질적으로 낮은 임금과 동일하지 않다는 점을 인식하는 것이 필요하고, 이러한 이해는 복지 혜택이 부족한 불안정한 고용상황으로 인해 착취당해서는 안 되는 여성 인력의 맥락에서 특히 중요하다. 이러한 문제를 해결하려면 정부가 시간제 근무에 대한 효과적인 관리 및 감독을 위한 포괄적인 제도적 틀을 구현하는 것이 필요하고, 이것은 고용 상태에 관계없이 모든 근로자에 대한 공정한 고용과 공평한 대우를 보장해야 한다는 의미이다.

한편 여성고용할당제는 산업 또는 직종에서 채용과 승진 인원의 일정 비율을 반드시 여성에게 할당하는 제도이다. 노동시장의 차별 중 채용, 훈련, 승진 차별에 국가가 적극적으로 개입하여 남녀 간의 공정한 경쟁을 유도하는 것으로 UN은 사회 각 분야에서 30% 이상을 권고하고 있다. 특히 여성이 저임금

기업군과 남성 보조적 직종이나 저임금 직종에 집중되고, 기업 내부에서 승진을 하지 못하고 하위직에 머무는 등의 차별을 철폐하는 노력이 필요하다.

2) 육아휴직제도

출산을 전후한 취업여성의 보호는 「근로기준법」에 근거를 두고 있다. 이와 같이 법 규정에 따라 산전·산후 휴가제도는 현재 기업에서 실시하나 결혼퇴직, 임시퇴직의 관습에 따르는 기업체도 있다. 유산, 조산, 사산의 경우에는 노동부의 산전후 휴가 부여기준에 대한 지침에 따라 의사의 소견서 등 객관적 증빙자료를 첨부하여 심각한 의학적 문제가 있는 경우로 제한한다. 그 기간 동안의 임금은 유급 또는 무급으로 할 것인지에 관한 별도의 법적 규정은 없다. 따라서 실제 유산의 많은 부분을 차지하고 있는 인공유산의 경우에 법이나 지침에 보장된 보호를 받을 수 없는 실정이다. 그리고 육아휴직제도의 법적 근거는 「남녀고용평등법」 제19조, 제20조, 제37조에 관한 규정이 있으나 이 제도를 잘 활용하지 못하는 분위기를 바꾸고, 당연한 권리로서 이 제도를 활용할 수 있는 강력한 시스템 구축이 필요하다.

3) 보육제도

「영유아보육법」 제1조에 의하면 이 법은 영유아를 심신의 보호와 건전한 교육을 통하여 건강한 사회성원으로 육성함과 아울러 보호자의 경제적·사회적 활동을 원활하게 하여 가정복지 증진에 기여함을 목적으로 한다고 했다. 여기서 알 수 있는 것은 영유아의 건전한 성장과 보호자의 경제적, 사회적 활동을 위하여 다양한 국가정책과 지원이 필요하고, 이를 통해서 가족복지가 증진되도록 나아가야 함을 알 수 있다.

(1) 보육서비스

보육서비스를 분석해 보면 맞춤형 보육, 시간제 보육, 시간연장형 보육, 다문화가정 아동을 위한 보육, 장애아를 위한 특수아 보육 및 전 가정의 모든 영유아를 위한 무상보육 등 다양성을 꾀하고 있음을 알 수 있다. 보육 프로그램 개발에 있어서도 24시간 보육 프로그램, 영유아 창의성 개발 프로그램, 보육 교직원용 보수·승급 프로그램 및 어린이집유형별 운영관리 프로그램 등 보육의 질적 향상을 위한 정책을 전개하고 있으므로 이에 따른 지역별, 연령별, 아동 개인별에 맞춘 다양한 보육 프로그램 개발이 필요하다. 또한 현재 특수아동이나 영아를 위한 어린이집은 여전히 부족한 상태이며, 보육환경과 프로그램의 질적 수준, 보육교사의 전문성 등이 문제점으로 지적되고 있다. 따라서 맞벌이가족을 위하여 운영시간을 다양하게 하고, 대상에 따라 영아보육, 장애아통합보육, 다문화보육 등에 핵심을 두고 수요자 중심 맞춤형 통합보육 서비스를 제공하는 것이 필요하다.

(2) 직장어린이집

기업의 보육 지원을 활성화하기 위해서는 기업에 대한 정부의 지원을 확대하고 사업장 내 어린이집 설치 위주에서 탈피해 고용주의 보육비용 분담 방안을 다양화하는 방안과 직장어린이집을 설치하기가 어려운 기업은 직장 인근이나 근로자 주거지역에 있는 어린이집을 지정해서 근로자를 지원하는 방안을 모색하는 것이 필요하다.

4) 맞벌이가족의 역할 재정립하기

(1) 가족의 지지강화

맞벌이가족의 부모역할에 영향을 줄 수 있는 방법으로 환경적 변화를 가져보는 것도 중요하다. 기존의 관념으로 자녀교육은 대부분 어머니가 책임을 지고 있으나 아버지, 즉 남편과 자녀문제에 대해 함께 의논하고 교류함으로써 부부간의 공통성을 증가시킬 수 있다. 다시 말해 부부간의 대화가 증가되면 자연스럽게 부부관계에서 유연성을 가져다주게 되고 자녀에게도 좋은 부모의 모습을 제공하게 된다. 따라서 가사에 대한 분담이나 자녀문제에 있어서의 협력 등을 나눔으로써 아버지가 자녀양육에 더 많이 참여하게 되고 이는 자녀에게 도움이 된다. 이러한 변화를 주기 위해서는 성역할에 대한 교육이나 양성성의 개발, 생활방식에 대한 적절한 개념에 대한 교육이 이루어지도록 하는 제도적 장치가 필요하다.

(2) 부모의 직업과 자녀양육 역량강화

최근 부모들의 교육 수준과 인식이 높아지면서 자녀 양육과 교육에 대한 관심도 크게 높아지고 있다. 특히 일하는 부모들의 경우 자녀를 위한 적절한 교육 환경을 결정하고 문제가 발생할 때 이를 해결하는 데 어려움에 직면하는 경우가 많다. 일하는 부모는 종종 자녀에 대한 미안함과 죄책감, 소외감을 가지기도 한다. 이러한 감정을 완화하고 맞벌이 부모의 공통적인 문제를 해결하기 위한 교육프로그램을 개발할 필요가 있다. 이러한 프로그램은 부모의 직업적 능력과 자녀의 교육 및 양육에 효과적으로 참여할 수 있는 능력을 강화하는 것을 목표로 해야 한다.

(3) 역할에 관한 패러다임의 전환

맞벌이가족에서 대부분 아버지보다는 어머니가 더 많은 관심과 부모역할을 담당하게 되는데, 직업여성들은 남성과는 달리 결혼 후에도 여성성을 유지하면서 자녀를 양육하고 가사를 담당해야 하는 부담을 가지고 있다. 직장에서 지쳐서 가정으로 돌아오게 되며, 양육에 투자할 수 있는 시간이 절대적으로 부족하기 때문에 더욱 힘들어한다. 또한 취업모들은 자신의 취업이 자녀에게 오히려 걸림돌이 되지는 않을지 자책감을 가지는 경우도 있다. 따라서 그러한 죄책감은 바람직하지 못하며, 여성의 취업활동은 장기적으로 가족 모두에게 발전적인 기여가 된다는 패러다임을 가질 수 있도록 하는 부모교육과 부모 코칭 및 상담 등이 필요하다.

이상에서 일가정양립을 위한 방향에 관하여 살펴보았고, 결론적으로 일과 가정의 조화를 이루기 위해서는 다음과 같은 다각적인 접근이 필요하다.

일과 가정의 조화를 이루기 위해서는 일과 가정의 양립을 위한 제도적 인프라 확충을 포함한 종합적인 접근이 필요하다. 남성과 여성 모두가 일과 가정의 역할을 효과적으로 수행하도록 사회적 여건을 조성하는 것이 중요하다. 여기에는 가족 정책, 노동 시장 및 보육 서비스 제공에 대한 중요한 정책 개혁과 함께 사회적 지지와 인식개선도 포함된다. 정부와 기업 모두가 탄탄한 육아휴직 제도를 구축하는 것이 필수적이며 또한, 돌봄 업무는 사회화되고 성별에 따라 균등하게 공유되어야 한다.

출산과 보육을 지원하기 위한 재정적, 시간적, 서비스 지원 등 적극적인 정책적 노력과 더불어 돌봄 노동에 대한 적절한 평가와 인정을 통해 여성과 남성 모두 돌봄 부담을 동등하게 분담하고 임금 노동에 동등하게 접근할 수 있도록 보장할 필요가 있다.

생각해 봅시다

1 일가정 양립에서 가장 어려운 문제는 무엇이며, 이를 해결하기 위한 적절한 해결책에 대해 생각해 봅시다.

2 맞벌이가족과 저출생 현상은 어떤 관계가 있으며, 향후 맞벌이가족의 보편화는 우리 사회에 어떤 영향을 미칠지 생각해 봅시다.

3 일가정 양립을 위한 국가정책과 맞벌이가족의 역할 재정립에 관하여 생각해 봅시다.

참고문헌

고용노동부 (2021). 2020년 일.가정 양립 실태조사.

고용노동부 (2021). 일.가정 양립 실태조사 통계정보보고서.

김경신 (2008). 저출산정책 및 사업의 평가와 대안. 한국가정관리학회 2008년 추계학술대회 자료집, 9-22.

김혜경, 도미향, 문혜숙, 박충선, 손홍숙, 오정옥, 홍달아기 (2008). **가족복지론**(개정판). 경기: 공동체.

도미향 (2006). 저출산 시대 가족복지정책의 현황과 과제. **한국가족복지학**, 11(1), 93-112.

보건복지부 (2020). 보육통계.

보건복지부 (2022). 보도자료.

유가효 (2008). 가족친화적 사회분위기 조정사업. 한국가정관리학회 2008년 추계학술대회 자료집, 222-232.

유자영 (2019). 일가정 양립 지원정책의 정합성-정책수단조합의 지속과 변화를 중심으로-. 서울대학교대학원 행정학과 정책학 박사학위 논문.

통계청 (2017). 고용, 노동, 임금, 여성 경제활동참여율.

통계청 (2020). 경제활동인구조사.

Chapter 09

한부모가족정책

1 한부모가족의 개념

1) 한부모가족의 개념

한부모가족에 대한 정의는 학자에 따라 다양한 견해를 가지고 있고 복잡해서 합의된 정의를 사용하기 어렵다. 일반적으로 한부모가족은 여러 가지 이유(이혼, 사망, 별거, 유기, 입원, 구속, 미혼모, 입양, 가출, 행방불명 등)로 인해서 한쪽 부모의 부재가 발생하여 부(父)나 모(母) 중의 한 사람이 단독으로 부모의 역할을 수행하는 가족을 말한다. 과거에는 편모, 편부 또는 결손가족이라는 용어를 많이 사용했으나, 사회변화에 따른 새로운 또 하나의 가족유형으로 수용하기 위해 '한부모'라는 용어를 사용하기 시작하였다. '한부모가족'에서의 '한'은 '하나로서 온전하다, 가득차다'라는 의미를 포함한다.

우리나라 「한부모가족지원법」 상 '한부모가족'은 모자가족 또는 부자가족을 말하며(제4조 제2항), 그 외 청소년한부모가족의 경우, 한부모가족으로서 모 또는 부의 연령이 만 24세 이하인 가족을 말하며, 조손가족은 부모로부터 사실상 부양을 받지 못하는 아동(이혼, 유기, 행방불명, 실종, 사망, 경제적 사유 등)을 (외)조부 또는 (외)조모가 양육하는 가족을 말한다. 한부모가족으로 인정되는 사유는 배우자와의 사별과 이혼, 배우자로부터의 유기, 배우자가 장애로 인해 장기간 노동능력을 상실했거나 교정 및 치료감호시설에 입소한 경우, 병역복무 중인 경우, 사실혼을 제외한 미혼부모 등이 해당된다.

한부모가족의 아동은 아동복지법 상 18세 미만인 자로 하나 취학 중인 경우에는 만 22세 미만, 병역의무를 이행하고 취학 중인 경우에는 병역의무를 이행한 기간을 가산한 연령미만인 자로 한정하고 있다.

한부모가족지원법

제4조(정의) 이 법에서 사용하는 용어의 뜻은 다음과 같다.

1. "모" 또는 "부"란 다음 각 목의 어느 하나에 해당하는 자로서 아동인 자녀를 양육하는 자를 말한다.
   가. 배우자와 사별 또는 이혼하거나 배우자로부터 유기(遺棄)된 자
   나. 정신이나 신체의 장애로 장기간 노동능력을 상실한 배우자를 가진 자
   다. 교정시설 · 치료감호시설에 입소한 배우자 또는 병역복무 중인 배우자를 가진 사람
   라. 미혼자{ 사실혼(事實婚) 관계에 있는 자는 제외한다}
   마. 가목부터 라목까지에 규정된 자에 준하는 자로서 여성가족부령으로 정하는 자

1의2. "청소년 한부모"란 24세 이하의 모 또는 부를 말한다.

2. "한부모가족"이란 모자가족 또는 부자가족을 말한다.
3. "모자가족"이란 모가 세대주{세대주가 아니더라도 세대원(世代員)을 사실상 부양하는 자를 포함한다}인 가족을 말한다.
4. "부자가족"이란 부가 세대주{세대주가 아니더라도 세대원을 사실상 부양하는 자를 포함한다}인 가족을 말한다.
5. "아동"이란 18세 미만(취학 중인 경우에는 22세 미만을 말하되, 「병역법」에 따른 병역

의무를 이행하고 취학 중인 경우에는 병역의무를 이행한 기간을 가산한 연령 미만을 말한다)의 자를 말한다.

2 한부모가족의 현황

〈표 9-1〉에 의하면 한부모가족은 2020년 1,533천 가구에서 2021년 1,510천 가구로 23%가 감소하였다. 전국 한부모가구 현황에서 모자가구와 부자가구 비율(2021년도 기준)을 살펴보면, 부자가구가 24.9%, 모자가구가 75.1%로 모자가구가 한부모가구 현황 중 차지하는 비율이 현저하게 높음을 알 수 있다.

표 9-1 전국 한부모가족 현황 (단위: 1,000가구, %)

세대구성	막내자녀연령구분	2020년	2021년	증감
계	소계	1,533	1,510	-23
	18세 이하	373	369	-4
	19세 이상	1,160	1,141	-19
부+미혼자녀	소계	381	374	-7
	18세 이하	122	119	-3
	19세 이상	259	255	-4
모+미혼자녀	소계	1,152	1,136	-16
	18세 이하	252	250	-2
	19세 이상	900	886	-14

출처: 여성가족부(2023a). 2023년 한부모가족지원사업 안내.

한부모가구 유형별로 보면, 2021년 부자가구가 374천 가구, 모자가구가 1,136천 가구에서 2022년 부자가구가 381천 가구, 모자가구가 1,152천 가구로 다소 감소하는 추세를 보인다.

한부모가족의 혼인 상태 유형별 실태를 보면, 2021년 기준 한부모가족실태조사결과, 이혼이 81.6%, 사별이 11.6%, 기타가 6.8%의 순으로 이혼으로 인한 한부모가족의 비율이 증가하고 있으며 사별과 기타의 비율은 다소 줄어들고 있음을 알 수 있다(여성가족부, 2021).

표 9-2 한부모가족실태조사 혼인 상태 유형별 대상자 수 (단위: %)

연도	이혼	사별	기타
2021년	81.6	11.6	6.8
2018년	77.6	15.4	7.0
2015년	76.4	18.2	5.3

출처: 여성가족부(2021). 2021년 한부모가족 실태조사.

3 한부모가족의 문제

한부모가족은 유사한 문제를 가지고 있지만 여성 한부모가족과 남성 한부모가족, 그리고 미혼부·미혼모 가족 등 유형에 따라 다양한 특성과 욕구를 가지고 있다. 또한 한부모가족이 된 원인과 한부모가족 이전의 생활환경 및 가족구조 등에 따라서도 다양하다. 한부모가족의 문제는 경제적 문제, 자녀양육 및 교육문제, 정서적 부적응 및 건강문제, 사회적 편견으로 인한 어려움, 법률제도상의 어려움 등을 겪는 것으로 나타났다(〈표 9-3〉 참조).

1) 경제적 문제

한부모가족의 심각한 문제 중 하나는 경제적인 문제이다. 배우자의 상실로 인한 소득의 감소와 안정되고 충분한 보수를 받을 수 있는 취업에 어려움이 많다. 특히 경제위기 시 취업에 어려움이 가중되는 취약집단으로 분류된다. 이들은 저임금의 시간제 노동에 종사하는 경우가 많아서 자녀교육비나 의료비 등의 생계비 마련도 어려운 경우가 많다. 〈표 9-1〉의 한부모가족 현황에서 볼 수 있듯이 한부모가족의 75.2%에 달하는 여성한부모가족의 경우, 생계를 위한 경제활동에 종사하더라도 저임금 비정규직에 종사하는 비율이 높고, 직업 역할과 자녀 양육을 병행하는데 있어서 매우 어려움을 겪게 된다. 부자가족의 경우에도 경제활동과 자녀양육을 병행해야 하는데서 어려움을 경험하게 된다.

2) 사회적 편견 및 차별

우리 사회에서 가족의 유형이 다양화되고 있지만 아직까지 정상가족에 대한 허상이 있는 실정이다. 이에 한부모가족원들은 주변인의 이혼 혹은 사별로 인해 한부모가 되었다는 사회적 낙인과 사회적 편견에 어려움을 갖고 있다. 한부모가족은 결손이라는 사회적 편견으로 인해 자녀에 대한 주변이나 이웃, 학교에서의 부정적 시각으로 불편과 불이익을 경험한다. 예를 들어 한부모가족의 자녀라는 것으로 학교에서 따돌림의 대상이 되기도 하고, 여러 부적응 행동으로 인해 비행 청소년으로 낙인찍히는 문제가 발생하기도 한다. 한부모는 자녀에 대한 죄책감과 자녀가 맺는 관계망에 어려움을 가지고 있다. 이러한 낙인의 문제는 한부모에게 무기력감과 자신감 상실, 좌절 등을 유발함으로써 사회적 역할수행 및 자녀양육에 역기능을 초래할 수도 있다.

3) 정서 · 심리적 문제

한부모가족은 배우자 부재로 인한 변화된 가족생활에 정서적 · 심리적 적응의 문제를 갖는다. 이들은 상실감, 소외감, 슬픔, 스트레스 등의 부정적인 정서반응을 하는 경향이 있다. 일반적으로 한부모의 경우에는 사별한 경우가 이혼한 경우보다 심리적 복지감이 높은 경향이 있다.

특히 여성 한부모의 경우 부양자로서 부의 역할을 해야 함은 물론 자녀에게 아버지의 역할까지도 해야 한다는 긴장과 스트레스를 받는다. 남편 상실에 대한 소외감, 비애감이 과잉활동으로 전개되기도 하고 타인에 대한 불분명한 분노감이나 적대감과 같은 역기능으로 발전하는 경우도 있다. 이러한 정서 · 심리적 문제가 심화될 경우 무력감과 세상에 대한 자신감의 결여, 절망감, 사회로부터의 거부감, 부양자로서 자신의 역할에 대한 부정적인 평가, 무능력하고 부적절한 존재로 간주하게 되는 과정을 통해서 우울과 불안, 소외감에 빠져들 수 있다.

한부모가족의 정서적 문제는 사회적 지지체계의 부족에서도 비롯된다. 실제로 한부모가족은 생계유지나 생활고 등의 이유로 사회적 관계망의 상실을 경험하게 되고, 이것은 곧 그동안 정서적인 면에서 편모는 친척보다는 주로 친구 및 이웃으로부터 정서적 지원을 받는 경우가 많았다는 것을 나타낸다. 반면에 한부모가 된 여성이 삶에 대한 의욕을 가지고 자녀와 친밀한 관계를 유지하게 되면 경제적 자립뿐만 아니라 여성과 자녀 모두 스트레스 상황에 잘 적응하고 있는 경우도 있다.

4) 자녀양육 및 역할 재조정의 문제

한부모가족의 자녀들은 한쪽 부모의 상실로 인한 상실감과 부모의 관심이 감소하고 통제와 감독기능이 약해짐으로써 자기 자신에 대한 통제력에 문제를 가져올 수도 있다. 다시 말하면 부모의 부재는 성장기 자녀의 역할 모델을 상실하게 되어 역할 사회화에 어려움을 초래할 수 있다. 예를 들어 자녀는 대인관계에 혼란을 일으켜 이성에 대한 극도의 관심이나 회피하는 양상을 보일 수도 있다.

남성 한부모는 배우자에 의해 관리되던 가정관리를 담당해야 하는 어려움과 취업으로 자녀에 대한 보호와 감독이 소홀해져 자녀를 방치하는 문제를 초래하며 이로 인한 스트레스를 경험하는 경향이 있다.

여성 한부모는 자녀의 양육방식을 통제하고 지지하고 의논해 줄 대상의 상실과 가사와 육아 및 생계 담당자로서의 과중한 역할을 감당하면서 자녀와 대화할 시간이 부족하고 양육에서 어려움을 가진다. 이들은 가족부양자로서의 역할수행과 자녀에게 아버지의 역할까지도 감당해야 하는 역할 과중으로 인한 긴장과 스트레스를 경험한다. 이 경우 과중한 역할수행으로 인해 자신이 지칠 뿐만 아니라 자녀에 대해 충분히 돌보아주지 못한다는 죄책감 때문에 자녀양육에 있어 감정적으로 흐르기 쉽고 일관성을 기대하기가 힘들다. 이와 같은 한부모가족에게 역할의 혼란은 가족 전체의 결속력을 붕괴시킬 위험이 있어 모의 자아존중감 회복과 부모역할 효능감 및 역량강화가 중요하다.

표 9-3 한부모가족의 문제와 욕구

문제		욕구
경제적 문제	• 인적 자본의 취약성 • 불안정한 직업, 저임금 • 생계유지의 어려움	• 취업교육 및 알선 • 취업 및 창업 관련 정보망 구축 • 창업 관련 교육 및 융자 지원 • 소자본 창업 훈련, 안정적 주거 지원
사회적 편견 및 차별	• 한부모가족에 대한 편견 • 한부모자녀 차별	• 반편견 교육 • 법 개정

정서·심리적 문제/ 건강문제	• 낮은 자아정체감 • 정서적 불안, 우울, 분노 • 시간, 금전적 제약으로 인한 질병의 방치 및 악화	• 심리상담 및 교육 – 자존감 회복 훈련 – 분노 조절 및 심리적 치유 – 한부모 자조모임 – 한부모 자녀 및 가족상담 – 의료서비스 지원(무료건강검진, 의료비/의약품 지원)
자녀양육 및 역할 재조정의 문제	• 자녀양육/교육비 • 자녀/가구원의 간병 • 역할 재조정	• 자녀보육/교육비 지원 • 아이돌보미 파견

4 한부모가족 관련 정책 및 서비스

1) 한부모가족을 위한 정책

우리나라의 한부모가족과 관련된 정책 및 서비스는 한부모가 된 사유나 경제상황에 따라 지원을 받을 수 있도록 되어 있다.

2023년 한부모가족지원사업의 목적에 따르면, 한부모가족지원사업은 저소득 한부모가족·미혼가족·조손가족 등이 가족기능을 유지하고, 건강하고 문화적인 생활을 영위할 수 있도록 내실 있는 지원사업을 수행함으로써 한부모가족의 생활안정 및 자립기반조성과 복지증진에 기여하는 데 있다(여성가족부, 2023a).

2) 한부모가족지원 대상자

첫째, 배우자의 사망으로 인한 한부모가 된 경우, 사회보험(국민연금법, 공무원연금법, 군인연금법, 사립학교교원연금법, 산업재해보상보험법 등) 등을 통한 경제적 지원(유족연금)을 받을 수 있도록 되어 있다. 단, 사망한 배우자가 해당 사회보험에 법률이 정하는 일정 기간 이상 가입 등 조건을 충족 시 지급되며, 재혼한 경우, 유족연금 수급권은 소멸된다.

둘째, 한부모가족 중 저소득인 경우 국가로부터 지원을 받도록 되어 있다.

여성가족부의 한부모가족 지원사업의 보호대상은 한부모가족(모자가족 및 부자가족), 조손가족, 청소년 한부모가족이 해당된다. 여기서 말하는 모자가족이란 모(母)가 세대주[세대주가 아니더라도 세대원(世代員)을 사실상 부양하는 자를 포함]인 가족을 의미하며, 부자가족이란 부(父)가 세대주[세대주가 아니더라도 세대원(世代員)을 사실상 부양하는 자를 포함]인 가족을 의미한다. 조손가족은 부모로부터 사실상 부양을 받지 못하는 아동(이혼, 유기, 행방불명, 실종, 사망, 경제적 사유 등)을 (외)조부 또는 (외)조모가 양육하는 가족이며, 청소년 한부모가족은 한부모가족(모자가족 및 부자가족)으로서, 모(母) 또는 부(父)의 연령이 만 24세 이하인 가족을 말한다.

한부모가족지원법상 보호대상자 선정 기준은 한부모가족(청소년한부모가족 포함)의 母 또는 父와 18세 미만(취학 시 만 22세 미만)의 자녀로 한다. 조손가족의 경우에는 (외)조부 또는 (외)조모와 18세 미만(취학 시 만 22세 미만)의 손자녀이며, 보호대상 자녀(만 18세 미만, 취학 시 만 22세 미만)가 없는 경우에는 한부모가족 보호대상에서 제외된다. 2023년 현재 한부모가족지원 보호대상자 선정은 가구별 소득인정액 기준(재산 및 소득기준)을 충족한 자로 하고 있다(〈표 9-4〉).

다만, 2018년 7월 1일부터 한부모가족 선정기준과 한부모가족 복지급여 지급 기준은 다음과 같이 분리하여 적용하고 있다.

〈2023년도 기준 소득인정액 기준〉

- **한부모가족("부" 또는 "모"의 연령이 만 25세 이상인 경우)**
  - –선정기준(한부모가족 증명서 발급대상): 기준 중위소득 60% 이하('18년 7월 1일부터 적용)
  - –아동양육비 등 복지급여 기준기준: 기준 중위소득 60% 이하
- **청소년한부모가족("부" 또는 "모"의 연령이 만 24세 이하인 경우)**
  - –선정기준(한부모가족 증명서 발급대상): 기준 중위소득 72% 이하('18년 7월 1일부터 적용)
  - –아동양육비 등 복지급여 기준기준: 기준 중위소득 65% 이하

표 9-4 2023년도 한부모가족지원법 지원 대상 가구 소득인정액 기준 (단위: 원/월)

구 분		2인	3인	4인	5인	6인
2023년 기준 중위소득		3,456,155	4,434,816	5,400,964	6,330,688	7,227,981
〈참고〉 생계급여수급자 (기준 중위소득 30%)		1,036,846	1,330,445	1,620,289	,899,206	2,168,394
한부모 및 조손가족	기준 중위소득 60%	2,073,693	2,660,890	,240,578	3,798,413	4,336,789
청소년 한부모가족	기준 중위소득 65%	2,246,501	2,882,630	3,510,627	4,114,947	4,698,188
	기준 중위소득 72%	2,488,432	3,193,068	3,888,694	4,558,095	5,204,146

3) 한부모가족지원사업

주요 사업으로는 저소득 한부모가족 자녀 양육비 등 복지급여 지급, 청소년 한부모가족 자립지원, 청소년한부모 자립지원, 청소년한부모 등 자립지원패키지, 한부모가족복지시설 지원, 한부모가족 무료법률구조 등이다(〈표 9-5〉).

표 9-5 한부모가족지원사업

사업명 및 개요	사업대상	수행기관
〈한부모가족자녀 양육비 등 지원〉 • 아동양육비: 만 18세 미만 자녀, 월 20만 원 • 추가아동양육비: –조손 및 만 35세 이상 한부모가족 5세 이하 자녀, 월 5만 원 –만 25세~34세 한부모가족 자녀, 월 5~10만 원 지원 • 학용품비: 중학생·고등학생 자녀, 연 9.3만 원 • 생활보조금: 시설 입소가구, 월 5만 원	소득인정액 기준 중위소득 60% 이하 한부모 및 조손가족	지방자치단체
〈청소년한부모 자립지원〉 • 아동양육비: 월 35만 원 • 검정고시 등 학습지원(연 154만원 이내), 자립촉진수당(월 10만 원) 등 지원	소득인정액 기준 중위소득 65% 이하 만 24세 이하 한부모가족	지방자치단체
〈청소년한부모 등 자립지원패키지〉 • 청소년한부모 등 자립지원패키지 수행기관 운영 * 청소년 한부모 및 미혼부·모의 양육·취업 등 각종 지원정보를 종합적으로 안내하고 필요한 서비스 연계, 제공	중위소득 72% 이하의 청소년한부모, 미혼모·부자 가족	지방자치단체 19개 지원기관
〈한부모가족복지시설 지원〉 • 시설 기능보강 : 신축, 개보수, 기자재구입 등 • 시설 입소자 상담·의료 지원 • 시설 아이돌봄서비스 지원 • 공동생활가정형(매입임대주택) 주거 지원 • 한부모가족복지단체 지원 • 시설배치 사회복무요원 인력경비 지원	저소득 한부모가족 등	지방자치단체, 한부모가족 관련 시설·단체
〈한부모가족 무료법률구조〉 • 한부모가족 대상 법률상담, 소송대리, 기타 법률사무 등 무료법률구조 지원	「한부모가족지원법」 제5조, 제5조의2 제2항 한부모가족	대한법률구조공단

출처: 여성가족부(2023a). 2023년 한부모가족지원사업 안내.

또한, 한부모 및 조손가족을 위한 서비스는 임신·출산부터 양육까지 전 과정에 걸쳐 지원받을 수 있도록 되어 있다. 한부모 및 조손가족을 위한 종합복지서비스는 한부모가족 상담전화(1644-6621)을 통해서 지원여부를 확인할 수 있다(여성가족부, 2023a).

(1) 임신, 출산

한부모 및 조손가족, 미혼부모가족을 위한 임신 및 출산에 대한 지원은 임신·출산·진료비지원(국민행복카드), 산모건강관리, 고위험 임산부 의료비 지원, 산모·신생아 건강관리 지원, 출산비용 지원, 생애초기 건강관리시범사업, 미혼모자 시설(기본형), 첫만남이용권(국민행복카드) 등이 있다.

(2) 양육·돌봄 지원

한부모 및 조손가족의 양육·돌봄에 대한 지원서비스는 저소득 한부모가족 아도양육비 지원, 청소년한부모 아동양육비 등 지원, 청소년부모아동양육비 지원, 긴급복지지원, 사회취약계층 환경성 질환 예방, 청소년한부모 등 자립 지원패키지, 맞춤형 기초생활보장, 가족희망드림 지원, 미숙아 및 선천성 이상아 의료비 지원, 선천성 대사이상 검사 및 환아관리, 선천성 난청검사 및 보청기 지원, 저소득층 기저귀 및 조제분유 지원, 아동수당, 유치원유아학비 지원, 보육료 지원, 부모급여 지원, 아동통합서비스 지원(드림스타트), 지역아동센터 지원, 여성청소년 생리대(보건위생물품)바우처 지원, 가사·간병 방문 지원, 희망복지지원단 통합사례관리 지원 등이 있다.

특히, 가족희망드림 지원사업은「건강가정기본법」제21조(가정에 대한 지원) 및 제21조2(위기가족긴급지원),「청소년복지 지원법」제18조의 2(청소년부모에 대한 가족지원서비스),「한부모가족지원법」제17조(가족지원서비스)에 따라 취약·위기가족이 가진 복합적 문제해결 및 욕구해소를 위해 지속적인 사례관리를 통한 가족기능 회복과 정서·경제적 자립역량 강화를 도모한다.

① 지원대상

가족희망드림 지원사업은 기존의 취약·위기가족을 지원하는 가족역량강화사업의 명칭이 변경된 사업으로 지원대상은 기준중위소득 100% 이하(손)자녀를 둔 한부모·조손가족, 청소년부모 등 가족기능 강화가 필요한 가족이 이에 해당된다.

② 지원내용

- 심리·경제적 자립, 역량 강화를 위한 지속적인 사례관리
- 정보제공 및 지역사회 자원 활용·연계
- 부모교육, 가족관계, 자녀양육교육 등 프로그램 및 자조 모임
- 자녀 학습·정서 지원(배움지도사 파견)
- 청소년부모 지원(청소년부모 멘토, 법률지원, 전문심리지원)
- 생활도움서비스(키움보듬이 파견)
- 긴급 위기지원(지지리더, 키움보듬이 파견)

(3) 시설· 주거지원

한부모가족복지시설과 무주택 저소득 한부모가족을 대상으로 영구임대주택과 저소득 가구 전세자금 대출, 국민임대주택 임대, 기존주택 매입임대 시 한부모가족에게 1순위로 임대, 기존주택 전세임대, 주거현물급여 집수리 사업 등을 실시한다.

한부모가족 복지시설은 모·부자가족복지설, 미혼모자가족복지시설, 일시지원복지시설, 한부모가족복지상담소 등이 이에 속한다.

① 모 · 부자가족시설(기본생활지원형)

입소대상은「한부모가족지원법」제4조에 따른 모 또는 부로서 만 18세 미만(취학 시 만 22세 미만)의 아동을 양육하는 무주택 저소득 모·자가족과 미혼모자가족복지시설(기본생활지원형 또는 공동생활지원형) 퇴소자 중 스스로 아동을 양육하는 미혼모는 모자가족으로 시설입소 대상자에 포함된다. 보호기간은 3

년 이내로 하되 보호기간 연장기준에 부합될 경우 2년의 범위 안에서 연장 가능하다. 지원내용은 방과후 아동지도, 아동급식비 지급(자립시설 제외)(나) 심리·정서적 전문상담 및 심리치료 지원, 직업교육 연계 등 자립준비 지원, 기타 국가 또는 지방자치단체가 정하는 경비 지원(연계 또는 정보제공) 등이다.

② 모 · 부자가족복지시설(공동생활지원형)

입소대상은 「한부모가족지원법」 제19조제1항 제1호 나목, 제2호 나목의 독립적인 가정생활이 어려운 모·부자가족으로 입소기준일로부터 최근 3년 이내에 이혼 또는 사별 등을 겪어 외부적인 충격을 경험한 모·부자가족(미혼모·부자 포함)을 포함한다. 부자가족복지시설(공동생활지원형)에서는 동반 女兒의 안전을 고려, 1호당 1세대 입소를 원칙으로 한다. 보호기간은 2년 이내로 하되 보호기간 연장기준에 부합될 경우 6개월 미만의 기간을 단위로 최장 1년의 범위 안에서 연장 가능하다. 지원내용은 주거 제공, 자립프로그램 실시, 직업교육(컴퓨터, 기계자수, 홈패션, 양재, 미용 등 시설 내에 교육과목이 없거나 비효율적인 경우 외부 훈련기관을 활용), 양육교육, 인성교육, 상담지도 등을 실시한다.

③ 미혼모자가족복지시설(기본생활지원형)

입소대상은 이혼·사별 또는 미혼의 임산부 및 출산 후(6월 미만) 일정기간 아동의 양육지원이 요구되는 여성으로서 분만혜택과 숙식보호를 필요로 하는 자가 해당된다. 북한이탈주민정착지원사무소(하나원) 입소 여성, 한부모가족지원법상 소득기준 초과자, 가정폭력피해 여성도 포함된다. 보호기간은 1년 이내로 하되 보호기간 연장기준에 부합될 경우 6월의 범위 안에서 연장 가능하다. 지원내용은 숙식무료제공, 분만의료혜택(의료급여 대상자로 관리), 자립지원(직업교육, 인성교육, 상담지도 등) 등을 실시한다.

④ 미혼모자가족복지시설(미혼모자 · 미혼모 공동생활지원형)

입소대상은 3세 미만의 영유아를 양육하는 미혼모로서 일정기간 숙식보호와 자립지원을 필요로 하는 자(미혼모자공동생활지원형)와 출산 후, 아이를 양육하지 아니하는 미혼모로서 일정기간 숙식보호와 자립지원을 필요로 하는 자(미혼모공동생활지원형)가 해당된다. 보호기간은 2년 이내로 하되, 보호기간 연장기준에 부합될 경우 1년 범위 안에서 연장 가능하다(미혼모자공동생활지원형). 또한, 2년 이내로 하되, 보호기간 연장기준에 부합될 경우 6월 범위 안에서 연장 가능(미혼모공동생활지원형). 지원내용은 저소득 한부모가족 아동양육비 지원, 숙식무료 제공, 자립프로그램(직업교육, 양육교육, 인성교육, 상담지도 등) 실시 등이 있다.

⑤ 일시지원복지시설

입소대상은 배우자의 물리적 · 정신적 학대로 아동의 건전 양육과 母의 건강에 지장을 초래할 우려가 있는 母와 아동(자녀 동반 없이 혼자 입소를 희망하는 母도 가능)이 해당된다. 보호기간은 6월 이내로 하되, 보호기간 연장기준에 부합될 경우 6월의 범위 안에서 연장 가능하다. 지원내용은 숙식 무료제공, 의료혜택(의료급여 대상자로 관리), 법률상담, 심리상담, 퇴소 후의 자립을 위하여 시설 외에서 근로를 희망하는 경우 적극 지원, 입소사실에 대한 비밀보장과 특별보호, 자녀의 방과 후 지도, 아동급식비 지급, 기타 국가 또는 지방자치단체가 정하는 경비 지원(연계 또는 정보제공), 학령아동이 인근학교에 출석을 원하는 경우에는 관련 교육기관과 협의, 수업에 참가할 수 있도록 조치(시설입소자 아동의 전 · 입학 문제 등) 등이 있다.

(4) 교육· 취업지원

교육 및 취업 지원은 학생 미혼모 대안교육 위탁교육, 여성새로일하기 센터, 청소년 방과 후 아카데미 운영지원, 자녀 교육비 지원, 청소년치료재활센터(국립중앙청소년디딤센터, 국립대구청소년디딤센터), 장학금 및 학자금 대출지원, 국민취업지원 제도, 한부모 근로자 육아휴직 급여 등이 있다.

학업을 지속하고자 하는 학생 미혼모의 경우, 전국 어디서나 위탁교육이 가능하도록 지원한다. 또한, 방과 후 돌봄이 필요한 청소년자녀들을 위해 청소년 방과후 아카데미를 통해 지원한다.

한부모 및 조손가족의 자녀 교육비 지원으로는 학교급식비, 방과 후 학교자유수강권, 교육정보화지원(PC 및 인터넷 통신비) 등을 지원한다.

한부모 및 조손가족의 자녀 중 정서·행동상의 어려움 정도에 따라 상담·치료(정신의학적 상담), 보호(거주형 보호시설), 교육(검정고시 지원), 자립지도(직업교육, 체험활동 등) 등을 무료로 지원받을 수 있다.

취업 및 창업지원정책으로는 저소득 한부모가족 복지자금 융자, 실업자 직업훈련, 사회적 일자리 창출, 경력단절여성 취업지원(여성 새로일하기 센터), 희망플러스 통장(서울복지재단) 등이 있다.

(5) 법률 및 금융 지원

양육비 이행지원서비스, 한부모가족 무료법률구조, 미소금융, 근로장려금, 자녀장려금, 소액보험, 희망저축계좌 I, II, 청년내일저축 계좌 등이 있다.

① 양육비 이행지원 서비스

양육비 이행 지원 종합서비스는 양육부·모(양육비채권자)의 신청을 받아 비양육부·모로부터 양육비를 지급받을 수 있도록 당사자 간 협의 성립, 양육비 관련 소송, 채권추심, 불이행시 제재조치 등을 지원하는 서비스이다.

- 지원대상: 만 19세 미만의 자녀를 양육하고 있는 한부모·조손가족
- 지원내용: 양육비 상담, 협의, 소송, 추심 및 모니터링 지원 등 미성년 자

녀의 양육비 청구와 이행확보 지원 등에 관한 원스톱 종합 서비스 제공

- 신청문의: 한부모 상담전화 ☎ 1644-6621

② 한부모가족 무료법률 구조

법률 볼호 취약계층인 한부모 가족을 무료 법률 구조대상자로 정하고 무료 법류 지원을 실시하여 한부모가족의 기본적인 인권보호 및 법률 복지 증진을 목적으로 한다.

- 지원대상: 기준 중위소득 125% 이하의 한부모가족(*출생신고에 어려움을 겪는 미혼모·부, 병원이 아닌 자택 등에서 출산한 경우 출생신고 절차) 지원 가능
- 지원내용: 한부모가족에게 민 · 가사 사건, 형사 사건 등 법적분쟁 발생 시 무료법률구조(법률상담, 소송 대리 등)를 통해 소송비용 및 변호사 보수 등 지원
- 신청문의: 대한법률구조공단 ☎ 132, 한국가정법률상담소 ☎ 1644-7077 (*병원이 아닌 자택 등에서 출산한 경우 출생신고 지원 포함)

(6) 기타

한부모 및 조손가족을 위한 기타 지원은 각종 요금감면 혜택, 스포트 강좌 이용권, 통합문화이용권(문화누리카드), 4대궁 · 종묘 · 조선왕릉 무료이용권, 미혼부 자녀 출생신고, 출생신고 완료 전 미혼부 자녀지원 등이 있다.

5 한부모가족 정책의 방향

「한부모가족지원법」 개정으로 이전의 한부모가족 지원사업의 내용에 수정

과 보완이 되었다. 이는 한부모가족 대상자의 지원대상 범위 및 지원금액, 지원자녀의 연령, 조손가족의 편입 등 문제점을 보완하기 위해 구체적인 지원이 명시되었다. 또한 거짓과 부정한 방법으로 급여를 받거나 받게 한 자, 또는 시설에 대하여는 복지비용의 중지나 급여 또는 반환 명령 등의 조항을 신설하여 「한부모가족지원법」 실행에 책임성을 강조하였다.

그러나 지속적으로 증가하는 한부모가족의 당면 문제해결과 이들 가족의 복지 증진을 위한 통합적 가족정책의 수립이 필요하다. 또한 현행 복지대책의 개선과 지원사업의 보완이 필요하다. 한부모가족을 위한 복지대책을 살펴보면 다음과 같다.

첫째, 저소득 한부모가족 지원을 내실화할 필요가 있다. 외형상으로는 사회보험, 공공부조, 차상위계층 보호 등으로 나뉘어 대상자의 경제적 상황에 맞는 보호대책을 실시하고 있는 것처럼 보인다. 그러나 실질적 보호내용에 있어서는 극빈층을 제외한 저소득층 및 중산층에 대한 복지적 지원이나 보호가 미흡하여, 수혜대상 한부모가족이 현실적으로 생활을 안정하고 자립을 이루어 나가기 위한 방편이 되지 못하고 있다.

한부모가족 자녀의 아동양육비 지원이나 자녀학비 수준도 상향 조정이 되기는 하였으나, 교육격차를 줄일 수 있도록 아동양육비를 지원하도록 해야 한다. 또한 가계복지자금 대여 등 저소득 한부모가족이 경제적으로 조기에 자립할 수 있도록 지원하는 것이 필요하다.

둘째, 한부모가족지원사업 활성화를 위한 전달체계 강화와 전문가의 역량강화가 필요하다. 「한부모가족지원법」 제17조(가족지원서비스)에 근거하여 지역의 가족전달체계는 기존의 건강가정지원센터와 다문화가족지원센터가 통합된 가족센터를 통해 운영되고 있다. 한부모가족 및조손가족의 복합적인 가족문제의 해결지원이라는 측면에서 사례관리자로서의 서비스 제공인력의 역량강화가 필요하다.

셋째, 한부모가족의 자활에 필요한 지역사회 중심의 전문적 복지서비스 제공이 필요하다. 생계비 등 경제적 지원뿐만 아니라 자활에 필요한 직업훈련, 취업 알선이 요구된다. 또한 취업한 한부모가족의 자녀를 위한 지역사회의 어린이집, 가정봉사원 파견사업, 방과후 보육 등 지역사회 복지서비스를 제공하여 취업모 또는 부의 취업활동에 지장이 없도록 하는 사회적 지원이 필요하다. 그리고 저소득 한부모가족을 위한 영구임대아파트에 우선적으로 입주할 수 있는 지원내용이 있다. 그러나 영구임대아파트에 입주한 한부모가족의 숫자는 최근 계속 감소하고 있는 추세로 한부모가족의 주택 안정이 크게 위협받고 있으며 대기기간이나 영구임대주택 공간의 협소함이 개선되어야 한다.

생각해 봅시다

1 한부모가족(모자가족, 부자가족, 조손가족, 미혼모 · 미혼부가족)의 욕구와 현재 지원정책의 강점과 약점에 대해 생각해 봅시다.

2 취약 한부모가족의 역량강화를 위한 정책을 분석하고 토의해 봅시다.

3 현재 우리 사회의 가족지원기관(가족센터, 사회복지관 등)에서 제공하는 한부모가족 지원사업을 분석하고 토의해 봅시다.

참고문헌

강기정 (2008). 한부모 리더십 계발을 위한 코칭프로그램. 2008년도 한국부모교육학회 추계 학술대회 자료집, 109-127.

김미숙 외 (2000). 저소득 편부모가족의 생활실태와 정책과제. 한국보건사회연구원.

변화순, 송다영, 김영란 (2001). 가족유형에 따른 생활실태와 복지욕구에 관한 연구. 한국여성개발원.

여성가족부 (2021). 2021년 한부모가족 실태조사.

여성가족부 (2023a). 한부모가족지원사업 안내.

여성가족부 (2023b). 2023년 한부모가족복지서비스 종합안내서.

통계청 사회통계국 인구동향 (2006). 사망원인(103항목)/성/연령(5세 계급)별 사망자수. 사망률.

통계청 (2010). 인구주택조사 보고서.

통계청 (2010). 인구동태 건수 및 동태율 추이.

통계청 (2008). 가족정책 관련 통계. 복지가족부.

한부모가족지원법 (2008). 일부 개정 2007. 10. 17, 법률 제8655호 시행일 2008. 1. 18.

Chapter 10

1인가구정책

우리나라에서 1인가구는 최근 2000년대에 들어와서 가장 빠르게 증가하고 있는 가족의 유형이다. 1인가구(one person household)는 가구 내 구성원이 1인 단독으로 구성된 경우이다. 통계청 인구센서스나 가계조사 등 각종 사회통계 조사에서 단위로서의 가구는 "1인 또는 2인 이상이 모여 취사, 취침 등 생계를 같이 하는 생활단위"로 정의하고 있다. 주민등록상의 '세대'와는 다르며, 가구에는 함께 살고 있는 사람이 포함되지만, 때로 혈연관계가 없는 사람도 포함될 수 있다(조흥식, 2017). 그러나 1인가구는 함께 생활하는 사람이 없이 혼자서 취사, 취침 등 생계를 운영하는 생활단위이다. 2020년 개정 건강가정기본법(법률 제14440호)에도 "1인가구"라 함은 1명이 단독으로 생계를 유지하고 있는 생활단위로 명명하고 있다(제3조 제2호의2).

1인가구라 하면 보통 독신자를 떠올리게 되고 실제로 독신자가 많지만 독신자만 있는 것은 아니다. 기러기 아빠나 이혼 후 혼자 사는 사람, 사별한 사람, 노인 등 폭넓게 해당된다. 고아원이나 보육원, 보호소를 나와 독립한 자립청년들도 1인가구에 해당된다.

1인가구, 혼자 사는 사람들은 과거에도 항상 있어 왔다. 그러나 우리나라에서는 1997년 IMF국제금융 위기로 장기적 불황이후에 미혼, 만혼, 비혼 등이 증가 했고 인터넷의 보급과 함께 개인주의가 확산된 것이 영향을 미친 것으로 나타난다. 또한 2010년 이후에는 가정환경이나 학교와 직장 문제로 어쩔 수 없이 독립해서 살던 것과는 달리 자발적으로 1인가구의 삶을 선택하는 사람들이 많아진 경향 때문이기도 하다. 즉 1인가구의 증가에는 인구구조의 변화뿐만 아니라 가치관과 문화적 변화까지 다양한 요인이 영향을 미치고 있다.

1인가구가 빠르게 증가함에도 불구하고 우리 사회에서 1인가구가 사회적 이슈가 되고 있는 이유는 각종 세재혜택, 사회보장 서비스, 주택공급, 소비시장 등 정책서비스나 사회시스템이 일반 가구를 중심으로 구축되어 있어 1인가구를 대상으로 하는 복지 혜택이나 보장이 아직 미흡하기 때문이다. 따라서 1인가구가 경제적인 문제, 생활적응의 어려움, 노후에 대한 두려움, 안전 등 생활에서 상대적으로 더 큰 위험에 노출될 가능성이 높다.

1인가구의 증가는 그 수나 규모에 있어 뚜렷한 현상이므로 그들의 생활상의 불편함과 문제를 분석하고 구체적인 서비스 대응방식을 논의할 필요가 있다. 또한 1인가구의 연령별 분포나 그 발생원인, 상황에 따른 욕구 등에 차이가 있기 때문에 그에 맞는 적합한 대응 서비스가 제공되어야 한다.

이 장에서는 세대별 차이를 나타내는 1인가구의 현황이나 실태, 그리고 이에 요구되는 서비스와 대응 정책에 대해 살펴보고자 한다.

1 1인가구의 현황과 실태

1) 1인가구의 증가 현황

1인가구는 최근 들어 급격히 증가하는 양상을 보이고 있다. 1990년 전체 가구 중 1인가구가 차지하는 비중은 9%가 안 되는 수준이었으나 2000년에는 1인가구 수가 2백만 가구를 넘어(15.5%), 2020년 644만(31.7%), 2022년 기준 약 750만 가구로 전체 가구 중 34.5%로 1/3을 넘어서고 있다. 이는 이제까지 우리가 일반가족 유형으로 보아온 부모+자녀의 핵가족, 즉 부모+자녀로 구성된 핵가족 중 4인 가구(22.5%)의 비중보다도 높은 비율로 향후 가장 많은 가구 유형이 될 것이다.

그림 10-1 1인가구 증가 추이

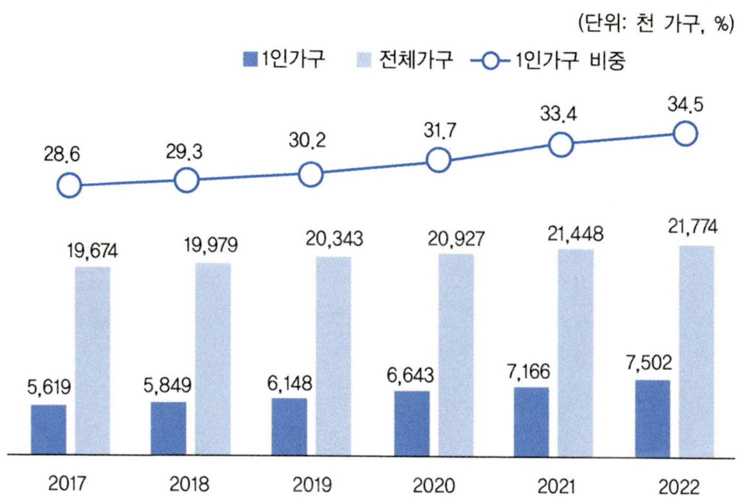

출처: 통계청(2023). 2022년 통계로 보는 1인가구.

1인가구의 증가에 있어서 특징은 1인가구의 연령별, 성별, 지역별 비중에 있어서의 차이가 뚜렷하다는 것이다.

(1) 1인가구의 연령별 분포

우선 연령별 1인가구 비중을 살펴보면, 법적·사실적으로 무배우자이면서 단독으로 세대가 분리되어 혼자 생활하는 20대와 30대의 비혼 남녀의 증가(36.5%)와 고령화에 따른 60대 이상의 노인 1인가구의 비중(34.3%)이 높다는 것이다.

특히 연령대별 1인가구에 있어서 2022년 현재 29세 이하가 19.2%로 가장 그 비중이 높고, 그 다음이 70세 이상 19.6%, 30대 17.3%, 60대 16.7% 순으로 자녀를 양육하고 돌보는 40대와 50대의 비중을 상대적으로 낮고, 젊은 층과 노년층으로 이원화되는 경향을 보이고 있다.

그림 10-2 1인가구 성·연령대별 비중(2022)

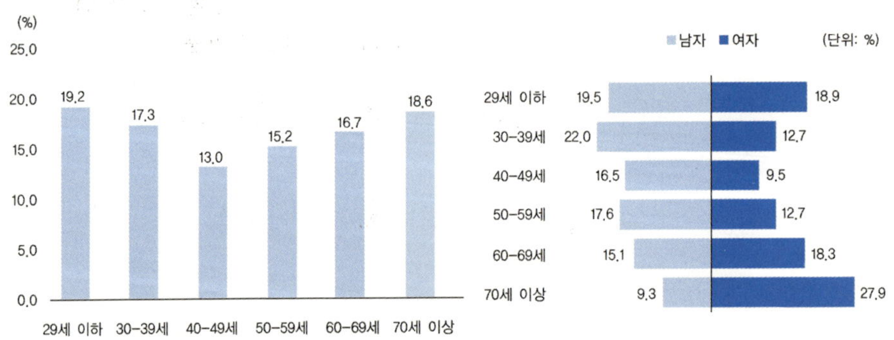

출처: 통계청(2023). 2022년 통계로 보는 1인가구.

또한 전년대비 29세 이하(-0.6%p), 40대(-0.2%p), 50대(-0.2%p)가 감소한 반면 70세 이상(0.5%), 60대(0.3%)가 증가한 것으로 나타났으며, 이러한 1인가구 중 노년층의 비율은 저 출산의 영향으로 향후 20년 간 지속적으로 증가하여 전체 1인가구의 1/2에 가까워 질 것으로 전망되고 있다.

그림 10-3 65세 이상 노인 1인가구의 비중 추이(2022)

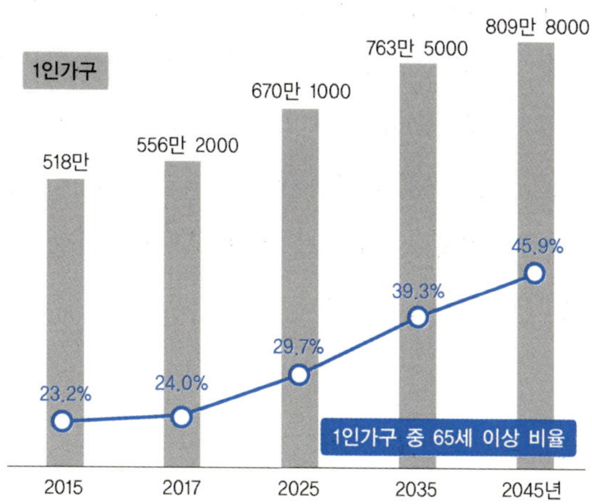

출처: 통계청(2023). 2022년 통계로 보는 1인가구.

현재 가장 비중이 높은 20대와 30대, 젊은 층 1인가구의 증가는 결혼을 하지 않은 비혼과 미혼 1인가구의 증가로 나타나고 있다. 1997년 평균 초혼연령은 남성은 28.53세, 여성은 25.71세였으나 2020년에는 남성이 34.1세 여성은 31.3세로 남성과 여성 모두 5년 이상 늦게 결혼하는 경향을 보이고 있다. 특히 1997년 IMF 위기 이후 구직 활동의 어려움이 지속되면서 대학 진학 이후에도 어학능력 향상, 경력·자격증 관리 등 자신의 경쟁력 강화가 중요해지고, 젊은 세대들이 개인 간 생활방식의 차이를 인정하고 자기의 취미나 관심사 위주로 '혼자' 활동하는 실용주의가 빠르게 확산되면서 비혼 상태가 지속되는 것으로 파악되고 있다. 또한 개인주의 심화와 생활 편의성 증가 등으로 초혼연령이 지속적으로 상승하고 혼인율이 감소하면서 젊은 독신세대가 증가하고 있다.

반면 노년층 1인가구 증가는 고령화와 황혼이혼의 증가 및 성별 평균수명의 차이가 원인이 되는 것으로 나타났다. 우리나라는 2000년 이미 고령화사회, 2018년에는 고령사회에 진입하였으며, 2026년에 초고령사회에 진입할 것으로 예측되어 세계에서 가장 빠른 속도로 노인인구의 비중이 높아지고 있다. 또한 황혼이혼율이 2011년에는 전체 이혼의 7.0%에 불과하였으나, 2021년 17.6%(전체 101,700건 중 17,900건)로 상승하면서 노인 1인 가정의 증가 원인이 되고 있으며, 이로 인해 65세 이상 노인인구 중 1인가구 비중이 2000년 16.2%에서 2010년 26.2%, 2020년 46%로 20년간 3배 이상 증가하였다. 특히 남녀 평균수명 차이로 인해 남편 사후에 혼자 사는 '여성 노인 1인가구'가 빠르게 증가할 것으로 예측되고 있다.

그림 10-4 황혼이혼의 증가율(2022)

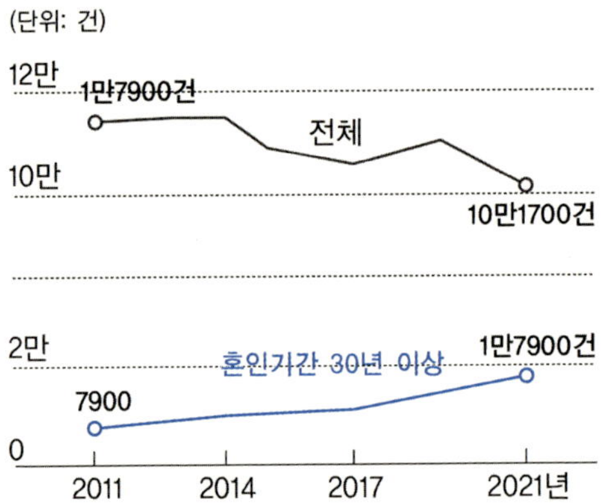

출처: 통계청(2022). 2021년 혼인·이혼통계.

(2) 1인가구의 성별 분포

성별 1인가구의 특성을 살펴보면, 1인가구 중 남성 1인가구는 20~30대가 41.5%로, 여성 1인가구는 60세 이상에서 46.2%로 가장 많아 성별· 연령별 차이가 뚜렷하다.

성별 1인가구 수는 2010년에는 여성 1인가구(222만 가구, 53.6%)가 남성 1인가구(192만 가구, 46.4%)에 비해 많았으나 2022년에는 전체 남녀 1인가구는 375만 1천 가구로 동일하였다.

표 10-1 성·연령대별 1인가구 수(2022년) (단위: 천 가구, %)

연령대	1인가구 수	구성비	남자	구성비	여자	구성비
전체	7,502	100.0	3,751	100.0	3,751	100.0
29세 이하	1,440	19.2	732	19.5	707	18.9
30~39세	1,299	17.3	824	22.0	475	12.7
40~49세	978	13.0	619	16.5	358	9.5
50~59세	1,138	15.2	660	17.6	477	12.7
60~69세	1,253	16.7	565	15.1	687	18.3
70세 이상	1,396	18.6	349	9.3	1,047	27.9

그림 10-5 2020년 가구주의 성-연령대별 1인가구 수

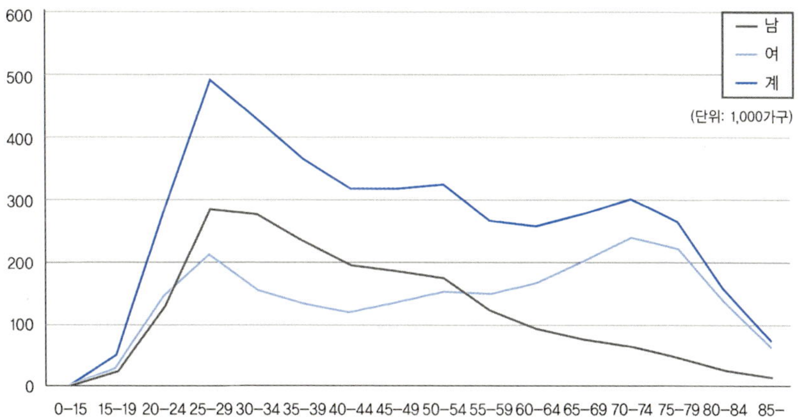

출처: 통계청(2021), 인구주택총조사.

성별·연령별로 살펴볼 때, 남성 1인가구 수가 20대 후반(25~29)과 30대 초반(30~34)에서 가장 많고 그 이후로 점차 줄어드는 것에 비해 여성 1인가구 수는 70대 초반(70~74)과 후반(75~79)에 가장 많고, 그 다음으로 20대 후반(25~29)과 초반(20~24)에 많아서 M자 형태를 이루는 것으로 나타났다. 즉 여성은 60대 이상의 고령 1인가구가 상대적으로 많으며, 남성은 20대 후반에서 30대에 젊은 층 1인가구가 많은 것으로 나타났다.

또한 1인가구 연령대별 분포에 있어서 2015년 가장 비중이 높았던 연령대는 55세~59세였으나 2020년에는 60~64세로 이동하여, 향후 60세 이후 1인가구의 증가는 고령화와 함께 지속적으로 확대될 것으로 예상되며 향후 새롭게 등장하는 고령 노인 1인가구가 새로운 정책 수요자로 예측된다.

(3) 1인가구의 지역별 분포

지역별로 전체 가구 대비 1인가구 비중은 2022년 대전이 38.5%로 가장 높았고, 서울(38.2%), 강원(37.2%), 충북(37.0%), 경북(37.0%) 순이었다. 반면 1인가구 비중이 상대적으로 낮은 지역은 울산(30.2%), 경기(30.2%)였다.

그림 10-6 지역별 1인가구 비중(2022)

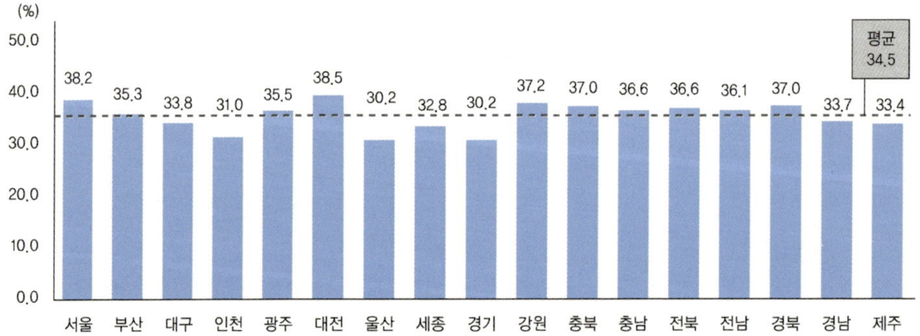

출처: 통계청. 인구주택총조사.

1인가구의 지역별 분포와 비중은 경기도가 21.8%로 가장 높고, 서울(20.8%), 부산(6.8%), 경남(6.2%) 순으로 서울과 경기도(수도권)에 전체 1인가구의 반 가까이(42.6%)가 집중되어 있다. 17개 광역시·도 중 세종과 제주가 1인가구의 비율이 가장 낮은 곳으로 나타났다. 그러나 세종과 제주의 증가율이 각각 0.41%와 0.99%로, 다른 시·도에 비해 가장 높은 증가율을 나타내고 있어 향후 그 수와 비중이 높아질 것으로 예측된다(표 10-2 참조).

그림 10-7 1인가구의 지역별 분포(2022)

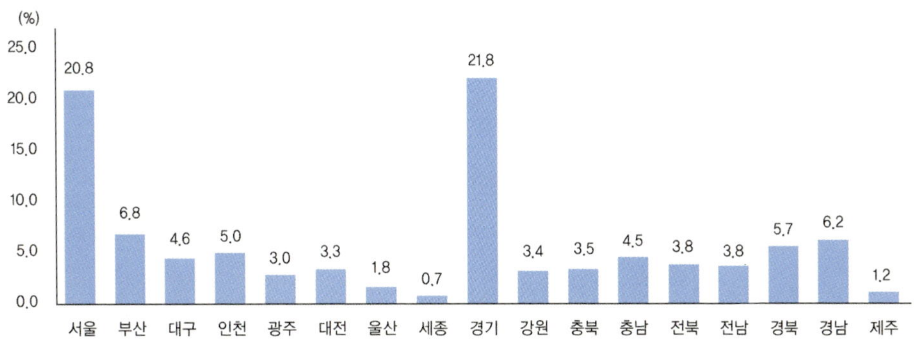

출처: 통계청. 인구주택총조사.

1인가구의 지역별 분포를 2015년과 2020년을 비교해 보면, 2015년에는 서울이 1인가구 수가 가장 많았으나 5년간 경기의 증가율이 더 높아 2020년에는 경기도가 1인가구 수가 가장 많은 지역으로 나타나고 있다.

▌표 10-2▐ 행정구역별(시군구) 1인가구 증가 비교(2015년과 2020년)

행정구	2015년	2020년	증가(명)	증가율(%)
서울	1,115,744	1,390,701	274,957	0.246
경기	1,026,471	1,406,010	379,539	0.369
부산	361,749	455,207	93,458	0.258
경남	346,754	417,737	70,983	0.204
경북	322,569	388,791	66,222	0.205
인천	243,678	324,841	81,163	0.333
대구	239,517	304,543	65,026	0.271
충남	234,513	304,973	70,460	0.300
전남	218,864	256,633	37,769	0.173
전북	213,750	255,269	41,519	0.194
강원	189,379	231,371	41,992	0.222
충북	173,598	236,208	62,610	0.361
대전	169,391	228,842	59,451	0.351
광주	163,577	193,948	30,371	0.186
울산	103,551	122,848	19,297	0.186
제주	58,446	81,855	23,409	0.401
세종	21,889	43,577	21,688	0.991
계	5,203,440	6,643,354	1,439,914	0.277

출처: 통계청. 인구주택총조사.

지역별 연령별 1인가구 분포를 살펴보면, 농촌지역에 65세 이상의 노인 1인가구 비율이 높은 것으로 나타나고(표 10-3 참조), 반면, 도시 지역에서는 젊은 층 20~30대 1인가구의 비율이 높은 것으로 나타났다. 국가 통계포털의 2021년 독거노인 지역별 인구 비율을 보면 독거노인 비율이 높은 지역은 군단위의 농촌지역이 많았고 인구감소 및 지역 소멸 위험지역이 많았다.

독거노인 가구비율은 경남 합천군의 가장 높았고(26.2%), 그 다음은 전남 고흥군(26.1%)과 경북 의성군(24.8%) 순이었으며, 이들 지역은 전체 1인가구 중

1/4이상이 65세 이상의 노인이었다. 반면 29세 이하의 젊은층 1인가구는 2022년 세종시가 가장 많았고, 그 외 서울과 대도시 지역에 많은 것으로 나타나고 있다.

표 10-3 독거노인가구 지역별 순위

순위	행정구	독거노인 가구 비율(%)	65세 이상 1인가구 수(명)	전체 1인가구 수(명)
1	경남 합천군	26.2	5,333	20,332
2	전남 고흥군	26.1	7,773	29,739
3	경북 의성군	24.8	6,024	24,243
4	경남 영덕군	24.2	4,100	16,958
5	경남 남해군	23.9	4,690	19,606

출처: 통계청(2021). 독거노인가구비율

2) 1인가구의 실태

(1) 주거 유형과 주택소유율

1인가구의 주거유형을 보면, 전체 가구가 아파트가 가장 많은 것(52.4%)에 비해 단독주택이 41.0%로 가장 많았으며 그 다음으로는 아파트 34,0%, 연립·다세대 11.7% 순이었다. 특히 주택 이외의 거처에 지내는 경우가 11.5%로 매우 높았다. 또한 주택소유율은 2022년 30.9%로 5년간 상승 추세이나 전체 가구 56.2%의 약 반(54.9%) 수준에 불과하다(그림 10-8 참조).

연령별 주거특성을 살펴보면, 단독주택 비중이 70세 이상에서 가장 높고(47.2%), 그 다음으로 29세 이하(46.5%)였다. 반면 연령대별 주택소유율은 29세 이하에서 가장 낮았으며(6.4%), 연령이 높을수록 높아져 70세 이상에서 48.8%로 가장 높은 것으로 나타났다. 29세 이하의 주택소유율은 다른 연령대에 비해 가장 낮아 주거비 부담이 높을 것으로 예측된다.

그림 10-8 1인가구의 주거유형과 주택소유율(2022)

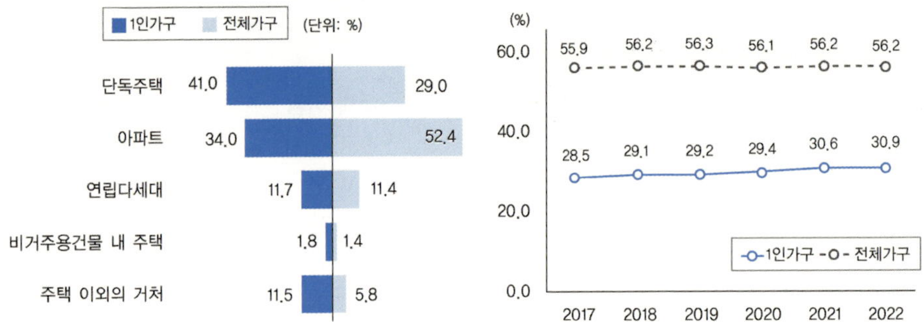

출처: 통계청(2023). 2022년 통계로 보는 1인가구.

그림 10-9 1인가구의 연령별 단독주택 주거 비중과 주택소유율(2022)

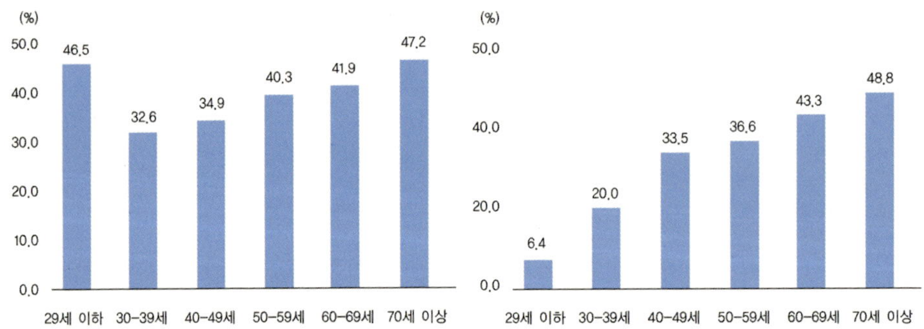

출처: 통계청(2023). 2022년 통계로 보는 1인가구.

이와 같은 경향을 반영하여 국토교통부의 주거실태조사(2021)에 의하면, 1인가구가 원하는 주거지원 프로그램은 주거비 부담을 줄일 수 있는 전세자금대출 지원(30.8%)이 가장 많았고, 그 다음으로 월세 보조금 지원(19.6%), 주택구입 자금대출 지원(17.8%)이었다. 전체 가구와 비교할 때에는 1인가구가 월세 보조금 지원(차이 9.8)과 전세자금 대출지원(차이 7.0)을 상대적으로 더 많이 원하는 것으로 나타난 반면, 주택 구입 자금 대출 지원에서는 오히려 낮게 나타났다.

표 10-4 우선적으로 필요한 주거지원 프로그램(2021) (단위: %, %p)

	계	월세 보조금 지원	전세 자금 대출 지원	주택 구입 자금 대출 지원	주택 개량·개보수 지원	임대 후 분양전환 공공임대 주택공급	장기 공공 임대 주택 공급	공공 분양 주택 공급	주거 상담·정보 제공등	기타
전체 가구(A)	100.0	9.8	23.9	36.0	6.5	6.5	10.9	4.7	1.8	0.0
1인 가구(B)	100.0	19.6	30.8	17.8	4.6	6.0	15.6	4.4	1.2	–
차이(B–A)	–	9.8	7.0	–18.2	–1.8	–0.5	4.7	–0.4	–0.6	–

출처: 국토교통부(2022), 2021년 주거실태조사.

1인가구의 이용률이 높은 주거지원 프로그램은 임차급여(37.6%)와 주거복지 상담 및 정보 이용(12.1%)이 높았으며, 이는 전체 가구보다도 이용률이 높은 항목이었다.

(2) 1인가구의 취업율

통계청의 지역별 고용조사에 의하면, 1인가구의 취업자는 2022년 455만 5천 가구로 전체 1인가구 750만 2천 명 중 60.7%에 해당되며, 전년대비 20만 4천 가구(4.5%p)가 증가하였다. 1인가구 취업자 중 연령별 비중은 50~64세가 가장 높았으며 그 다음으로 30대(23.5%), 15~29세(20.5%) 순이었다(그림 10-10 참조).

그림 10-10 1인가구의 취업자 추이 및 취업자 연령별 비중(2022)

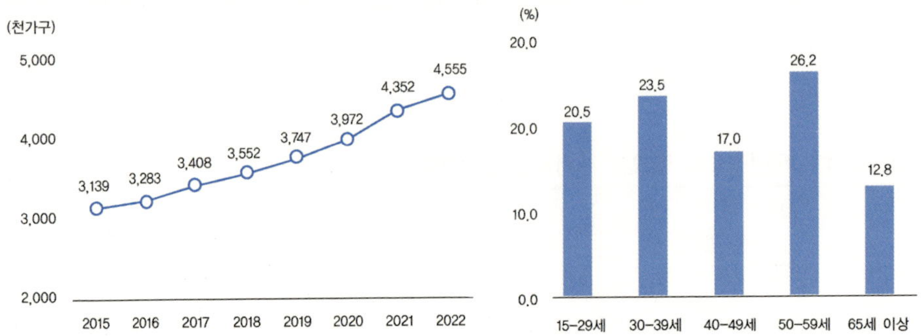

출처: 통계청(2023). 지역별 고용조사, 각 년도 10월 기준.

1인가구 취업자의 산업별 비중은 사업 · 개인 · 공공서비스업이 가장 많았으며(41.0%), 전체 취업자보다 사업 · 개인 · 공공서비스업과 건설업의 비중이 높은 반면, 농림어업과 광 · 제조업 비중은 낮은 것으로 나타났다. 직업별로는 전문가 및 관련 종사자(23.9%), 사무종사자(16.5%), 단순노무종사자(15.4%) 순으로 많았으며, 전체 취업자에 비해 전문가 및 관련종사자의 비중은 높고 농림어업숙련자 비중은 낮았다. 종사상 지위는 상용근로자(58.0%), 임시 · 일용(22.6%), 비임금근로자(19.4%) 순으로 상용과 임시 · 일용 비중은 높은 반면, 비임금근로자 비중은 낮았다. 이를 통해 노년층을 제외한 청년층과 장년층에서의 취업과 직장으로 인해 1인가구 생활을 하게 되는 것으로 파악된다.

(3) 1인가구의 소득과 지출

1인가구의 연간 소득은 2022년 3,010만원으로 전년 대비 증가하였으나 1천만 원~3천 만 원 미만이 44.5%로 가장 많았고, 전체적으로 3천 만 원 미만이 61.3%, 5천만 원 미만이 84%로 전체 가구에 비해 저소득자가 많은 것으로 나타났다(그림 10-11참조).

한편 저소득자가 많은 만큼, 1인가구의 월평균 소비지출은 2022년 155만 1천 원으로 전체 가구(264만 원)의 58.8% 수준으로 약 반 정도로 적다. 비목별로 음식·숙박이 17.8%로 가장 높고, 주거·수도·광열 17.6%, 식료품·비주류음료 순으로 지출이 많았으며, 전체가구에 비해 주거·수도·광열과 음식·숙박 지출은 더 높은 반면, 교육과 식료품·비주류음료는 낮아 기본적 식생활에서의 제한이 예측된다.

그림 10-11 1인가구의 소득 구간별 가구 분포(2022)

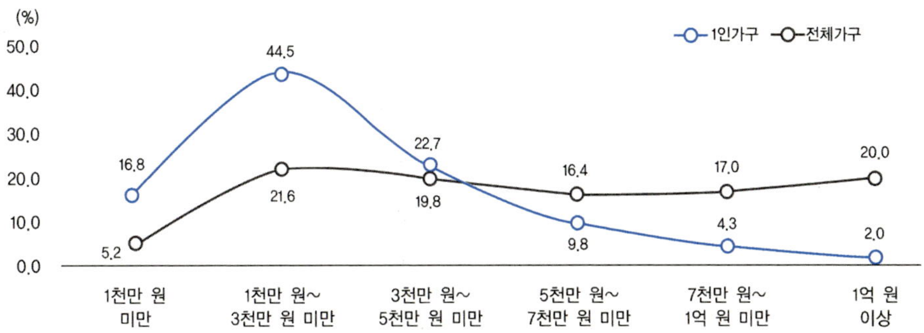

출처: 통계청·금융감독원·한국은행. 가계금융복지조사.

소득원천을 살펴보면, 근로소득의 비중이 60.5%로 가장 높았고, 사업소득(15,8%)과 공적이전소득(13.5%) 순이었다. 이는 전체가구보다 근로소득 비중이 낮은 반면, 공적 이전소득과 사적이전소득의 비중이 높아 외부 지원에 대한 의존이 높은 것으로 해석된다.

그림 10-12 1인가구의 소득과 소득 원천별 비중(2022)

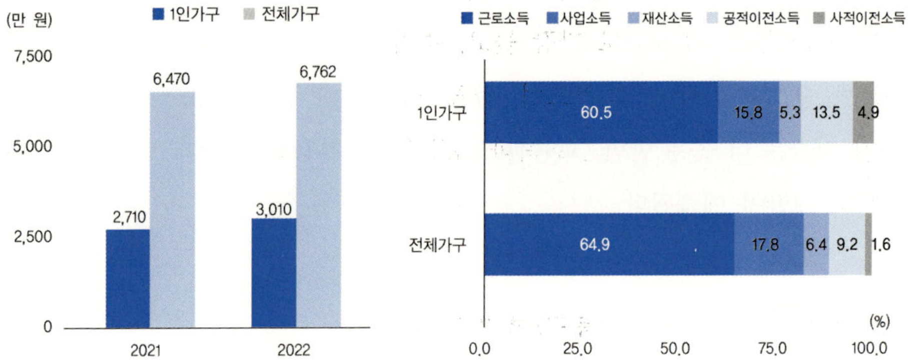

출처: 통계청(2023). 2022년 통계로 보는 1인가구.

또한 국민기초생활 보장 수급을 받는 1인가구가 123만 5천 가구로, 전체 수급대상 가구의 72.6% 2/3 이상이며, 이 비중이 매년 증가하는 것으로 나타나 1인가구의 생활고가 증가하고 정부지원을 받는 가구 역시 증가함을 알 수 있다.

앞에서 살펴본 바와 같이 1인가구는 하나의 동질적인 집단이 아니라 성·연령·소득 등의 특성에 따라 1인가구의 구성원인 및 소비지출 성향, 문제 등 다양한 차이를 나타나고 있다. 특히 1인가구의 가장 큰 특징은 성별·연령별로 뚜렷한 차이가 나타난다는 것이다. 현재 1인가구가 가장 많은 30대 이하에서는 젊은 남성들이 많고 그 다음으로 65세 이상의 노년층에서는 여성이 많은 것으로 나타나, 향후 증가 추이에 맞추어 서비스 제공과 정책 대안을 모색할 필요가 있으며, 이를 위해 다음 절에서는 1인가구 유형 중 노인 1인가구와 청년 1인가구를 좀 더 상세히 나누어 살펴보고자 한다.

2 노인 1인가구의 현황과 실태

1) 노인 1인가구의 현황

1인가구가 전체적으로 증가하는 것과 함께 사회적으로 고령화와 황혼이혼의 증가 및 남녀 평균 수명의 차이가 증가하면서 1인가구 중 노인 1인가구 역시 빠르게 증가하고 있다.

특히 우리나라가 2000년 고령화사회(노인 인구 비중 7%), 2018년 고령사회(노인 인구 비중 14%)에 진입한 이후, 세계에서 가장 빠르게 2026년 초고령사회(노인 인구 비중 20%)에 진입할 것으로 예상되고 있어 노인 인구가 증가하는 만큼 노인 1인가구 역시 그 수와 비중도 빠르게 증가할 것으로 예측된다.

통계청의 2020년 인구주택총조사 결과에 따르면, 65세 이상 노인 784만6천 명 가운데 21.2%인 166만1천 명이 1인가구였다. 고령층 1인가구는 2015년 122만3천 가구에서 5년 사이에 43만8천 가구로 36% 증가하였다. 이는 노인 요양 시설 등 집단 가구에 거주하는 고령층을 제외한 수치로 시설보호 노인을 포함하면 그 비중이 더 커지리라 짐작된다. 80세 이상 홀로 사는 노인은 47만 가구로 2015년(31만3,000가구)보다 5년간 50% 급증하였다. 건강 상태나 경제 상황이 상대적으로 더 취약한 고령일수록 1인가구가 더 빨리 늘고 있고 이는 증가 속도 면에서 젊은층 1인가구를 앞지르는 것이다.

급격한 고령화와 평균수명에 있어서의 남녀차이, 부모부양에 대한 가치관의 변화, 도시화 등으로 인해 노년기의 1인가구 비중은 도시지역에 비해 농어촌 지역에서 높다. 특히 병원 등 의료 인프라가 부족한 지방을 중심으로 고령자 1인가구 비율이 높은 것으로 나타났다. 전남이 가장 높은 지역이었고, 그 다음으로 경북(11.7%), 전북(11.5%), 강원(10.6%)이었다. 서울(6.5%)과 세종(4.1%)은 상대적으로 낮은 편이었다.

2) 노인 1인가구의 특성과 문제점

성별, 학력, 혼인상태, 거주 지역을 중심으로 인구사회적 특성에 있어서 노년층 1인가구의 특성을 살펴보면, 성별로는 여성 1인가구의 비중이 높고, 저학력의 사별로 인한 1인가구 비중이 높은 것으로 나타났다(강은나·이민홍, 2016).

혼인 상태별로는 청년층에서는 미혼 1인가구와 중년층에서는 이혼이나 미혼이 많은 반면, 노년층에서는 사별로 인한 1인가구 비중이 높은 것으로 나타났다. 즉 혼자 살게 된 이유가 70세 이상에서 대부분 배우자와의 사망(65.1%)이 가장 큰 이유로, 이들의 독거는 대부분 사망이나 결혼 등의 자연스러운 가족상황의 변화나 노인의 자발적인 선택에 의해 이루어진 것으로 보인다. 또한 거주 지역이 청년층은 대도시, 중년층은 도농복합도시 및 서울지역인 것에 비해 노년층은 도농복합지역에 거주하는 비중이 높은 것으로 분석되었다.

표 10-5 1인가구 형성의 연령별 사유(2020) (단위: %)

	혼자 살고 싶어서	가족과 지내는 것이 불편해서	본인의 학업·직장	배우자의 사망	본인의 이혼	배우자의 학업·직장	자녀의 학업·직장	부모나 자녀의 사망	자녀의 이혼	부모의 이혼	부모의 직장	기타
전체	16.2	4.1	24.4	23.4	15.6	1.8	4.9	4.0	0.0	0.3	0.4	4.8
12~19세	22.5	3.3	68.1	0.0	0.0	0.0	0.0	0.0	0.0	6.1	0.0	0.0
20~29세	19.9	5.0	70.0	0.0	0.5	0.3	1.1	1.2	0.0	0.1	0.6	1.4
30~39세	25.8	3.9	58.5	0.5	1.8	0.6	0.8	3.1	0.0	1.1	1.8	2.1
40~49세	29.8	6.3	30.9	0.6	17.1	2.7	1.8	8.5	0.0	0.6	0.7	1.1
50~59세	16.4	4.0	13.5	7.1	35.0	3.5	6.7	6.1	0.0	0.0	0.2	7.6
60~69세	9.3	3.6	4.3	25.2	31.0	3.9	9.7	5.3	0.0	0.0	0.0	7.8
70세 이상	8.6	3.3	0.8	65.1	8.0	0.4	6.1	2.0	0.0	0.1	0.0	5.8

출처: 여성가족부(2021), 제4차 가족실태조사 결과보고서.

여성가족부의 제4차 가족실태조사에서는 1인가구의 전체적인 생활의 어려움은 균형 잡힌 식사(48.4%)와 아프거나 위급할 때의 대처 어려움(47.9%), 그리고 가사에 대한 어려움(35.8%)이 응답되었다. 이는 평균수명의 증가로 고령에 혼자 생활함으로써 스스로 돌보고 스스로 생활을 책임지고 관리할 수 있는 여력의 부족으로 식사와 가사 관리가 어렵고, 건강 악화로 아프거나 위급할 때 주의에 도움을 청할 곳이 없어 돌봄 공백에 대한 욕구가 높게 나타나기 때문으로 파악된다.

표 10-6 1인가구의 어려움(2020)

	다른 사람들로부터 고립되어 있어 외롭다	아프거나 위급할 때 혼자서 대처하기 어렵다	균형잡힌 식사를 하기 어렵다	가사 (식사준비, 주거관리, 장보기) 등을 하기 어렵다	주거 환경이 안전하지 않다	범죄로부터 안전하지 않다	나를 부양하는 가족이 없어 경제적으로 불안하다	사회적으로 부정적인 시선이 있다
전체	18.3	30.9	42.4	25.0	11.5	9.6	19.5	9.9
남자	18.7	28.0	47.1	28.5	11.7	7.4	18.8	11.0
여자	18.1	33.6	38.1	22.0	11.4	11.6	20.2	9.2
12~19세	19.5	26.1	56.9	30.7	19.3	19.3	23.2	16.7
20~29세	8.0	15.3	46.6	23.4	9.6	12.4	6.7	7.8
30~39세	9.1	17.3	42.8	21.1	10.6	8.2	8.7	7.1
40~49세	9.5	17.6	32.3	11.5	7.3	5.5	12.4	13.0
50~59세	16.0	27.4	34.2	18.9	12.2	8.8	26.7	11.5
60~69세	25.8	38.6	42.3	26.4	12.4	9.3	28.7	14.2
70세이상	27.8	47.9	48.4	35.8	13.4	10.8	23.4	7.0

출처: 여성가족부(2021), 제4차 가족실태조사 결과보고서.

다음으로 60대 이상에서 고립으로 인한 외로움이 다른 연령층에 비해 높게 나타나고 있다. 특히 노인 1인가구 중 자녀와의 접촉도가 낮고 친한 친구가 적으며 단체 활동이 없는 노인의 사회적 소외 가능성이 높아지고 있다. 노인 1인가구는 다른 노인에 비해 다양한 부양을 제공하거나 부양을 받는 비율이 낮은 편이며, 가족응집 수준도 낮은 편이다. 우리나라의 부모부양에 대한 인식이 '부모 스스로 해결'이나 '가족'보다 '가족과 정부, 사회'가 돌보아야 한다는 쪽으로 변화하고 있으므로, 1인가구 대상 돌봄과 부양 부담 감소와 돌봄 공백 상황에 대한 지원 방안이 보다 시급한 것으로 파악된다.

그림 10-13 부모 부양에 대한 견해

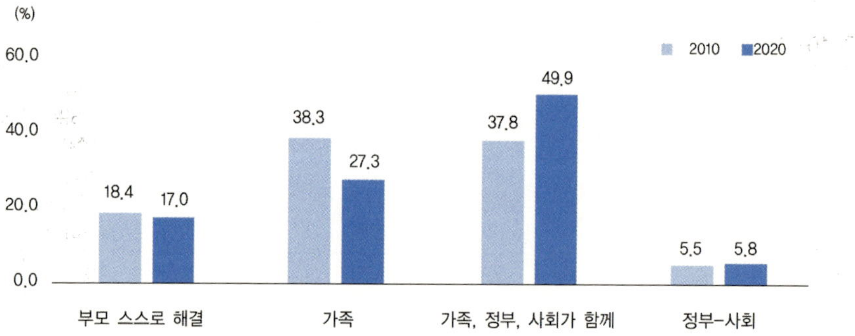

출처: 통계청(2022). 2022 고령자 통계; 사회조사 각 년도 인용.

그 다음으로 경제적 불안감(23.4%)로 높게 나타났다. 노인 1인가구는 다른 노인과 비교해 건강상태나 경제상태가 낮으며, 노인 학대 경험도 상대적으로 높은 편이다. 또한 청장년층 1인가구에 비해 교육수준이나 경제 활동이 매우 낮은 것도 특징적이다. 따라서 노년기에 1인가구의 경우 혼자 생활할 수 있는 경제력을 가지고 있는가의 문제는 가장 중요한 문제이다. 경제적 의존성과 불안정성이 심리적인 위축과 사회활동의 축소를 가져오기 때문에 노년기의 삶의 질 저하와 직접 연계되기 때문이다. 특히 남성에 비해 평균수명이 긴 여성노인의 경우, 배우자 사망과 함께 70대 후반에서 1인가구의 비율이 높으며 점차 더 증가할 것으로 예측된다. 즉 남성 노인에 비해 경제활동 참여가 낮고 소득이 낮은 고령의 여성 노인 1인가구의 경제적 어려움이 향후 사회적으로 더 심화될 것이다.

혼자서 살고 있는 노인들이 생각하는 혼자살기 위해 가장 필요한 요소로는 절반 이상이 본인의 건강(53.8%)을 언급하였으며, 그 다음이 경제적 능력(20.2%), 가까운 친구(16.4%) 순이었다. 그리고 혼자 생활하고 있는 노인이 여유시간이 있을 때 우선시 하는 활동은 운동이나 여행, 취미활동(18.9%), 친구나 이성과의 만남(19.6%), 봉사활동이나 종교활동(18.3%), 휴식(16.0%) 등이다. 이들의 가장 걱정거리로는 건강(48.1%), 가족에 대한 염려(23.3%), 노후준비(14.1%), 경제적 준비(13.9%) 등이었다(한국보건사회연구원, 2012).

3) 노인 1인가구를 위한 정책적 지원

현재 우리나라 1인가구는 전체 가구의 1/3(34.2%)을 차지하고 있으며, 앞으로도 그 비중은 계속 증가될 전망이다. 따라서 1인가구의 증가세는 향후 가족정책의 확대와 사회적 안전망의 재점검을 요구하고 있다. 가족구조나 형태의 다양성으로 인해 더 이상 3~4인으로 이루어진 가족만을 중심으로 가족정책을 논의할 수는 없는 실정이다. 1인가구는 혼자 생활하고 있지만 다른 가족 구성원과의 유대와 교환이 이루어지며 도움이 필요할 때 작동되는 유연한 친족관계로 이루어졌다는 점에서 가족구조의 다양한 형태 중 하나로 인식되는 것이 마땅하다.

그러나 현행 가족정책 서비스 체계에는 1인가구를 개입대상으로 직접 서비스를 체계적으로 지원하지 못하고 있다. 즉 가족정책의 기반이 되는 건강가정기본법이나, 국민기초생활보장, 국민연금, 국민건강보험 등의 정책제도에서 기본적으로 가족이나 가구를 대상으로 하여, 즉 지속적으로 단독가구를 유지하거나 일시적으로 독신상태로 머무르는 구성원을 대상으로 정책적 지원을 고려하지 않고 있다. 일부에서는 연말정산 등에서 부양가족 혜택을 받지 못하는 등 1인가구가 오히려 불이익을 받을 수 있다고 주장하기도 한다.

현재 노인 1인가구를 위한 정책적 지원은 대부분 노인 돌봄 서비스에 집중되어 있으며, 이는 1인가구에 대한 정책 영역으로 인식되기 보다는 노인 돌봄 영역 중 독거노인들을 대상으로 한 일부 서비스 영역으로 인식된다. 최근 정부에서 독거노인에 대한 정책적 대응에을 위해 '독거노인 종합지원대책'을 발표하고 각종 중장기 계획에 독거노인 대응방안을 포함하였으나 정책대상이 선별적일 뿐만 아니라 사후적인 접근이라는 점에서 한계가 지적되고 있다.

현재 노인 1인가구를 위한 정책적 지원에는 노인돌봄기본서비스, 독거노인 응급안전돌보미, 독거노인 사랑잇기 프로그램 등이 대표적이다(보건복지부, 2012). 노인돌봄기본서비스는 노인돌보미가 주기적으로 방문하거나 전화로 안부를 확인하는 서비스이며, 응급안전돌보미 서비스는 독거노인 가정에 가스와 화재 활동 감지기를 설치하여 응급상황에 신속히 대처하는 서비스이다. 독거노인 사랑잇기 프로그램은 홀로 사는 어르신에게 민간과 공공기관의 콜센터 상담원이 1:1 안부 확인 전화(일명 '사랑 잇는 전화')를 드리고, 자원봉사자가 직접 방문하여 보살펴 드리는(일명 '마음 잇는 봉사) 내용을 포함하며, 독거노인종합지원센터 등 서비스 전달체계를 새로이 구축하여 서비스를 지원하고 있다. 이밖에도 노인들에게 요구되는 생활서비스를 비롯한 돌봄서비스를 제공하기 위해 '고령자 공동시설 지원' 등을 통해 시군단위의 공동생활 홈, 공동급식시설, 작은목욕탕 등을 설치하여 지자체별로 지원하고 있다.

노인 1인 가정의 경우 홀로 생활함으로써 발생하는 일상생활이나 정서적 지원 등의 돌봄에 대한 욕구, 그리고 신체적 돌봄과 요양 돌봄에 이르기 까지 다양한 돌봄에 대한 욕구가 큰 집단이다. 예를 들어 가구이동, 대형쓰레기 처리, 조명기구 교체, 가사가전제품 수리, 대청소, 병원 및 관공서 이동이나 장보기 동행 등과 같은 생활상의 문제에서부터, 홀로 생활하는데서 오는 고립감이나 우울감 등 정서적 돌봄의 문제, 그리고 심각하게는 기능장애에 대응하는 장기요양에 대한 돌봄 수준까지 매우 다양한 요구가 발생할 수 있다. 따라서 이에 대응하는 보다 광범위하고 체계적인 지원정책이 마련되어야 할 것이다.

3 청년 1인가구정책

최근 우리 사회는 전체 가구 유형 중 1인가구가 가장 큰 비중을 차지하게 되면서 1인가구, 특히 청년 1인가구의 특성을 반영한 다양한 관련정책을 요구하게 되었다. 1인가구는 일반적으로 1인이 독립적으로 생계를 유지하고 있는 가구로 정의할 수 있다. 1인가구는 2017년 국회 본회의를 통해 통과된 건강가정기본법 일부개정법률을 기반으로 2018년부터 복지정책의 대상이 되었다.

1) 청년 1인가구 개념 및 실태

(1) 개념

청년 1인가구는 독립적으로 취사, 취침 등의 생계를 유지하는 가구로서 2030세대를 말한다. 1인가구는 혼자 산다는 공통점이 있지만 형성유형에 따라 삶의 형태도 각기 다르다고 볼 수 있다. 우리나라의 20~30대 청년 1인가구의 경우, 취업 준비생 혹은 비정규직 집단으로 보는 경향이 있으며, 이들에 대한 복지의 필요성이 제기되고 있는 실정이다(변미리, 2010).

청년 1인가구의 발생원인은 첫째, 만혼 및 비혼의 증가로 현대사회에서 결혼적령기에 대한 기준이 모호해지고, 20대의 주된 과업이 결혼에 있지 않고 취업으로 이동함으로써 청년 1인가구가 증가한다. 둘째, 자유주의 및 개인주의의 확산에 따른 가치관의 변화로 결혼은 꼭 해야 하는 것이 아니며, 결혼에 대한 유보적인 추세가 높은데서 청년 1인가구가 증가한다(이윤정 외, 2020).

우리나라에서 1인가구의 개념은 2005년 통계청에서 처음 도입되면서 등장했고, 전에는 1인가구대신 '단독가구'로 호칭하였다. 2005년부터 인구주택총조사 등에서 1인가구(One-person household)를 한 명으로 구성된 가구로 정의하고, 혼자서 살림하는 가구를 말하고 이는 1인이 독립적으로 취사, 취침 등의 생계를 유지하는 가구를 말한다(통계청, 2022).

청년을 구분할 때에는 사회의 구성원 중 젊은 사람들을 청년으로 구분하되, 해당 사회에서 비교적 낮은 사회경제적 지위를 가지고 있다고 볼 수 있으며, 청년의 연령은 사회별이나 시대별로 달라질 수 있다.

청년기본법에 의하면, "청년"이란 19세 이상 34세 이하인 사람을 말한다. 청년고용촉진특별법에서는 청년이란 만 15세 이상 만 29세 이하의 취업을 원하는 사람으로서 대통령령으로 정하는 나이에 해당하는 사람을 말한다. 서울특별시 청년 기본 조례에서 "청년"이란 만 19세 이상 39세 이하의 사람을 말한다. 이 조례는 정치, 경제, 사회, 문화 등 모든 분야에서 서울특별시 청년의 능동적인 사회참여 기회를 보장하고, 자립기반 형성을 통해 청년의 권익증진과 발전에 기여함을 목적으로 한다.

표 10-7 법령과 자치법규에 근거한 청년 1인가구개념

출처	법령명	근거조항
법령	청년기본법	만 19세 이상 만 34세 이하 – 제1조(목적): 이 법은 청년의 권리 및 책임과 국가와 지방자치단체의 청년에 대한 책무를 정하고 청년 정책의 수립/조정 및 청년 지원 등에 관한 기본적인 사항을 규정함을 목적으로 한다. – 제3조(정의): "청년" 이란 19세 이상 34세 이하인 사람을 말한다. 다만 다른 법령과 조례에서 청년에 대한 연령을 다르게 적용하는 경우에는 그에 따를 수 있다.
	청년고용촉진 특별법	만 15세 이상 만 29세 이하 – 제1조(목적): 이 법은 청년 미취업자에 대한 국내외 직업능력개발훈련 등의 지원을 통하여 청년고용을 촉진하고 지속적인 경제발전과

		사회 안정에 이바지함을 목적으로 한다.
	고용보험 시행령	만 15세 이상 만 34세 이하 – 제1조(목적): 이 영은 고용보험법에서 위임된 사항과 그 시행에 필요한 사항을 규정하는 것을 목적으로 한다.
	자치단체명	**근거조항**
자치 법규	서울특별시 청년 기본 조례	만 19세 이상 39세 이하 – 제1조(목적): 이 조례는 정치, 경제, 사회, 문화 등 모든 분야에서 서울특별시 청년의 능동적인 사회참여 기회를 보장하고, 자립기반 형성을 통해 청년의 권익증진과 발전에 기여함을 목적으로 한다. – 제3조(용어의 정의): 이 조례에서 "청년" 이란 만 19세 이상 39세 이하의 사람을 말한다.
	대전광역시 청년 기본 조례	만 18세 이상 39세 이하 – 제2조(청년의 범위): 청년기본법 제3조제1호 단서에 따라 "청년" 이란 만 18세 이상 39세 이하인 사람을 말한다.
	세종특별자치시 청년 기본 조례	19세 이상 34세 이하 – 제3조(용어의 정의): "청년" 이란 청년기본법 제3조제1호에 따른 사람을 말한다.
	충청남도 청년 기본 조례	19세 이상 39세 이하 – 제3조(정의): "청년" 이란 19세 이상 39세 이하의 사람을 말한다.

출처: 청년기본법〈개정 2023. 3. 21.〉 제3조 1호; 청년고용촉진 특별법 제2조 1호; 고용보험 시행령 제 3조; 국가법령정보센터, 서울특별시 청년 기본 조례 제3조 1호; 국가법령정보센터, 대전광역시 청년 기본 조례 제2조; 국가법령정보센터, 세종특별자치시 청년기본 조례 일부개정조례안; 국가법령정보센터, 충청남도 청년 기본 조례 제3조 1호

2) 청년 1인가구생활 실태

(1) 청년 1인구 인구 비중

우리나라 청년 1인가구의 최근 현황을 살펴보면, 2021년 9월 기준 우리나라 1인가구가 40%를 넘었다(행정안전부, 2022).

2020년 기준 청년세대 인구는 10,213천명으로 총인구(50,133천 명)의 20.4%를 차지하고 있으며, 2015년의 21.5% 대비 1.1%p 감소한 것으로 나타났다. 총인구 중에서 청년세대 인구가 차지하는 비중은 1990년에 31.9%(13,849천 명)

로 가장 높았으며, 2020년 초반까지 감소추세가 지속되면서 2050년 청년인구 비중은 11.0%로 하락할 전망이다.

국내 1인가구 2030 청년세대는 238만 3,000가구로 36%가 청년이다. 전체 가구 대비 1인가구비율이 2030년에는 35.8%, 2050년은 39.6%로 매년 증가될 것으로 예상하고 있다(통계청, 장래가구추계). 2040년 우리나라 1인가구비중은 37.9%가 될 것으로 전망되며, 독일45.3%, 일본 39.3%, 영국 32.8%가 될 것으로 전망된다. 30년 뒤 1인가구의 주요 연령층 비중은 현재 1인가구 비중이 가장 높은 청년층에서 65세 이상의 노년층으로 변화될 것으로 추정하고 있다. 이는 비혼, 저출산 현상으로, 사회 전반적으로 생산가능인구의 감소가 가속화되기 때문이다.

그림 10-14 청년세대 인구 및 비중 (1980~2050)

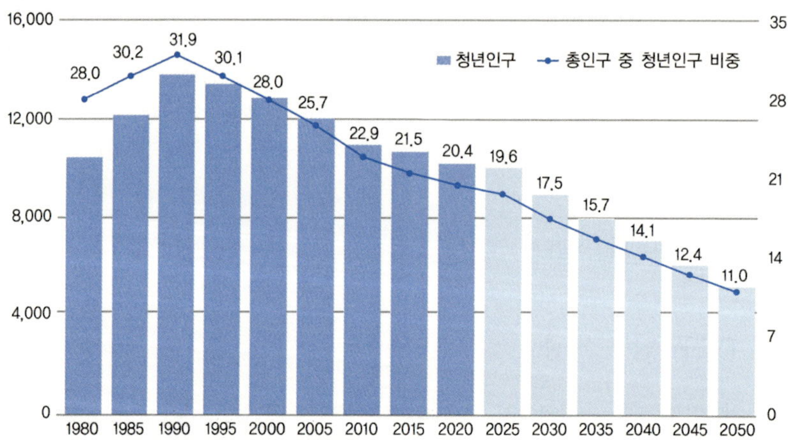

출처: 인구주택총조사(1980~2020). 장래인구추계(2025 이후).

또한, 청년 1인가구 급증은 학교나 직장 등의 이유로 인해 혼자가 되어 버린 청년들이 늘어나는 결과로 20대는 학교, 30대는 직장으로 대부분 혼자 살게 된 원인이 다르다. 이들은 취업난과 생활고 등으로 연애와 결혼 등을 포기 하고 싱글로 남아 있게 되면서 이 시기가 길어지고 특히 혼자 사는 1인가구와 비자발적으로 형성된 1인가구는 삶의 만족도가 떨어지며, 외로움과 우울감 등으로 심리적 압박감을 받는 사례가 증가하는 추세이다(통계청, 2022).

(2) 청년 1인구 거주 가구유형

'혼자 사는' 청년의 비중은 2000년 이후 지속적으로 증가 추세를 보이는 가운데 2015년 12.9%에서 2020년 20.1%로 대폭 증가하였으며, '부모와 동거'하는 비중은 2015년까지 증가세를 보이다 2020년에는 5년 전 대비 감소로 전환하고 있다.

20대 중반이후 청년세대는 2000년에는 '부모와 동거' 및 '부부가구' 비중이 높은 편이며, 2020년에는 '부부가구' 비중이 줄고 '1인가구'의 비중 증가가 현저하게 나타난다.

'2020년 혼자 사는 청년세대'는 1,935천 명으로 2015년 대비 53.8% 증가하고 있다. 2020년 혼자 사는 '여자'가 875천 명으로 2015년 대비 340천 명(63.5%) 증가하고 있다. 2020년 청년세대가 부모, 배우자 등과 떨어져 혼자 살고 있는 주된 이유는 '본인의 직장 때문'인 경우가 55.7%로 가장 많고, '본인의 독립생활' 23.6%, '본인의 학업 때문' 14.8% 순으로 나타난다.

그림 10-15 청년세대 거주유형(2000년와 2020년)

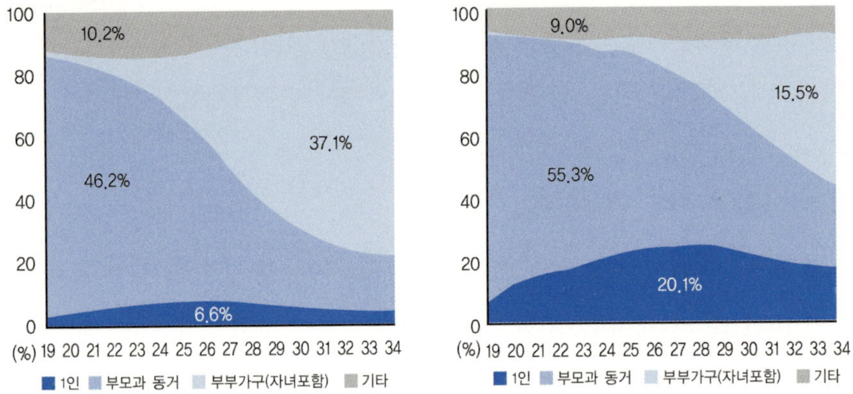

출처: 통계청, 인구주택총조사(1980~2020) 결과로 분석한 우리나라 청년 세대의 변화

(3) 청년 1인가구 권역별 거주비중

2020년 청년세대의 53.8%(5,491천 명)가 수도권에 거주하고 있으며, 2005년 이후 절반 이상의 청년세대가 수도권에 거주하는 것으로 나타났다.

그림 10-16 권역*별 청년세대 비중(2000~2020)

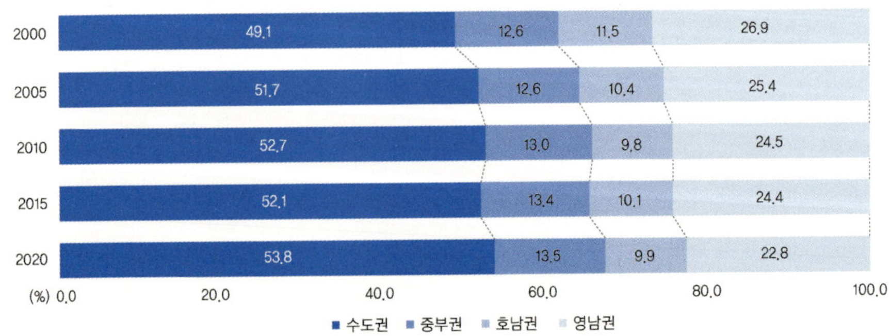

* 수도권(서울, 인천, 경기), 중부권(대전, 세종, 강원, 충북, 충남), 호남권(광주, 전북, 전남, 제주), 영남권(부산, 대구, 울산, 경북, 경남)

출처: 통계청(2023). 인구주택총조사(1980~2020) 결과로 분석한 우리나라 청년 세대의 변화.

(4) 청년 1인가구 성별 차이

성별 대학이상 졸업자 비중은 2020년 남자 47.8%, 여자 58.4%로 여자가 남자보다 높았으며, 성별 비중 차이는 2015년까지 커지다가 2020년에 소폭 감소하고 있다.

2000년 이후 성별 경제활동 비중을 보면, 남자는 증감을 반복하고 여자는 2000년 42.3%에서 지속적으로 증가하여 2020년 61.1%로 크게 증가하였다. 성별 경제활동 비중 차이는 2000년 23.6%p에서 2020년 2.7%p로 감소하고 있다.

2020년 혼인상태가 '미혼'인 청년세대는 7,837천 명으로 전체의 81.5%를 차지하였고, 2015년 75.0% 대비 6.5%p 증가추세이다.

그림 10-17 청년세대 성별 대학이상 졸업 인구 및 비중(2000~2020)

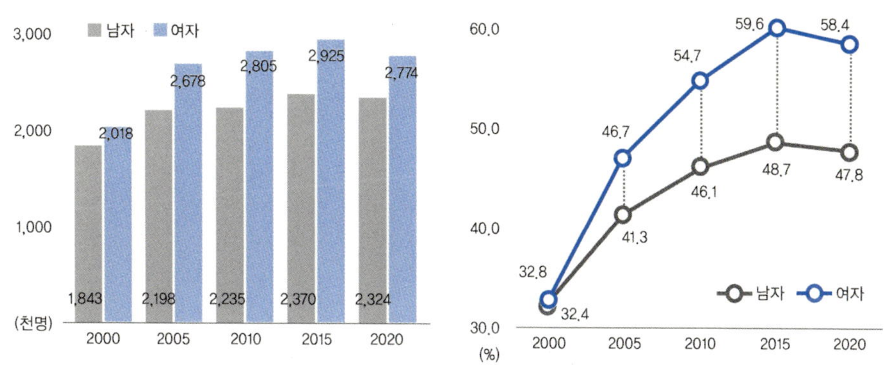

출처: 통계청(2023). 인구주택총조사(1980~2020) 결과로 분석한 우리나라 청년 세대의 변화.

그림 10-18 청년세대 성별 경제활동 인구 및 비중(2000~2020)

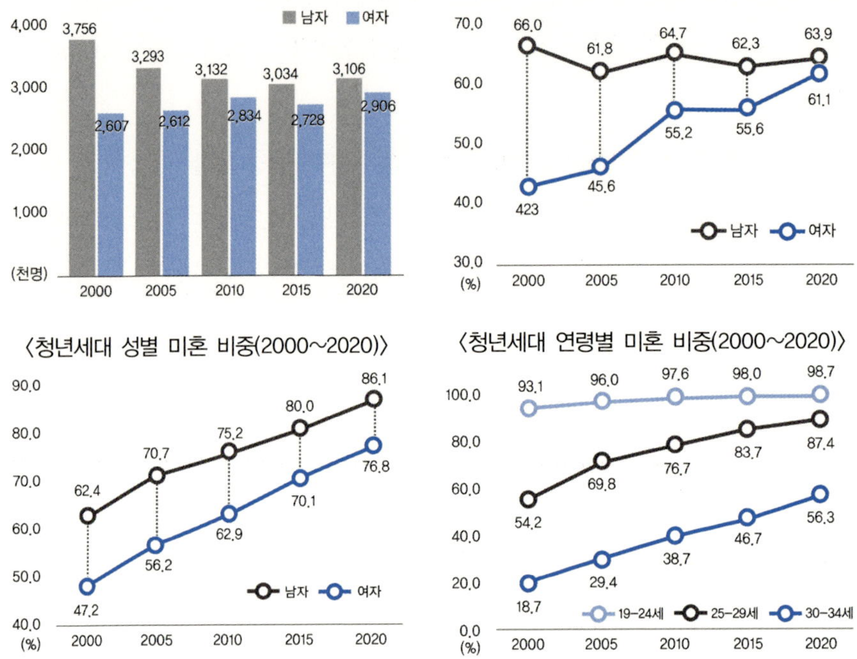

출처: 통계청(2023). 2022년 혼인통계결과.

3) 청년 1인가구 문제 및 특징

(1) 빈곤(경제적) 문제

2020년 여성 청년 빈곤율은 시장소득 기준 10.1%, 가처분소득기준 7.9%이고, 남성 청년 빈곤율은 시장소득 기준 11.1%, 가처분소득 기준 8.6%로 나타나 남성 청년의 빈곤율이 다소 높다(참고, 중위소득 50% 기준). 「통계청 경제활동인구조사」에서 2022년 청년층(15~29세) 실업률은 6.4%로 나타났다.

그림 10-19 1인가구 청년의 빈곤율

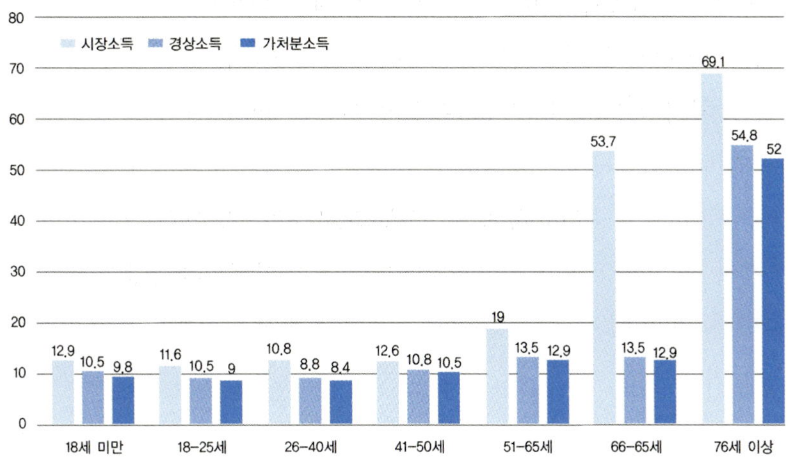

출처: 통계청(2023). 2022 통계로 보는 1인가구.

최근에는 고용 악화로 인한 장기적인 실업이 청년기 자녀들의 빈곤으로 이어지고 청년 가구가 월임대료 및 주거비의 상당 부분을 50~60대 부모 세대에게 의존함으로써 50~60대 부모세대의 빈곤으로 이어지는 빈곤의 대물림 현상이라는 사회적 문제로 나타나기도 한다. 1인 청년가구의 빈곤의 원인은 최근 장기적인 고용 악화로 인한 최악의 청년 실업에서 연유한다.

(2) 주거 문제

2020년 혼자 사는 청년세대의 거처유형은 '단독주택'의 비중이 50.8%로 가장 높고, '아파트' 20.8%, '주택 이외의 거처' 14.9% 순으로 2015년 대비 '아파트'에 거주하는 청년세대의 비중이 증가하고 있다.

2020년 청년세대의 생활비원천은 '본인의 일·직업(배우자포함)'인 경우가 65.2%로 가장 많았으며, '부모의 도움'은 29.5%를 차지하고 있다. '부모의 도움'으로 생활비를 충당하는 청년세대는 남자의 경우 32.0%, 여자 26.9%로 남자가 5.2%p 더 높은 비중을 차지하였고, 연령별로는 20~24세의 경우 57.2%로 가장 높고, 30~34세는 10.3%로 가장 낮게 나타났다(통계청, 2022).

지속되는 취업난과 급격한 인플레이션은 자본력이 부족할 수밖에 없는 청년층에겐 더욱 치명적으로 작용되고 있으며 이로 인한 주거난이 심해지는 상황으로 이어진다.

1인가구 청년의 주거점유형태는 월세 52.7%의 비율이 가장 높고 전세 25.8%, 자가 11.5% 의 순이다. 청년 1인가구는 다가구·다세대 주택(44.2%)에 가장 많이 살고, 주택 위치가 반지하, 지하, 옥상(옥탑)에 해당하는 경우가 전체 가구에 비해 높다.

그림 10-20 1인가구 청년의 주거 점유 형태

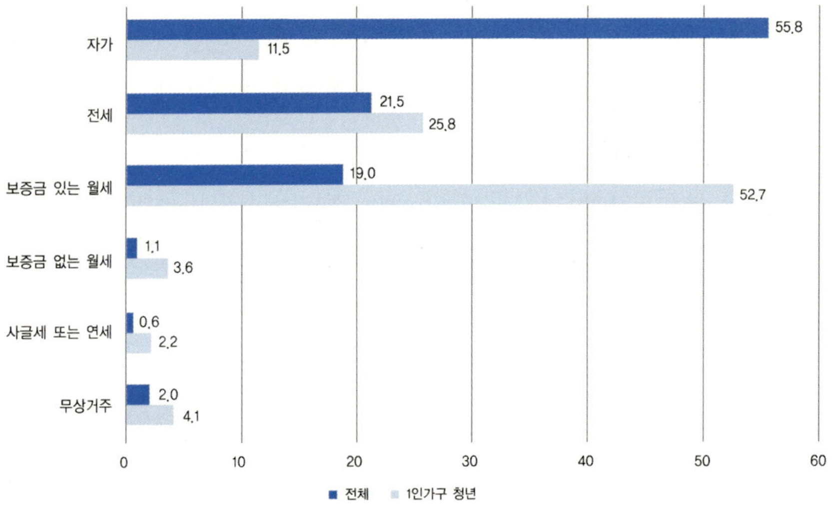

출처: 국무조정실·한국보건사회연구원(2022). 청년 삶 실태조사. 원자료 분석.

(3) 심리정서 및 건강문제

청년 1인가구의 심리정서 및 건강문제는 다인 가구와 비교 시 상대적으로 많은 위험에 노출되어 있다. 최근 청년의 우울감은 지속적으로 증가하고 있으며, 이는 대한민국 사회적 문제로 볼 수 있고, 이와 관련해 최근(2017년~2021년) 20대 우울증 환자수는 7만 8,016명에서 17만 7,166명으로 두 배 이상 증가하였으며, 30대 또한 8만 3,819명에서 14만 270명으로 급격히 증가하고 있다(건강보험심사평가원, 2022). 혼자 사는 사람들은 우울한 정서를 느끼고, 자살에 대한 생각이 높으며, 청년 1인가구는 주로 외로움과 사회적 고립 및 우울증이나 자살생각 등 정신건강문제를 경험한다고 보고하였다(박민진 · 김성아, 2022).

청년층 1인가구의 흡연율(32.9%)과 음주율(82.1%)은 청년층 다인 가구(흡연율 19.3%, 음주율 67.9%)보다 훨씬 높은 경향을 보여 이들에 대한 건강상 문제가 나타날 수 있고, 이들 중 우울증을 의심할 수 있는 비중은 1인가구 7.0%, 다인 가구 6.2%로 청년 1인가구의 우울 의심률이 0.8%p 높은 경향을 나타내고 있다.

청년의 우울감에 관한 여러 연구들에서는 스트레스, 실업, 성별, 대인관계, 생활습관, 사회적 자본 등이 주요 요인으로 분석된다(김경숙, 2020). 청년 가구의 우울증상 유병률은 6.1%(남 4.9%, 여 7.5%)이었는데, 1인가구 청년의 경우에는 7.3%로 1.2%p가 더 높았으며, 자살 생각 및 정신건강 미충족율 또한 전체에 비해 더 높게 나타났다. 더불어, 1인가구 청년은 전체에 비해 심리적 거부감과 정보가 부족할 가능성이 더 높은 것으로 분석되었다.

그림 10-21 1인가구 청년의 우울증상 유병률

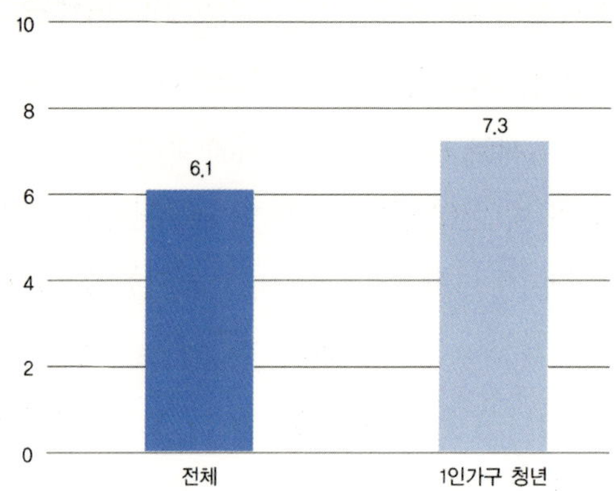

출처: 국무조정실·한국보건사회연구원(2022). 청년 삶 실태조사. 원자료 분석.

우울하거나 스트레스를 받을 때 1인가구 청년은 가족에게 도움을 요청할 수 있다고 답한 비율이 70.7%로 가장 낮게 나타났다. 1인가구 청년의 경우에도 교류하는 비동거 가족 및 친척이 없다는 비율이 9.9%에 이른다는 점이다. 혼자 살면서도 부모 혹은 형제와도 교류가 없는 청년이 10명 가운데 한 명꼴인 셈이다(국무조정실·한국보건사회연구원, 2022).

(4) 청년의 가치관 변화

청년층의 결혼, 출산, 노등 등 가치관 변화에 있어서 결혼에 대해 긍정적인 청년 비중은 10년 전보다 감소하여, 2022년에는 청년 3명 중 1명이 결혼에 대해 긍정적으로 생각하고 있다(통계청사회통계국, 2023).

구체적으로 살펴보면, 결혼을 하지 않더라도 함께 살 수 있다고 생각하는 청년 비중은 꾸준히 증가하여 '22년에는 청년 10명 중 8명이 비혼동거에 동의한다. '22년 청년 중 절반 이상은 결혼을 하더라도 자녀를 가질 필요가 없다고 생각하며 비혼 출산에 동의하는 비중은 꾸준히 증가하고 있다. '21년 청년은 직업선택 시 수입, 안정성, 적성·흥미 순으로 중시하나, 19~24세 연령계층은 수입, 적성·흥미, 안정성 순으로 중시하는데, 공기업, 국가기관, 대기업 순으로 선호하고 있다.

'21년 청년이 생각하는 여성 취업의 가장 큰 장애 요인은 육아부담(46.3%), 사회적 편견(18.5%), 불평등한 근로 여건(13.8%) 순이다. 일과 가정 균형이 가장 중요하다고 생각하는 청년 비중은 꾸준히 증가하여 '21년에는 청년 2명 중 1명이 일과 가정의 균형을 가장 중시한다.

4) 청년 1인가구 정책 방향

1인 청년가구를 위한 지원정책은 중앙정부와 지방자치단체에서 정책 및 서비스를 지원하고 있다. 일반적으로 경제적 지원, 주거지원, 취업지원, 심리정서지원 등으로 구분된다.

'청년'을 정부 핵심 아젠다로 설정하고, 역대 정부 최초로 국정과제에 청년정책을 반영, '희망 · 공정 · 참여' 3대 기조 아래 국정과제를 차질 없이 이행중이다.[1)]

정부 내 청년정책 추진체계에서부터 민간까지 아우르는 종합적인 청년정책 추진기반 구축을 위한 초석 마련하고, 최초로 청년 삶 실태조사, 청년정책 시행계획 평가, 청년정책 백서발간 등을 통해 정책 기반을 다지고, 청년과의 소통을 지속적으로 확대하고 있다. 청년의 어려움 가중에 대응하여 분야별 지원정책을 심화하고, 사각지대 없는 맞춤형 지원을 통해, 실질적인 청년의 삶 여건을 개선해 나가려 하고 있다. 또한 정책 결정과정에서는 청년의 목소리를 직접 반영하여 청년이 원하는 정책을 적시에 제공할 수 있도록 지속적인 정책 수립 절차를 개선하고자 한다.

1) 중앙행정기관(2023). 제1차 청년정책기본계획('21~'25).

정부 내외 청년정책 추진체계 강화를 통해 청년정책의 수립부터 이행, 개선, 평가, 환류까지 全과정에 대하여 체계적으로 관리한다.

① 국정과제 청년정책 기조

분야	청년정책
일자리	정부 주도 단기 일자리 정책 → 민관 협업 통한 청년 맞춤형 고용서비스 및 양질의 일자리 창출 지원
주거	임대주택 중심 → 내 집 마련 단계까지 주거정책 확대, 주거 사다리 복원
교육	인재양성 체계 공급자 중심 → 미래 산업수요에 대응하여 수요자 중심으로 전환
복지	저소득층 중심지원 → 소외되는 청년 없는 두터운 복지
참여	형식적 참여보장 → 권한부여 등 실질적 참여기회 확대

출처: 제1차 청년정책기본계획('21~'25), 중앙행정기관.

② 청년정책 시행 계획

분야	과제수
합계	390
Ⅰ. 일자리	416
* 코로나19 한시사업 감소(17,374억) 및 내일채움공제 감소(6,696억) 제외시 53425	
1. 청년 일자리 확대 및 역량강화	66
2. 청년 창업 활성화 및 내실화	61
3. 공정채용 기반 구축 · 직장문화개선	10
4. 일터 안전망 강화	9
Ⅱ. 주 거	30
1. 청년주택 공급 확대	10
2. 청년 전 · 월세 비용 경감	8
3. 주거취약 청년 집중 지원	8
4. 청년친화형 주거모델 보급	4
Ⅲ. 교 육	122
1. 청년의 미래역량 강화	72

2. 고른 교육기회 보장	17
3. 교육–일자리 연계 강화	29
4. 온택트 교육기반 구축	4
Ⅳ. 복지·문화	**47**
1. 사회출발 자산 형성 및 재기 지원	6
2. 청년 취약계층 지원 확대	15
3. 청년 건강 증진	8
4. 문화가 있는 청년의 삶 지원	18
Ⅴ. 참여·권리	**45**
1. 정책결정과정에 청년 주도성 확대	8
2. 청년정책 추진기반 마련 및 내실화	7
3. 청년 친화적 정책 전달체계 확립	9
4. 청년 권익보호 및 청년교류 활성화	21

출처: 중앙행정기관. 제1차 청년정책기본계획('21~'25).

생각해 봅시다

1 향후 우리나라의 1인가구는 전체 가구 중 가장 그 비중이 커질 것으로 예상된다. 홀로 사는 가구가 증가함에 따라 발생할 수 있는 가족적, 사회적, 국가적 차원의 다양한 문제들에 대한 자신의 생각을 발표해 봅시다.

2 노인 1인 가구의 특징을 논의한 후, 2026년이면 초고령사회가 될 우리나라에서 독거노인가구의 삶을 예측해보고 앞으로 변화되어야할 인식과 사회적 구조 및 어떤 정책적 지원이 필요할지 생각해 봅시다.

3 청년 1인가구의 생활상의 어려움을 생각해 보고 이를 해결할 수 있는 대안이 없는지 해외의 사례를 찾아보고 적용 가능성을 생각해 봅시다.

참고문헌

강기정, 김연화, 박미금, 송말희, 이미선 (2009). 건강가정론. 경기: 양서원.

강병원의원실 (2019). 초고령 사회를 앞둔 한국 사회 1인 가구 특성. 2019년 국정감사 정책 자료집 2.

강은나 · 이민홍 (2016). 우리나라 세대별 1인 가구 현황과 정책과제. 한국보건사회연구원 정책분석 보건복지포럼 4월호. No.234, pp.47-56

관계부처합동 (2023). 제1차 청년정책 시행계획('21~'25).

국무조정실, 한국보건사회연구원 (2022). 2022년 청년 삶 실태조사. 정책보고서.

국토교통부 (2022). 2021년 주거실태조사.

국회미래연구원 (2023). 1인 가구 유형 분석과 행복 제고를 위한 시사점.

김광석 (2008). 사회적 지지가 독거노인의 생활만족도에 미치는 영향 연구. 목원대학교 대학원 석사학위논문.

김형균 (2019). 1인 가구 증가에 대한 세계대응. 국제사회보장리뷰 겨울호 11. pp.5-15.

도미향, 강기정, 이무영, 박경애, 장미나 (2018). 가족정책론(제4판). 서울: 신정.

박미선 (2017). 1인 청년가구 주거여건 개선을 위한 정책 지원 방안. 국토정책 Brief, 627, 1-8.

박미선, 이재춘 (2018). 1인가구 증가에 따른 주택정책 대응방안. 국토정책 Brief, 655, 1-8.

변미리 (2015). 서울특별시 1인가구 대책 정책연구. 서울특별시.

여성가족부 (2021). 제4차 가족실태조사 결과보고서.

이여봉 (2017). 1인 가구의 현황과 정책과제. 한국보건사회연구원 보건복지포럼 10월호. No.252, pp.64-77.

이윤정, 박수선, 이무영, 강기정 (2020). 가족복지론. 서울: 공동체.

통계청 (2021). 2020년 인구주택총조사.

통계청 (2021). 독거노인가구비율

통계청 (2022). 2021년 혼인이혼통계.

통계청 (2022). 2022 통계로 보는 1인가구. 통계청보도자료.

통계청 (2022). 사회조사결과 보도자료.

통계청 (2022). 인구주택총조사(1980~2020) 결과로 분석한 우리나라 청년 세대의 변화.

통계청 (2023). 2022년 통계로 보는 1인 가구.

통계청 (2023). 고령자 통계.
통계청 (2023). 지역별 고용조사.
통계청, 금융감독원, 한국은행. 가계금융복지조사.
한국보건사회연구원 (2012). 1인 가구 생활실태 조사.
행정안전부 (2022). 21. 3분기(9월 말) 주민등록 인구통계 보도자료.

Chapter 11

빈곤가족정책

빈곤은 가족과 사회의 역기능적 문제 발생의 기저에 놓여 있는 주요한 원인 중의 하나로 인식할 수 있으며, 가족해체로 이어질 수 있는 원인이 된다. 또한 이러한 가족해체가 다시 빈곤으로 이어지는 악순환이 거듭되기도 한다(황청일 외, 2005). 빈곤의 원인은 개인적 요인보다 사회구조적 요인을 그 원인으로 보아야 하고, 따라서 사회와 국가의 개입이 중요하며 정부는 가족해체를 시대적 추세로 인정하고 대책을 마련해야 한다. 그러나 현재 우리나라의 경우 빈곤가족 해체의 문제에 대한 사회적 책임을 방기하고 있는 것이 현실이라 할 수 있다. 이에 따라 이 장에서는 가족정책의 주요 영역으로 가족의 경제적 지원과 관련된 정책들을 빈곤가족에 초점을 맞추어 살펴보고자 한다.

1 빈곤가족의 개념

빈곤가족의 개념을 살펴보기 위해서는 먼저 빈곤의 개념이 무엇인지에 대한 고찰이 이루어져야 한다. 우선 빈곤에 대한 기존의 개념들을 살펴보면 빈곤의 의미와 측정방식에 따라 다양한 논쟁이 존재하고 있음을 알 수 있다. 그럼에도 불구하고 최근까지도 지배적인 패러다임은 빈곤을 소득 측면에서 이해하는 경제적 관점이 존속되고 있으며, 빈곤에 관한 화폐적, 단차원적 개념이 비경제적 측면들을 포함하는 다차원적 개념으로 확장되어 가는 추세라고 할 수 있다.

1) 빈곤의 개념

빈곤에 관한 경제적 관점은 절대적 빈곤과 상대적 빈곤의 개념으로 구분된다. 절대적 빈곤(absolute poverty)은 최저생활을 유지하는데 필요한 생계비를 충족시키지 못하는 상태를 의미하며 인간이 살아가는 데 절대적으로 필요한 최소한의 자원이 부족한 상태를 말한다. 따라서 절대적 빈곤율은 매년 정부에서 발표하는 최저생계비 이하 수준을 말한다. 반면에 상대적 빈곤(relative poverty)은 전체사회의 소득분포를 대표하는 값(중위값)의 일정비율, 즉 "기준중위소득"을 빈곤선으로 정하고 경제력이 이 수준에 미달한 상태를 말한다. 이 개념은 OECD 기준으로 빈곤층을 구분할 때 사용하는 지표로 OECD 기준 상대적 빈곤율은 중위소득 50%를 기준으로 한다. 이 기준에 따르면 기준중위소득의 50% 미만은 빈곤층, 50% 이상 150% 미만은 중산층, 150% 이상에 해당하는 가구는 상류층으로 분류된다.

최근에는 빈곤에 대한 소득 측면의 이해 관점에서 다차원적 결핍 개념, 기본욕구 접근, 실현능력 접근, 주관적 접근, 사회적 배제 관점, 문화적 관점을 통한 빈곤 개념의 확장이 주장되었다(서병수, 2007). 우리나라의 경우 앞서 언급한 관점들 중에서 사회적 배제 접근에 의한 측정(신승배, 2000; 박병현·최선미, 2001; 심창학, 2001; 문진영, 2004; 정미숙, 2007)과 실현능력 접근에 의한 측정이 이제 시도되고 있는 단계라 할 수 있다(서병수, 2007).

실현능력 접근에서의 빈곤은 복지의 결핍을 의미하는데, 삶의 영역에서 기본적으로 가치 있는 상태와 행위를 선택하지 못하는 개인과 지역사회의 무능력으로서 '최저로 허용되지 않는 수준의 기본적 실현능력의 결핍(failure of basic capabilities)'으로 본다. 사회적 배제(social exclusion)는 개인, 가족, 집단, 이웃, 주거, 시민권, 고용, 적절한 주거 등과 같은 사회적 기회와 주요한 사회적 과정으로부터 분리시키는 다차원적인 불이익으로 본다(남기철, 2005). 문화적 측면에서의 빈곤은 빈곤문화론으로 설명될 수 있는데 이는 빈곤층 사람들이 도시 저소득층 밀집지역에 모여 살면서 사회의 지배문화와는 질적으로 상이한 태도와 가치, 행동을 포함하는 빈곤문화를 형성하여 자신들 특유의 생활방식으로 사는 것을 의미한다(손병돈 외, 2008). 마지막으로 최근에 등장한 빈곤 관련 개념[1]은 신빈곤과 근로빈민으로 우리나라의 빈곤에 대한 관심이 절대적 빈곤 개념에서 상대적 빈곤으로 변화하는 과정을 보여주고 있으며, 점차 우리 사회가 다차원적 측면에서의 빈곤 개념이 확장되어 가는 추세임을 보여주는 것이라 할 수 있다.

---

1) 신빈곤(new poverty)은 물질적 빈곤과 아울러 문화적 소외 등의 문제를 포괄하며 과거의 노령, 실업, 장애를 기반으로 하는 전통적, 사회적 위험과는 달리 불안정한 고용, 저임금, 저기술 등의 고용 상황과 관련되는 새로운 사회적 위험과 관련되는 것으로 빈곤이 재구조화되는 것을 의미한다(김영란, 2004). 근로빈민(working poor)은 신빈곤층을 구성하는 핵심층으로 가족구성원 중 한 명 이상이 취업을 해 현재 일을 하고 있음에도 불구하고 소득이 육체적 능률을 유지하는 데 필요한 최소한의 생활수준인 빈곤선을 넘지 못하는 계층을 의미한다(보건복지가족부, 2008).

2) 빈곤가족의 개념 및 발생 요인

앞서 언급한 빈곤 개념에 비추어 빈곤가족의 개념을 정리하면 빈곤가족은 다음과 같이 정의할 수 있다. 즉 빈곤가족은 물질적 결핍, 심리정서적 손상, 사회문화적 소외와 제도적 배제로 인하여 가구 전체 또는 가구원들이 인간으로 생활해나가는데 있어서 기본적 욕구가 충족되지 못하여 가구원 개인과 가족 전체의 안녕이 깨어진 가족으로 정의할 수 있다(김혜경 외, 2014).

우리나라의 빈곤가족의 범주는 '최저생계비'에 근거한 절대적 빈곤의 개념을 적용하였으나 「국민기초생활보장법」의 개정으로 2015년 7월 이후 '기준중위소득'으로 개편하여 급여별로 기준중위소득의 일정비율 이하인 자는 기초생활보장 수급권자가 되는 상대적 빈곤 개념을 적용하고 있다.

2 빈곤가족의 발생 요인

빈곤가족은 왜 발생하는가? 빈곤의 원인은 매우 다양하며, 각각의 원인이 서로 상호 의존적이고 복합적으로 작용하나 대체로 빈곤가족은 다음과 같은 원인에 의하여 발생한다. 실제 최근의 빈곤에 이르는 경로에 관한 연구를 살펴보면 다양한 측면에서 빈곤에 대한 시각과 접근이 필요함을 보여 주기도 한다([그림 11-1 참조]). 본 절에서는 기존 선행연구들의 결과를 중심으로 개인적 원인과 사회적 원인으로 구분하여 살펴보기로 한다(김혜경 외, 2006; 도미향, 2006).

1) 개인적 원인

기존 국내 선행연구의 결과를 중심으로 개인적 특성이 빈곤가족 발생에 미치는 영향에 대해 살펴보면 고연령, 가구원 수의 증가, 교육수준, 결혼 지위 등이 영향을 미치는 것으로 나타났다. 한편 개인적 원인은 개인의 동기 부족, 낮은 열망수준, 게으름, 음주, 도박 등 개인의 부적절한 생활태도 등과 같은 개인적 결함에 기초한 자발적 요인과 가구주의 사망, 질병, 장애, 노령, 가족해체나 실직, 가구주의 낮은 교육수준 등과 같은 가족기능의 손상으로 인한 비자발적 요인으로 구분하여 설명하기도 한다(김혜경 외, 2006). 비자발적 요인들은 개인적 요인이기는 하지만 사회구조적 요인들과 밀접히 연관되어 있고, 이러한 요인들은 빈곤의 악순환을 초래하는 원인으로 작용하기도 하며 이는 가족해체로 이어진다.

특히 경제적 상실은 가족 스트레스와 밀접한 관련을 가지는 것으로 실직의 영향은 개인이 아닌 가족을 분석단위로 해야 하며(Fryer & Paine, 1986), 일부 연구는 실직이 가족관계에서 긴장을 증대시키고 가족해체를 촉진하는 방향으로 영향을 미치고 있음을 보여준다(구인회, 2003; 김연옥, 2001; 노혜련, 2000). 그리고 미국의 경우 가족해체가 여성 및 아동이 빈곤에 처하게 되는 가장 주요한 원인 중의 하나로 지적되고 있다(Bumpass, Sweet & Martin, 1990; Garfinkel, 1992; McLanahan & Booth, 1989; Schiller, 1995; Teachman & Paasch, 1994).

마지막으로 결혼 지위에 따라 빈곤위험성이 차이가 있는데, 사별 또는 이혼 등으로 인한 여성 한부모가족의 경우 미혼 근로자와 유배우자 가족과 비교 시 가장 빈곤위험성이 높은 것으로 나타났다. 그러나 최근 한 연구에서는 기존의 선행연구들의 연구결과와 달리 성별, 연령, 가구원 수 등의 영향력은 상이한 것으로 나타났는데, 가구원 수의 증가와 빈곤 지위는 빈곤과 무관한 것으로 나타났다(김교성 외, 2006).

그림 11-1 빈곤의 중심 범주와 빈곤의 경로

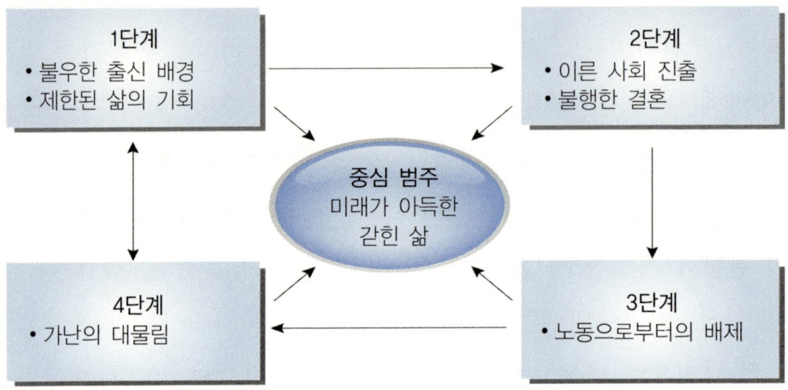

출처: 이은주(2008).

2) 사회적 원인

빈곤을 발생시키는 사회적 요인으로는 자원 부족, 정부의 정책적 특성, 경제제도, 자본과 기술의 부족, 시장구조 등이 있다. 대표적으로 국가의 취업구조, 노동시장의 구조적 불평등과 고용 불안정성, 임금차별 등이 빈곤가족의 발생 원인으로 작용한다. 특히 최근 장기화된 경제 불황과 산업구조의 재편에 따른 고용 불안정과 노인단독가구의 증가, 이혼율 증가, 여성에 대한 취업기회 및 임금차별, 임시직의 확대 등은 여성가장가족, 여성 한부모가족의 증가 요인이라 할 수 있다(손병덕 외, 2008). 물론 여성의 노동시장 참여율이 지속적으로 증가하고는 있지만 여전히 학교, 직장, 사회에서 남녀 차별은 사라지지 않고 있다. 특히 여성 한부모의 경우 취업 상태일지라도 취약한 보육 지원과 가사, 양육의 부담, 임금차별 등과 같은 현 사회의 구조는 빈곤의 여성화를 가속화시키고 있다고 볼 수 있다. 또한 정규직 여부와 같은 고용구조가 빈곤위험에 영향을 미치는 것으로 나타났다(김교성 외, 2006).

3 빈곤가족의 특성

빈곤은 성별과 연령, 가족구성원의 유형과 가구유형, 가족원의 건강 정도, 직업과 교육 등 특정 인구사회학적 특성을 갖는 집단과 연결되어 고착되고 있다. 본 절에서는 빈곤가족의 특성과 관련하여 노인, 여성, 저학력 등의 인구사회학적 특성과 심리사회학적, 가족관계적 특성으로 나누어서 정리하고자 한다(김혜경 외, 2006; 도미향, 2006).

1) 인구사회학적 특성

빈곤은 특정 인구사회학적 특성을 갖는 집단과 연결되어 고착되고 있는데, 특히 빈곤의 노령화와 여성 집중화 현상 및 낮은 교육수준과 불안정한 직업은 심각한 문제이다. 이를 구체적으로 살펴보면 다음과 같다.

첫째, 빈곤의 노령화 현상이다. 전체 기초생활수급대상자 가운데 노인세대는 약 32%에 달하고 있다. 우리나라의 노인 빈곤의 동향 및 빈곤 구성에 대한 연구들은(구인회, 2004; 최현수·류연규, 2003) '빈곤의 노령화 현상'을 공통적으로 지적하고 있다. 또한 빈곤위험도는 여성일수록, 농촌과 학력이 낮을수록 더 높고, 특히 여성 단독 노인세대의 빈곤위험도가 가장 높다고 하였다(석재은, 2000).

둘째, 빈곤의 여성 집중현상이다. 우리나라는 1998년 경제위기 시 대량 실직사태는 남성들의 실직에 따라 가족의 생계를 책임지는 여성가장의 수를 증가시켰으며, 가족해체가 가속화되면서 파생된 여성가장가족을 증가시킴으로써 우리나라 빈곤의 여성화(Feminization of poverty) 현상을 양적, 질적으로 확대시키는 계기가 되었다. 빈곤의 여성화 현상은 산업화 이후 꾸준히 진행되어 온 대표적인 빈곤화의 특성이며 세계적인 현상이다. 더욱 심각한 문제는 여성가구주의 빈곤문제는 장기간 지속된다는 점과 전체적으로 여성가구주의 빈곤율이 지속적으로 증가하고 있다는 점이다(Hanson, McLanahan, & Thomson, 1998).

한국의 경우도 여성가장가족의 빈곤율은 남성가장가족의 두 배이고(박재규, 2003), 박병현(1997)의 연구에 따르면 30대 모자가구의 절반에 가까운 42.4%가 빈곤이 일시적 문제가 아닌 장기적 문제로 그들의 삶에 질곡으로 작용하는 것으로 조사되었다. 또한 도시빈곤가구 중 여성가구주 가구가 차지하는 비율이 1970년에 15.1%에서 1990년에 29.4%로 무려 94.7%나 증가했다는 것이다(김영란, 1997).

셋째, 빈곤자의 낮은 교육수준과 불안정한 직업을 가지고 있다는 점이다. 즉, 경제활동에 참여하고 있으면서도 빈곤의 상황에서 벗어나지 못하고 있는 노동빈곤층, 이른바 신빈곤층 문제가 심각하다. 이들은 높은 부채액과 열악한 고용상황에 허덕이면서 실업과 취업을 반복하다 보니 실제 실업률 통계에도 잡히지 않고 정부로부터 별다른 지원을 받지 못한다는 측면에서 복지정책의 사각지대에 방치되어 있다고 할 수 있다. 그밖에 가족구성원의 만성적 질병과 장애는 가족기능을 약화시키고 경제적·심리적 자원을 고갈시켜 빈곤화를 초래하는 원인이 된다.

2) 심리사회적 및 가족관계적 특성

빈곤가족의 부부관계는 폭력과 불화의 특성을 갖는 경우가 적지 않으며, 부모-자녀관계는 방임과 부적절한 양육태도의 특성을 갖는다. 가족매개 모형(family mediation model)에 따르면 실직과 소득 상실 등의 경제적 역경은 부모의 심리적 디스트레스를 증대시키고, 이러한 부모의 심리적 디스트레스는 다시 부부관계와 부모-자녀관계 등의 가족관계, 자녀의 사회정서적, 학구적 발달에 부정적 영향을 미친다(Conger et al., 1992). 그런데 실직이나 소득 상실과 같은 경제적 상실이 부모의 디스트레스에 영향을 미치는 이유에 대한 상이한 설명이 존재한다.

한 견해에 따르면 경제적 상실은 가족이 그 상실로 인해 놓이게 되는 소득 수준에 상관없이 부정적 영향을 미칠 수 있다. 가족은 경제적 상실로 인해 만성적인 궁핍 상태에 빠져들지 않더라도 고통이 수반되는 다양한 변화를 겪게 되고 이로 인해 심리적 스트레스가 증가하게 된다. 경제적 상실을 겪는 가족은 소비지출을 줄이거나 소득을 늘리기 위한 다양한 노력을 해야 하고, 이 과정에서 부모의 정신건강, 가족관계 등은 부정적 변화를 겪을 가능성이 있다(McLoyd, 1990). 또한 빈곤은 가족 외에 친구 및 일터의 동료 등 사회적 관계에도 영향을 미친다. 즉, '어울리면 돈'이라는 등식으로 사람과의 교류를 인식하고 있기에 자신의 어려운 처지로 인해 어떤 교류조차 할 조건이나 여력이 미치지 못해 외부와의 관계가 거의 단절되는 상태에 이르게 된다(이은주, 2008).

한편 빈곤가족의 가족원은 일반가족원에 비하여 자존감이 낮고, 정신증, 공포불안, 대인예민성, 우울, 불안, 적대감, 강박증 등을 보이는 경향이 크다는 연구결과가 있다(박상규, 2004). 특히 개인과 가족이 빈곤화되는 과정에서 직면하게 되는 스트레스 상황은 가정폭력, 자살, 알코올이나 기타 약물중독 등의 복합적 문제와 더불어 가족과 사회에 부정적 영향과 가족해체를 촉진하는 방향으로 영향을 미친다.

4 빈곤가족정책 현황

빈곤가족을 위한 사회복지정책은 「국민기초생활보장법」에 근거한 사회보장정책과 최근에 새롭게 도입된 조세지원정책, 그리고 빈곤가족의 복지적 욕구에 부응하는 각종 서비스를 제공하는 사회복지서비스로 나눌 수 있다.

1) 국민기초생활보장제도

「국민기초생활보장법」은 우리나라의 대표적인 공공부조제도로 기존의 「생활보호법」을 대체한 법률로 1999년 9월 7일 제정되고, 2000년 10월 1일부터 시행되고 있다. 「국민기초생활보장법」은 생활이 어려운 사람에게 필요한 급여를 실시하여 이들의 최저생활을 보장하고 자활을 돕는 것으로 목적으로 한다. 「생활보호법」과 비교할 때 「기초생활보장법」은 대상자 명칭이 "생활보호대상자"에서 "기초생활수급권자"로 변경되었듯이 빈곤층에 대한 시혜적인 지원이 아니라 빈곤층에 대한 기초생활보장을 사회권으로 명문화한 것이다.

수급자로 선정되기 위해서는 소득인정액 기준, 부양의무자 기준을 동시에 충족시켜야 한다. 따라서 종전의 수급자 선정기준이 소득평가액 기준, 재산기준, 부양의무자 기준에서 소득인정액 기준, 부양의무자 기준의 두 개 기준으로 통합되었다.

2015년 7월 「국민기초생활보장법」 개정 이후, 최저생계비에 근거한 절대적 빈곤이 아닌 기준중위소득에 근거한 상대적 빈곤 개념을 적용하고 있다. 우리나라도 OECD 기준을 근거로 기준중위소득 50% 미만에 해당하는 층을 빈곤층으로 구분하며, 2023년도 4인 가구의 경우 "기준중위소득"은 매월 5,400,964원이다. 이는 생계급여로 기준중위소득의 30%(1,620,289원), 의료급여 40%(2,160,386원), 주거급여 46%(2,538,453원), 교육급여 50%(2,700,482원)를 포함한 소득을 말한다(〈표 11-1〉).

표 11-1 2023년 급여종류별 수급자 선정 기준

구분	가구규모						
	1인가구	2인가구	3인가구	4인가구	5인가구	6인가구	7인가구
생계급여 (30%)	623,368	1,036,846	1,330,445	1,620,289	1,899,206	2,168,394	2,432,255
의료급여 (40%)	831,157	1,382,462	1,773,927	2,160,386	2,532,275	2,891,193	3,243,006
주거급여 (46%)	976,609	1,624,393	2,084,364	2,538,453	2,975,423	3,397,151	3,810,532
교육급여 (50%)	1,038,946	1,728,077	2,217,408	2,700,482	3,165,344	3,613,991	4,053,758

출처: 보건복지부 홈페이지(https://www.mohw.go.kr/menu.es?mid=a10708010300).

부양의무자 기준은 부양의무자가 없거나 부양의무자가 있어도 부양능력이 없거나 또는 부양을 받을 수 없는 경우로 하고 있다. 부양의무자 기준은 완전 폐지 등과 같은 논란이 있는 부분이나 2023년 기준, 부양의무자 가구에 장애인연금 수급자 등 중증장애인이 포함된 경우, 부양의무자 가구에 기초연금 수급 노인이 포함된 경우, 수급(권)자가 30세 미만의 한부모가구, 보호종료아동인 경우에 한해서는 부양의무자 기준이 폐지되었다.

따라서 수급자로 선정되기 위해서는 부양의무자 기준을 충족하면서 소득인정액이 최저생계비 이하이어야 가능하다. 다만, 실질적인 빈곤상태임에도 불구하고 수급자 선정에서 탈락되는 등 문제발생을 방지하기 위해 몇 가지 특례기준을 통해 저소득층의 수급자 선정에 대한 불합리를 최소화하기 위한 장치를 마련하였다.

표 11-2 각종 특례

<table>
<tr><th colspan="2">특례유형</th><th>특례 내용</th></tr>
<tr><td rowspan="2">개인단위 보장에 따른 수급권자 범위의 특례</td><td>의료급여 특례</td><td>*다음 요건 충족 시 지속적인 의료비 지출을 요하는 가구원
• 개인에 한하여 의료급여 실시 실제소득에서 6개월 이상 지속적으로 지출되는 의료비를 공제하면 의료급여 선정기준 이하에 해당하나, 수급자 선정 이후에는 공제 대상 지출이 발생하지 않아 의료급여 선정기준을 초과하는 가구</td></tr>
<tr><td>자활급여 특례</td><td>수급자가 자활근로, 자활기업, 자활인턴 등 자활사업에 참가하여 발생한 소득으로 인하여 소득인정액이 의료급여 선정기준을 초과한 경우 해당자 개인에 대하여 자활근로, 자활기업, 자활인턴 등에 참가할 수 있도록 자활급여를 계속 지급</td></tr>
<tr><td colspan="2">외국인에 대한 수급권자 범위의 특례</td><td>*「출입국관리법」 제31조에 따라 외국인 등록을 한 사람으로서 다음에 해당하는 경우
• 대한민국 국민과 혼인 중인 사람으로서 본인 또는 대한민국 국적의 배우자가 임신 중인 사람
• 대한민국 국민과 혼인 중인 사람으로서 대한민국 국적의 미성년 자녀를 양육하고 있는 사람
• 배우자의 대한민국 국적인 직계존속과 생계나 주거를 같이하는 사람
• 대한민국 국민인 배우자와 이혼하거나 그 배우자가 사망한 사람으로서 대한민국 국적의 미성년 자녀를 양육하고 있는 사람 또는 사망한 배우자의 태아를 임신하고 있는 사람
*「난민법」 제2조에 따라 법무부 장관이 난민으로 인정한 사람</td></tr>
</table>

출처: 보건복지부 정책 안내(http:www.mohw.go.kr).

「국민기초생활보장법」의 적용을 받는 수급자들을 위한 급여 종류와 급여 내용을 보면, 다음 〈표 11-3〉에서 볼 수 있듯이 생계급여, 주거급여, 의료급여, 교육급여, 해산급여, 장제급여, 자활급여 등 총 7종의 급여가 지원된다.

표 11-3 기초생활보장 급여의 종류와 내용

종류	급여의 내용
생계급여	수급자에게 의복, 음식물 및 연료비와 그 밖에 일상생활에 기본적으로 필요한 금품을 지급하여 그 생계를 유지 〈급여방법〉 • 금전을 지급하는 것으로 한다. 다만, 금전으로 지급할 수 없거나 금전으로 지급하는 것이 적당하지 아니하다고 인정하는 경우에는 물품을 지급할 수 있다. • 근로능력이 있는 수급자에게 자활에 필요한 사업에 참가할 것을 조건으로 하여 생계급여를 실시할 수 있다.
주거급여	수급자에게 주거 안정에 필요한 임차료, 수선유지비, 그 밖의 수급품을 지급
의료급여	수급자에게 건강한 생활을 유지하는 데 필요한 각종 검사 및 치료 등을 지급
교육급여	수급자에게 입학금, 수업료, 학용품비, 그 밖의 수급품을 지급
해산급여	수급자에게 조산, 분만 전과 분만 후에 필요한 조치와 보호
장제급여	수급자가 사망한 경우 사체의 검안(檢案) · 운반 · 화장 또는 매장, 그 밖의 장제조치
자활급여	1. 자활에 필요한 금품의 지급 또는 대여 2. 자활에 필요한 근로능력의 향상 및 기능습득의 지원 3. 취업알선 등 정보의 제공 4. 자활을 위한 근로기회의 제공 5. 자활에 필요한 시설 및 장비의 대여 6. 창업교육, 기능훈련 및 기술 · 경영 지도 등 창업지원 7. 자활에 필요한 자산형성 지원 8. 그 밖에 대통령령으로 정하는 자활을 위한 각종 지원

출처: 보건복지부 홈페이지(https://www.mohw.go.kr/menu.es?mid=a10708010500).

2) 조세지원 정책

(1) 근로장려세제의 의의

저소득층의 조세지원정책은 근로장려세제(EITC)를 통해 이루어진다. 근로장려세제(Earned Income Tax Credits: EITC)는 저소득층의 세금부담을 경감시켜 주는 동시에 근로소득이 일정수준 이하인 가구에 대해서는 현금급여를 제공할 수 있는 제도이다. 열심히 일은 하지만 소득이 적어 생활이 어려운 근로자 또는 사업자(전문직 제외)가구에 대하여 가구원 구성과 총급여액 등에 따라

산정된 근로장려금을 지급함으로써 근로를 장려하고 실질소득을 지원하는 근로연계형 소득지원 제도이다. 이는 조세체계와 복지제도가 연계된 형태로 근로빈곤층에 대해 실질소득을 지원함과 동시에 근로유인을 제공할 수 있는 새로운 형태의 소득보장체계라 할 수 있다. 근로장려세제는 차상위계층의 대부분을 차지하고 있는 근로빈곤층이 기존의 사회안전망제도의 사각지대에 놓여 있어 이들에 대한 실질적인 빈곤대책의 요구에 따라 도입된 것이다. 즉 근로빈곤층(Working Poor)가구에 대하여 부양자녀 수와 총급여액 등에 따라 산정된 근로장려금을 세금환급의 형태로 지급한다. 전 세계적으로 1975년 미국에서 처음으로 시행되었으며, 영국, 프랑스 등에서도 실시되었다. 한국은 2006년 12월 30일「조세특례법」일부 개정을 통해 이 제도를 도입하였으며, 2009년부터 아시아 최초로 시행되었으며 2020년 개정을 통해 조세특례제한법을 통해 시행되고 있다. 이 법에서는 근로장려금 제도의 도입으로 사회안전망이 2중(사회보험, 국민기초생활보장제도)에서 3중으로 확충되어 저소득 계층의 사회적 보호를 한층 강화를 목적으로 하고 있다(국세청, 2023).

(2) 근로장려세제

① 신청자격 및 산정 기준

「조세특례제한법」 제10절의 2 근로장려를 위한 조세특례항목에 따르면, 근로장려금의 신청자격은 근로소득, 사업소득 또는 종교인소득이 있는 가구로서 대통령령으로 정하는 자는 소득요건과 재산요건을 충족할 경우 해당 소득세 과세기간의 근로장려금을 신청할 수 있다. 2024년도 기준, 근로장려금을 신청할 수 있는 자격은 다음 〈표 11-4〉과 같다.

표 11-4 근로장려금 신청 자격(2024년 기준)

구분	내용
소득요건 (부부합산)	–2022년 부부합산 연간 총소득이 가구원 구성에 따라 정한 아래 총소득기준금액 미만일 것 • (근로장려금) 단독가구 2,200만 원, 홑벌이가구 3,200만 원, 맞벌이가구 3,800만원 • (자녀장려금) 홑벌이가구 또는 맞벌이가구 4,000만 원 ※총소득이란?: 근로소득(총급여액), 사업소득(총수입금액 × 업종별 조정률), 종교인소득(총수입금액), 기타소득(총수입금액 – 필요경비), 이자 · 배당 · 연금소득(총수입금액)을 합한 금액
재산요건 (가구원 합산)	–2022년 6월 1일 기준, 가구원 모두가 소유하고 있는 주택 · 토지 · 건물 · 예금 등 재산 합계액이 2억 원 미만 –재산가액 산정 시 부채는 차감하지 않음

출처: 국세청 홈페이지(https://www.nts.go.kr).

다만, 위 요건을 모두 충족하는 경우에도 아래 유형에 해당하는 경우 근로·자녀장려금을 신청할 수 없다.

- 2022.12.31.기준 대한민국 국적을 보유하지 아니한 자(대한민국 국적을 보유한 자와 혼인한 자, 대한민국 국적의 부양자녀가 있는 자는 신청할 수 있음)
- 2022년 중 다른 거주자의 부양자녀인 자
- 전문직 사업을 영위하는 자(그 배우자를 포함)
- 2022.12.31. 기준 계속 근무하는 상용 근로자(일용근로자 제외)로서 월 평균 근로소득이 500만원 이상인 자(그 배우자를 포함, 근로장려금만 해당)

② 근로장려금 지급가능액

근로장려금은 가구원 구성에 따라 정한 부부합산 총급여액 등을 기준으로 지급액을 산정하도록 되어 있다(〈표 11-5〉).

표 11-5

구분	단독가구	홑벌이가구	맞벌이가구
총소득기준금액	2,200만 원 미만	3,200만 원 미만	3,800만 원 미만
최대지급액	165만 원	285만 원	330만 원

- 가구원의 조건
  - ▶ 가구원 구성의 정의
  - – 단독가구배우자, 부양자녀(18세 미만), 70세 이상 직계존속이 없는 가구
  - – 홑벌이가구: ① 배우자의 "총급여액 등"이 3백만 원 미만인 가구 ② 배우자가 없어도 부양자녀(18세 미만) 또는 70세 이상 직계존속(각각의 연간 소득금액이 100만 원 이하이고 주민등록표상 동거가족으로 생계를 같이 할 것)이 있는 가구
  - – 맞벌이 가구거주자 및 배우자 각각의 "총급여액 등"이 3백만 원 이상인 가구
- 가구원이란: 거주자의 배우자, 거주자 또는 그 배우자의 직계존속 및 직계비속(그 배우자 포함), 부양자녀를 말함

그림 11-2 근로장려금 지급 산정액

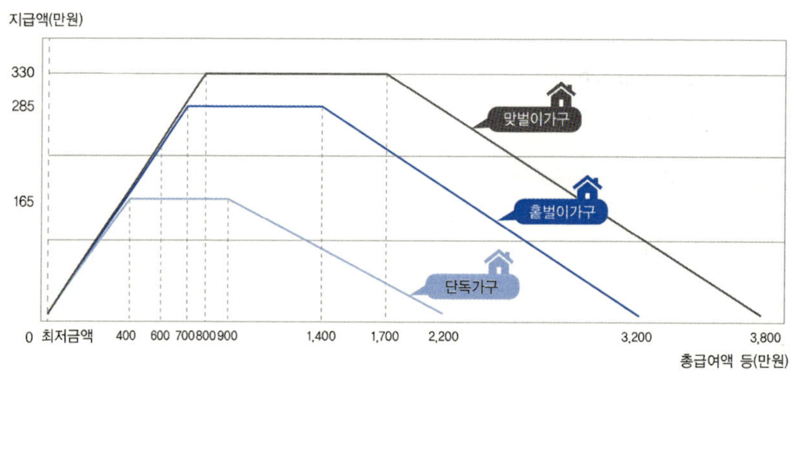

3) 가족유형별 저소득가정에 대한 지원

(1) 한부모가족에 대한 지원사업

저소득 한부모가족은 「국민기초생활보장법」과 「한부모가족지원법」(2007. 10. 17)에 따라 지원하고 있다. 지원대상은 미혼모·부자가족, 청소년한부모가족, 조손가족 등으로 사업별로 지원대상 기준 소득인정액은 다소 다르다. 국민기초생활보장사업 맞춤형 급여개편에 따른 기준 중위소득 도입 이후 저소득 한부모가족은 2023년 기준, 중위소득 60% 이하, 청소년한부모가족의 경우, 중위소득 72%이하로 변경되었다.

한부모가족에 대한 지원사업은 앞서 9장에서 다룬 바 있으므로 이 절에서는 생략하도록 한다.

(2) 빈곤가족의 아동에 대한 지원

빈곤가족의 아동은 부모의 경제적 빈곤과 가정해체 등의 이유로 부모로부터 적절한 보호와 양육을 받기 어려워 부모세대의 빈곤이 자녀세대에까지 세습이 될 가능성이 있다. 따라서 빈곤가족의 아동에 대한 지원은 빈곤의 세습화를 예방하고, 부모의 양육기능을 보완 또는 대체할 수 있는 지원이 이루어진다. 현재 우리나라에서 시행되고 있는 빈곤가족의 아동에 대한 지원은 크게 교육복지우선지원사업, 드림스타트, 지역아동센터 및 돌봄교실 등을 통해 이루어지고 있다.

① 교육복지우선지원사업

「초·중등교육법 시행령」제54조에 근거한 교육복지우선지원사업은 경제적·사회적·문화적으로 취약한 여건에 있는 학생에 대하여 교육의 기회, 과정, 결과에서 나타나는 주요 취약성을 보완하기 위해 교육, 문화, 복지 등 필요 자원을 통합 지원하는 사업이다. 이 사업의 추진배경은 소득분배구조의 악화와 취약계층이 확대되는 경향, 지역별, 학교별 계층 분화 및 교육적 성취에 대한 계층의 영향력 증가, 교육기회의 불평등 문제 개선, 취약계층의 교육적 성장을 지원하는 정책 추진의 필요성에 의해 이루어졌다. 사업대상은 집중지원학생(총체적이고 집중적인 지원대상), 우선지원 학생(기초생활수급자, 한부모가족보호대상자, 차상위대상자, 교육비 지원 대상 학생, 특별한 사유로 인한 다임 추천 대상자 등) 등이 이에 속한다. 사업영역 및 내용은 교육과정과 연계한 학습, 문화·체험, 심리·정서 등 다양한 프로그램을 운영함으로써 동기유발, 자아성장, 학교생활적응력 향상을 도모하고, 통합사례관리, 학교중심으로 네트워크 형성을 통한 학생의 건강한 성장을 지원하는 것이다(세종특별자치시교육청, 2017).

② 드림스타트 사업

취약계층 아동에게 맞춤형 통합서비스를 제공하여 아동의 건강한 성장과 발달을 도모하고 공평한 출발기회를 보장함으로써 건강하고 행복한 사회구성원으로 성장할 수 있도록 지원하는 사업이다. 이 사업의 추진배경 또한 가족해체, 사회양극화 등에 따라 아동빈곤 문제의 심각성이 대두되었고, 빈곤 아동에 대한 사회투자 가치의 중요성이 높아졌으며, 아동과 가족에 초점을 둔 통합사례관리를 통해 모든 아동에게 공평한 출발기회룰 보장하자는데 있다. 사업대상은 0세(임산부)~만 12세(초등학생 이하)로 아동 및 가족으로 국민기초수급 및 차상위계층 가정, 법정한부모가정(조손가정 포함). 학대 및 성폭력피해아동 등에 대한 우선 지원 원칙을 적용한다. 지원 내용으로는 가정방문을 통해 인적조사, 욕구조사, 양육환경 및 아동발달 사정 실시, 사례관리 대상 아동과 그 가족에게 지역자원과 연계한 맞춤형 서비스 지원, 주기적 재사정 및 지속적인 모니터링 등 통합사례관리를 실시한다. 이 사업은 전담공무원 및 아동통합사례관리사로 구성되며 지원서비스는 다음 〈표 11-6〉과 같다.

표 11-6 드림스타트 지원서비스

서비스 구분	서비스 내용
신체 · 건강	• 아동의 건강한 성장과 신체발달 증진 • 건강한 생활을 위한 건강검진 및 예방, 치료 • 아동 발달에 필요한 신체/건강 정보 제공
인지 · 언어	• 아동의 의사소통 및 기초학습 능력 강화 • 맞춤형 인지/언어 서비스를 통한 아동의 강점 개발
정서 · 행동	• 자아존중감 및 긍정적 성격 형성을 위한 정서발달 서비스 제공 • 사회성 발달 및 아동 권리 신장을 위한 교육
부모 · 가족	• 부모자녀 상호작용 및 적합한 교육환경을 위한 부모 역량 강화 • 부모의 유능감 및 자존감 강화 • 부모의 양육기술 지원 • 임산부의 건강한 출산 및 양육 지원

출처: 드림스타트 홈페이지(http://www.dreamstart.go.kr).

③ 지역아동센터 서비스

지역아동센터는 「아동복지법」 제52조 제11항 8호에 근거하고 있으며, 지역사회 아동의 보호, 교육, 건전한 놀이와 오락의 제공, 보호자와 지역사회의 연계 등 아동의 건전육성을 위하여 종합적인 아동복지서비스를 제공하는데 그 목적이 있다. 1980년대 민간에서 공부방으로 시작하였으며, 2016년 12월 말 기준 지역아동센터는 총 4,107개소에 이른다. 지원대상은 지역사회 내 방과후 돌봄서비스를 필요로 하는 18세 미만의 아동으로 18세 이상인 경우에도 재학 중인 아동은 포함된다. 지원내용은 아동보호(안전한 보호, 급식 등), 교육기능(일상생활지도, 학습능력 제고 등), 정서적 지원(상담, 가족지원), 문화서비스(체험활동, 공연) 등으로 지역사회 내 아동돌봄에 대한 사전예방적 기능 및 사후 연계 제공서비스를 실시한다(지역아동센터중앙지원단, 2017).

(3) 취업 여부에 따른 지원

조건부 수급자가 비취업대상자일 경우 취로형, 공익형, 시장형 자활근로사업으로 구분하여 자활후견기관 등을 통하여 자활사업에 참여한다. 보건복지부는 자활공동체, 자활근로, 지역봉사, 재활사업, 창업 지원 프로그램 등을 지원하고 있다. 그리고 취업대상자 빈곤가족은 노동부 지원의 구직활동, 자활인턴, 창업 지원, 지방자치단체 공공근로 등에 참여할 수 있는 서비스를 제공하고 있다.

4) 긴급복지지원사업

갑작스러운 위기상황으로 생계유지가 곤란한 저소득층에게 생계·의료·주거지원 등 필요한 복지서비스를 신속하게 지원하여 위기상황에서 벗어날 수 있도록 돕는 제도이다. 지원대상은 갑작스러운 위기상황으로 생계유지 등이 곤란한 저소득 가구가 이에 해당된다.

- 주소득자의 사망, 가출, 행방불명, 구금시설 수용 등 사유로 소득 상실
- 중한 질병 또는 부상을 당한 경우
- 가구구성원으로부터 방임 또는 유기되거나 학대 등을 당한 경우
- 가정폭력 또는 가구원으로부터 성폭력을 당한 경우
- 화재 등으로 인하여 거주하는 주택 또는 건물에서 생활하기 곤란한 경우
- 보건복지부령에 따라 지자체 조례로 정한 사유가 발생한 경우
  - 소득활동 미미(가구원 간호·간병·양육), 기초수급 중지·미결정, 수도·가스 중단, 사회보험료·주택임차료 체납 등
- 그 밖에 보건복지부 장관이 정하여 고시하는 경우

  ① 주소득자와의 이혼, ② 단전 1개월 경과, ③ 주소득자 휴·폐업으로 생계 곤란, ④ 주소득자 실직으로 생계 곤란, ⑤ 교정시설 출소자 생계 곤란, ⑥ 가족으로부터 방임·유기 또는 생계곤란 등으로 노숙을 하는 경우

그림 11-3 긴급복지지원서비스 체계(http://www.mw.go.kr)

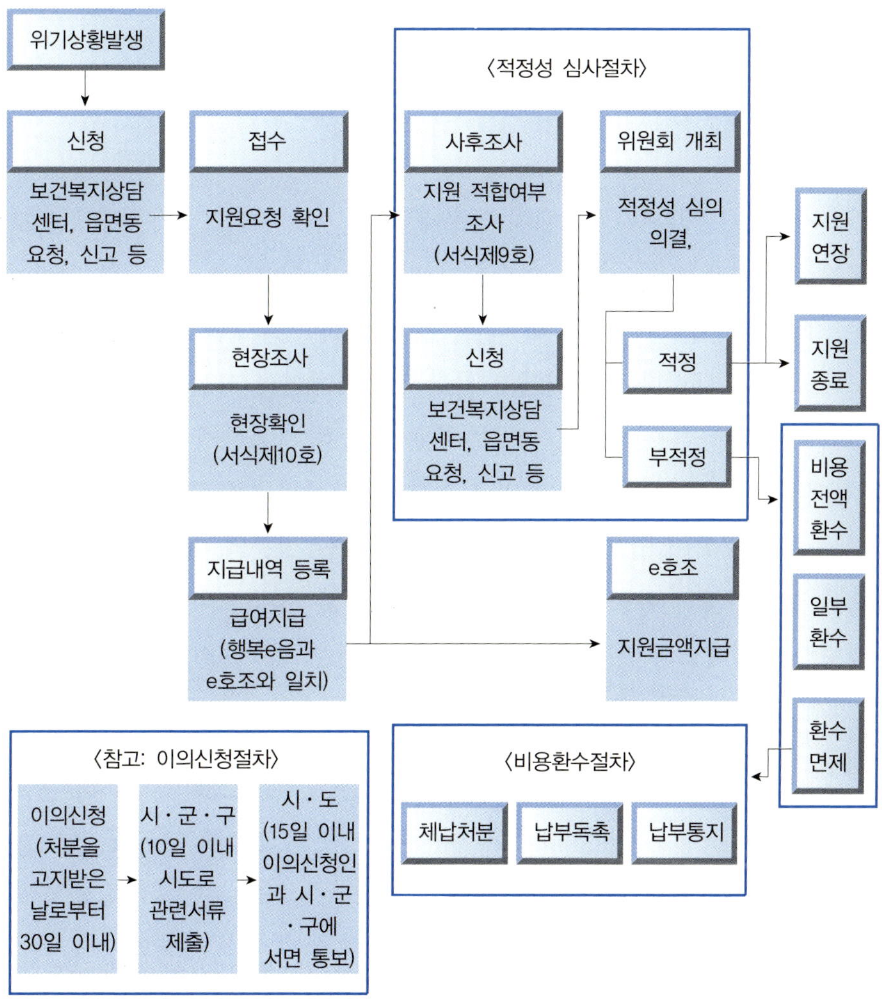

위기 발생 시 보건복지상담센터(129)에 전화로 지원하면 된다. 지원요청 또는 신고 시 긴급복지 담당 공무원의 현장조사만으로 지원 여부를 결정하게 된다. 또한 긴급지원 후에도 위기상황이 계속될 경우에 대처하기 위하여 긴급지원협의회, 지역사회복지협의체 등을 통해 민간 자원과의 연계체계를 구축하고 있다.

5 빈곤가족정책 방향

빈곤가족의 문제는 가족해체에 이르게 되는 기저가 되고, 가족해체는 다시 빈곤가족의 발생을 야기하는 악순환이 발생하게 된다. 우리나라의 탈빈곤정책은 조세, 복지, 시장 등에 대해 복지국가 프로그램의 전체적인 범위(coverage)를 확대한다는 견지에서 사회적 투자이면서 사실상 복지국가의 확장이라고 할 수 있다. 따라서 국가는 빈곤 탈출을 가능하게 하기 위해서는 우선 경제적 보장정책으로서 최저임금 확대 및 조세정책을 통하여 일할수록 보상받는 체계 구축이 필요하다(김영란, 2004). 또한 빈곤의 대물림을 방지할 수 있도록 빈곤가정의 아동을 위한 급여의 확대 및 서비스의 확충이 필요하며, 무엇보다 고용제도의 안정과 육아휴직제도와 같은 일·가정 양립 지원이 가능한 정책이 필요하다고 볼 수 있다. 빈곤가족 지원에 있어서의 정책방향을 정리하면 다음과 같다(도미향 외 2014).

1) 빈곤 동태와 원인에 대한 정확한 파악

빈곤가족의 원인이 개인적 요인뿐 아니라 사회구조적 요인의 영향을 많이 받는다는 사실은 현대 빈곤가족의 특성이라고 할 수 있다. 우리나라의 경우 빈곤에 진입한 사람들의 3/4 정도가 2년 안에 빈곤을 탈피하는 정도로 매우 활발한 빈곤 탈출 양상을 보이고 있다. 그러나 어느 시점에서의 빈곤층을 보면 장기 빈곤층의 비중이 매우 높음을 알 수 있다. 구인회(2005)의 연구에 의하면 5년 이상의 장기 빈곤층이 전체 빈곤층의 50%를 차지하며, 10년 이상의 최장기 빈곤층도 25%를 넘어서고 있음을 지적하고 있다. 한편 이러한 장기 빈곤층의 대표적 집단은 노인가구이며 여성가구주 가구임을 지적한다. 이러한 연구결과 등을 통하여 우리나라 빈곤가족에 대한 예방적 대책으로 빈곤 양상에 대한 동태적·정태적 파악이 중요하며, 이에 근거한 대책을 수립해야 할 것으로 보인다. 즉, 앞선 연구의 결과는 우리나라 장기 빈곤문제를 해결하기 위해서는 노인 빈곤층, 특히 여성노인 가구주에 대한 대책이 시급함을 알 수 있으며, 비노인 여성가구주에 대한 예방적 대안을 모색해야 함을 강력히 시사하고 있다.

2) 국민기초생활제도의 개선과 확대

국민기초생활보장제도의 취지는 기존의 생활보호법과 달리 경제활동 인구, 즉 18세에서 60세 이하도 급여를 수급할 수 있도록 권리적 급여의 성격이 강하다고 볼 수 있다. 그러나 현행법이 부양의무자 판별에 대한 기준이 너무 엄격하고, 가구원 수와 상관없는 단일한 재산기준을 근거로 하고 있으며, 소득기준 설정상의 비합리성 등으로 상당수의 빈곤가족이 보호대상에서 제외되어 있다. 또한 절대 빈곤층이 아닌 차상위계층에 대한 적절한 보호를 제공할 수 있도록 수급권자 자격기준에 대한 재평가가 필요하다. 이에 수급권자를 선정할 때 탄력적 선정기준을 적용할 필요가 있으며, 급여수준도 강화되어야 할 필요가 있다.

3) 경제적 보장으로서 임금정책, 조세정책

과거에 비하여 근로빈곤층의 문제가 심각하게 대두되고 있는 시점에서 효과적 노동시장정책의 수립을 통하여 근로소득을 빈곤선 이상으로 증대시키는 노력이 장기 빈곤의 예방 차원에서 중요하게 부각된다. 저숙련층 노동시장 여건이 악화되는 상황에서 저소득층 근로 지원 세액공제제도 도입과 최저임금 수준의 현실화가 요구되고 있으며, 저소득층 인적 자본 향상을 위한 취업교육과 알선 대책이 다각적으로 모색되어야 한다. 또한 소득 창출능력이 떨어지는 빈곤계층의 여성, 고령자들에게 적합한 효과적인 자활 프로그램을 개발 보급해야 할 필요가 있으며, 창업지원정책의 보완도 요구된다.

4) 빈곤가정의 아동교육 및 영유아보호정책의 개선

현행 빈곤가정 영유아 및 아동보호정책은 프로그램 간에 대상 연령, 서비스 내용 간에 연계가 부족하며 분절되어 있고, 프로그램의 다양성이 빈약하며 수혜자 비율이 낮다고 지적하고 있다. 특히 건강 관련 서비스 체계나 영유아학대의 예방과 관리체계 등은 매우 미비한 상태이다. 또한 빈곤가정의 부모를 대상으로 하는 교육 및 지원서비스가 빈약하며, 이러한 서비스를 전달하는 행정적 지원체계 및 재정도 넉넉지 못하다는 총체적 지적을 받고 있다. 따라서 앞으로 영유아보육 및 교육, 보호서비스는 수혜 범위를 확대하고 가족에 대한 지원서비스를 강화하며, 교육기능과 보호기능을 통합하여 종합 서비스 체계를 구축해야 할 것이다. 또한 0~2세의 영아를 위한 가정방문제도를 통하여 조기 관여를 실시하고, 유아교육, 보호서비스를 제공하는 기관 간에 협력체계를 구축하고, 국고 재정을 확충하며 지방자치단체와 산업체 등의 재원을 활용할 수 있도록 보완해야 한다(권기욱, 2005).

5) 빈곤가족을 위한 심리사회적 지원서비스 체계화, 강화

빈곤가족의 경우, 경제적 취약성뿐만 아니라 심리사회적 취약성, 가족관계 및 사회적 관계의 취약성 등의 문제를 겪고 있다. 현재 빈곤가족에 대한 지원의 경우, 경제적 지원을 우선으로 하고 있으며, 일부 돌봄서비스까지 포함하고 있다. 일부 빈곤 아동들을 대상으로 하는 드림스타트 사업의 경우, 통합사례관리를 통해 상담 및 교육 등 통합적인 서비스를 실시하고 있으나 빈곤가족 전체를 대상으로 하는 심리사회적 지원서비스가 필요하다.

생각해 봅시다

1 여성 한부모가족이 빈곤가족으로 추락하게 되는 가장 큰 원인과 이에 관한 대책에 대해 생각해 봅시다.

2 경제적 위기 속에서 발생되는 빈곤과 가족해체와의 관계에 대해 생각해 봅시다.

3 빈곤가족 예방을 위한 국가적 차원에서의 접근방법에 대해 생각해 봅시다.

참고문헌

구인회 (2003). 경제적 상실과 소득수준이 청소년의 교육성취에 미치는 영향. 한국사회복지학, 53, 7-29.

구인회 (2004). 국민기초생활보장제도의 효과분석. 한국사회복지연구회 발표 논문.

구인회 (2005). 빈곤의 동태적 분석: 빈곤 지속기간과 그 결정요인. 한국사회복지학, 57(2), 351-374.

권기욱 (2005). 빈곤가정 유아교육 보호정책의 개선방향 탐색. 교육행정학연구, 23(1), 281-306.

김교성, 최영 (2006). 근로계층의 빈곤 결정요인에 관한 다층분석. 한국사회복지학, 58, 119-141.

김미곤, 김태완 (2004). 우리나라의 빈곤현황 및 정책과제. 사회보장연구, 20(3), 173-200.

김연옥 (2001). 실직가정의 가정해체 위험요인에 관한 연구. 한국가족복지학, 7, 9-33.

김영란 (1997). 빈곤의 여성화와 사회복지정책. 한국사회복지학, 31, 1-28.

김은정, 이재인 (2006). 취약계층 가족에 대한 아동양육지원정책의 현황과 개선과제: 빈곤가족, 한부모가족, 장애인가족을 중심으로. 사회복지정책, 25, 253-278.

김인숙 외 (2000). 여성복지론. 경기: 나남출판.

김인숙 (1999). IMF 이후 빈곤가족해체의 현황과 대안: 실직 여성가장과 결식아동 가정을 중심으로. 사회복지 리뷰, 4, 35-63.

김태성, 송근원 (1997). 사회복지정책론. 경기: 나남출판.

김혜경, 도미향, 문혜숙, 박충성, 손홍숙, 오정옥, 홍달아기 (2014). 가족복지론 5판. 경기: 공동체.

남기철 (2005). 한국사회의 사회적 배제와 장애인 고용. 장애인고용, 15(2), 121-142.

노혜련 (2000). 실직자가족 중 해체된 가족과 해체되지 않은 가족 간의 사회심리적 특성과 욕구에 관한 비교 연구. 한국가족복지학, 5, 155-183.

도미향 (2006). 빈곤가족의 해체현상에 관한 연구. 대한아동복지학회, 4(3), 47-66.

문진영 (2004). 사회적 배제의 국가 간 비교연구: 프랑스, 영국, 스웨덴을 중심으로. 한국사회복지학, 56(3), 253-277.

박병현, 최선미 (2001). 사회적 배제와 하층계급의 개념 고찰과 이들 개념들의 한국 빈곤정책에의 함의. 한국사회복지학, 45, 185-219.

박상규, 이병하 (2004). 빈곤층의 심리적 특성에 관한 연구. 한국심리학회지, 16(4), 813-824.

박성원 (2005). 실업이 가족해체에 미치는 영향과 대책에 관한 연구. 한영신학대학교 사회복지대학원 석사논문.

보건복지부 (2006). 국민기초생활수급자 현황(http://www.mohw.go.kr). 보건복지포럼, 133, 97-123. 한국보건사회연구원 편.

보건복지부 (2007). 2007년 아동복지사업안내.

보건복지부 (2008). 길잡이통계.

보건복지부 (2011). 국민기초생활보장수급자 현황.

보건복지부 (2013). 보건복지통계연보.

서병수 (2007). 한국의 다차원적 빈곤 분석: 실현능력 접근. 사회복지정책, 28, 199-232.

세종특별자치시 교육청 (2017). 교육복지우선지원사업 운영 매뉴얼

손병돈, 황혜원, 전미애 (2008). 가족복지론. 서울: 학지사.

신승배 (2000). 한국비정규직 노동자의 사회적 배제에 관한 연구. 고려대학교 대학원 석사학위논문.

심창학 (2001). 사회적 배제 개념의 의미와 정책적 함의. 한국사회복지학, 44, 178-208.

여성가족부 (2005). 미혼모 현황 및 욕구조사.

여성가족부 (2017). 2017년 한부모가족지원사업 안내.

윤홍식 (2003). 이혼 및 별거(가족해체)로 인한 모자가정의 빈곤화와 사회안전망의 역할: 미국의 사회안전망의 대응과 한국적 함의. 한국사회복지학, 53, 51-73.

이은주 (2008). 근로빈곤층의 삶의 경험에 관한 질적연구-근거이론 분석. 사회복지정책, 34, 331-356

재정경제부 (2007). 근로장려세제(EITC) 해설.

정미숙 (2007). 저소득여성 가구주의 가족경험과 빈곤화 과정에 대한 연구-사회적 배제 관점을 중심으로. 이화여자대학교 대학원 박사학위논문.

지역아동센터중앙자원단 (2017). 2017년 지역아동센터사업 안내.

최경석, 김양희, 김성천, 김진희, 박정윤, 윤정향 (2005). 한국가족복지의 이해. 서울: 인간과 복지.

최현수, 류연규 (2003). 우리나라의 노인 빈곤 동향 및 빈곤구성에 대한 연구. 한국노년학, 23(3), 143-160.

최현수 (2007). 근로장려세제(EITC) 시행방안의 주요 내용분석 및 정책과제. 10월 복지동향.

통계청 (2004). 인구동태통계연보.

통계청 (2005). 2005 한국의 사회지표.

통계청 (2015). 경제활동인구조사.

한국보건사회연구원 (2005). 2005년 전국 결혼 및 출산 동향조사. **보건복지포럼**, 1월호.

한국여성복지연구회 (2005). **가족복지론**. 서울: 청목출판사.

홍경준 (2003). 한국 탈빈곤정책의 과제: 빈곤에 대한 동태적 분석을 중심으로. 2003년도 한국사회복지연구회 학술대회 자료집. 탈빈곤정책의 국제적 동향과 쟁점.

황청일, 조광영 (2005). 빈곤과 가족해체와의 관련성 모색. **사회과학논총**, 제26집 3호. 청주대학교.

Bumpass, L., Sweet, J., & Martin, T. (1990). Changing patterns of remarriage. *Journal of Marriage and the Family*, *52*, 747–756.

Conger, R. D., Conger, G., Lorenz, F., Conger, K. J., Simons. R., Whitbeck, L., Huck, S., & Melby, J. (1990). "Linking economic hardship to marital quality and instability", *Journal of Marriage and the family*, *52*, 643–656.

Conger, R. D., Gonger, k. J., Elder, G., Lorens, F., Simons, R., & Whitbeck, L. (1992). "A family process model of economic hardship and adjustment of early adolescent boys", *Child Development*, *63*, 526–541.

Elder, G., & Caspi, A. (1988). "Economic stress in lives: Developmental perspectives", *Journal of Social Issues*, *44*(4), 25–45.

Fryer, D., & Paine, R. (1986). "Being unemployed: A review of the literature on the psychological experience of unemployment", In C. L. Cooper & I. Robertson (Eds.), *International Review of Industrial and Organizational Psychology*, New York: John Wiley & Sons Ltd, 235–278.

Galambos, N. L., & Silberisen, R. K. (1987). "Income change, parental life outlook, and adolescent expectations for job success", *Journal of Marriage and the Family*, *49*, 141–149.

Garfinkel, I. (1992). Bringing fathers back in the child support assurance strategy. *The American Prospect*, *9*, 74–83.

Hanson, T., McLanahan, S., & Thomson, E. (1998). "Windows on divorce: Before and after". *Social Science Research*, *27*, 329–349.

Lempers, J., Clark–Lempers, D., & Simons, R. (1989). "Economic hardship, parenting, and distress in adolescence", *Child Development, 60*, 25-49.

Liker, J. K., & Elder, G. (1983). "Economic hardship and marital relations in the 1930s", *American Sociological Review, 48*, 343-359.

McLanahan, S., & Booth, K. (1989). "Mother-only families: Problems, prospects, and politics." *Journal of Marriage and the Family, 51*, 557-580.

McLoyd, V. (1998). "Socioeconomic disadvantage and child development", *American Psychologist, 53*(2), 185-204.

Schiller, B. (1995). "Legal and physical custody arrangements in recent divorces." *Social Science Quarterly, 71*, 250-266.

Teachman, J., & Paasch, K. (1994). "Financial impact of divorce on children and families." *The Future of Children, 4*, 63-83.

국세청(https://www.nts.go.kr).

Chapter 12

다문화가족정책

결혼이민 여성과 그 한국인 가족으로 구성되는 다문화가족의 증가는 1990년대 초부터 '농촌총각 장가보내기'로 시작되었으나 2005년 이후 본격적으로 그 수가 증가하면서 한국 사회를 빠르게 다문화사회로 전환시켰다. 1997년 IMF사태 이후 위축되었던 우리나라의 경제력 및 국제 무역과 수출이 회복되면서 국내 체류외국인 주민의 수가 2016년 200만 명을 넘어 2019년 코로나-19 감염병이 발병하기 전 252만 명까지 증가하였다. 그러나 이후 사회적 거리두기로 인해 국내 체류외국인이 자국 복귀로 급격히 감소하면서 2020년 196만 명까지 줄었으나 2022년 다시 증가하고 있다.

특히 지난 20년간 국제결혼이 빠르게 증가하면서 결혼이민여성과 한국인 배우자 그리고 자녀와 그 가족들로 구성된 다문화가족의 수가 가장 많이 증가하였고, 동시에 이들 가족의 문제가 사회적 문제로 부각되고 있다. 다문화가족은 가족 형성에서 2개 이상의 문화적 배경을 지닌 가족들이 함께 생활공동체로 묶이면서, 의사소통과 문화적 차이에 대한 이해의 부족으로 가족 간의 갈등이 심화되고 주위로부터의 차별 및 편견 등 다양한 어려움 속에서 생활하고 있다.

2006년 이후 범정부차원에서 다문화가족을 지원하기 위한 정책서비스들이 마련되기 시작하였고, 2008년에는 「다문화가족지원법」이 제정되면서 전국에 다문화가족지원센터가 설립되고 다문화가족을 위한 공적 서비스 지원전달체계가 마련되어 다양한 서비스를 제공하고 있다. 그러나 국제결혼의 촉진과 다문화가족의 지원이 우리나라의 저출생·고령화에 따른 인구 감소와 저출생 문제를 해결하고 사회 구성원으로서 다문화가족이 한국 경제의 한 축을 담당할 수 있다는 기대에서 출발하였기 때문에, 그리고 단 시간 내 빠른 증가에 의해 다문화 전반에 대한 국민적 인식 개선이 부족한 상태에 있다. 또한 다문화가족의 안정된 정착과 한국 문화 중심의 사회통합을 위한 노력으로 인해 관련 부처 간 정책 중복과 연계의 미흡 및 정책과제의 긴급한 확대로 체계적·장기적 접근이 이루어지지 못하는 한계가 많이 나타나고 있다.

현재 우리나라에서 이루어지는 다문화가족 지원정책은 주로 결혼이민자와 그 자녀들의 한국생활과 적응을 돕기 위한 지원 사업이 중심이다. 그러나 앞으로는 결혼이민자에 대한 일방적인 문화동화차원에서의 교육과 서비스의 제공이 아니라 상호문화교류와 가족 통합적 차원에서의 지원정책으로 변화될 필요가 있으며, 가족생애주기단계별 맞춤형 서비스를 제공하고 체계적인 위기상담과 지원정책이 마련되어야 할 것이다.

따라서 본 장에서는 결혼이민자와 그 가족인 다문화가족 이외에도 유학생, 외국인노동자, 난민, 북한이탈주민, 재외동포이주민 등 점차 다양해지는 다문화사회로의 안정된 정착을 위해, 다문화가족의 주요 현황과 함께 이들이 경험하는 어려움, 그리고 현재 실시되는 다문화가족정책과 앞으로의 정책방향에 대해 살펴보고자 한다.

1 다문화가족의 개념

'다문화가족(multicultural family)'또는 '다문화가정'은 협의의 개념에서는 예전에 통용되던 국제결혼의 의미가 내포된 '내국인이 아닌 서로 다른 민족의 상대를 만나 결합한 가족'을 뜻한다. 즉 '가족 중 한 명이 우리나라 국적을 취득하여 구성된 가정'으로 혼용되어(김유경 외, 2013), 국제결혼은 국적이 다른 사람과의 결혼으로 결혼 당사자만 해당되는 반면, 다문화가족은 그 사이에서 태어난 자녀 및 가족 구성원까지 포괄하는 개념이다.

광의의 개념으로는 '자국 내에 거주하는 모든 외국인 가족'을 포함한다. 다문화가족지원법에서 다문화가족이란 '결혼이민자 및 관련법에 따라 태어날 때부터 대한민국 국적을 취득하거나 귀화 허가를 받은 사람으로 이루어진 가족'을 말한다. 즉 국제결혼 가족 외에도 외국인노동자, 결혼이민자와 새터민(북한이탈주민), 그밖에 외국인 거주자, 외국인과의 사이에서 태어난 자녀들이 모두 포함될 수 있다.

다문화 사회의 핵심은 서로 다른 삶의 양식을 가진 사람들이 서로 문화를 존중하면서 문화 차이로 생기는 갈등을 극복해가는 것이다. 서로 다른 문화 간의 충돌은 우리나라뿐만 아니라 세계 여러 나라에서, 선진국들과 다민족으로 형성된 국가들에서도 나타나고 있다. 모든 사회에서 소수 인종은 사회경제적 지위와 관련되는 문화 간 충돌을 경험하고 있으며, 이를 해결하기 위해 언어적 소통, 교육, 편견의 배제 등에 초점을 맞추고 있다. 넓은 의미에서 세계의 모든 가정이 다문화가족일 수 있고 우리나라도 지금까지 지역 간, 세대 간, 계층 간의 다문화를 경험해 왔다고 할 수 있다. 최근에는 다문화가족이라는 용어가 보다 일반화되고 있다. 즉 다문화가족은 외국인 노동자, 북한이탈주민, 결혼이주여성 등의 증가로 우리나라 안에서 대한민국이 아닌 다른 문화권으로 이루어진 가정으로 점차 그 의미가 확대되어 가고 있다.

따라서 「다문화가족지원법」에서 정의된 개념만으로 다양한 문화를 가진 가족 구성원들과 관련된 제반 문제를 해결하기에는 한계가 있기 때문에 개념의 확대가 필요하다는 주장이 제기되고 있다(설동훈, 2013). 특히 외국인노동자, 불법체류자, 유학생, 난민과 같이 외국인만으로 구성된 가족과 북한이탈주민이거나 국내로 귀화한 해외동포가족, 입양에 의해 형성된 다문화가족들은 실질적 지원 대상에서 제외되는 경우가 발생하기 때문이다. 「다문화가족지원법」의 목적이 다양한 사회로의 전환과정에서 구성원의 안정적인 가정생활 영위와 삶의 질적 향상을 통한 사회통합에 있다는 점에서 다문화가족 지원 대상의 개념과 범위를 확대할 필요가 있다(문혁준 외, 2015).

2 다문화가족의 현황

2000년대에 들어와 한국사회는 인구학적으로 볼 때, 본격적으로 빠르게 다민족, 다인종, 다문화 사회로 이행하고 있다. 행정안전부의 거주 외국인주민 통계에 따르면, 국내 거주 외국인의 수는 2009년 100만 명을 돌파한 이후, 2018년에 205만 명에 이르면서 10년 만에 거주 외국인의 수가 2배나 증가했다(그림 12-1). 이는 2020년 기준 우리나라 전체인구의 4%를 차지한다(행정안전부, 2021).

법무부의 연도별 인구 대비 체류외국인 현황(2018~2022)을 살펴보면, 전체 인구 대비 장기체류 외국인의 비율은 코로나 19의 영향으로 2019년 4.87%에서 2021년 3.79%까지 감소하였다가 2022년 4.37%로 다시 증가하였다. 다문화사회의 규정은 보통 최저 3%이상부터 5%이상으로 연구자마다 달리 정하고 있어 한국은 외국인주민 비율이 3%를 넘어 이미 다문화사회라 할 수 있다. 최근에는 결혼이민자뿐 아니라 총인구의 감소와 저출생으로 인한 노동력 감소에 따라 외국인 노동자의 증가, 다문화가족 자녀, 북한이탈주민(새터민), 외국 국적 동포 및 해외귀화동포에 이르기까지 민족·인종·문화적 다양성이 공존하며 진정한 다문화사회로 진입하고 있다.

그림 12-1 국내 거주 외국인주민 현황(2021)

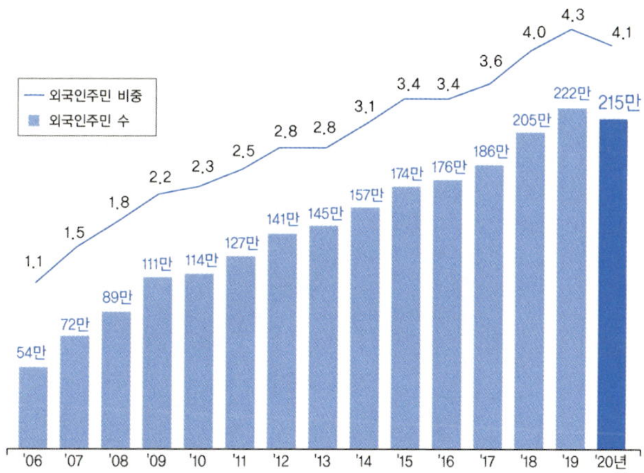

출처: 행정안전부(2021). 국내 외국인주민 현황.

2022년 기준 국내 체류 외국인은 꾸준히 증가해 226만 명을 넘어서고 있다(행정안전부, 2022). 국내 체류 외국인은 225만 8,248명으로 관련 통계 발표를 시작한 2006년 이래 최대 규모로 전년보다 12만 3,679명(5.8%)이 증가하였다. 이러한 증가는 과거와 달리 장기체류 이주민이 가장 많기 때문이며, 그중 체류기간 제한이 없는 정주형 체류자격자(재외동포, 거주, 영주, 결혼이민) 비율이 50%를 넘고 있다.

체류외국인은 코로나 19 기간인 2020년부터 감소하다가 3년 만에 2023년부터 다시 증가세로 돌아섰다. 유학생과 외국 국적 동포가 전년 대비 각각 3

만 2,709명(20.9%), 2만 9,000명(7.9%)이 늘어난 것이 전체 외국민 주민 수 증가에 큰 영향을 미친 것으로 보인다. 2022년 국내 외국인 유학생 수도 18만 9,397명으로 통계 작성 이래 최초로 결혼이민자 수(17만 5,756명)를 앞지르기 시작하였으며, 가족동반 체류도 빠르게 증가하여, 2020년 코로나19 팬데믹 시기에 단기체류자만 감소하였을 뿐 장기체류 이주민은 크게 변동이 없이 이주민의 정주화 경향이 뚜렷하게 나타나고 있다. 따라서 국제화 시대에 발맞추어 우리나라도 국내 체류 외국인, 특히 장기체류 외국인에 대한 법적 지위와 보호 및 포용 정책이 필요해지고 있다.

그림 12-2 한국국적을 가지지 않은 외국인 주민 유형별 분류(2022년 11월 기준)

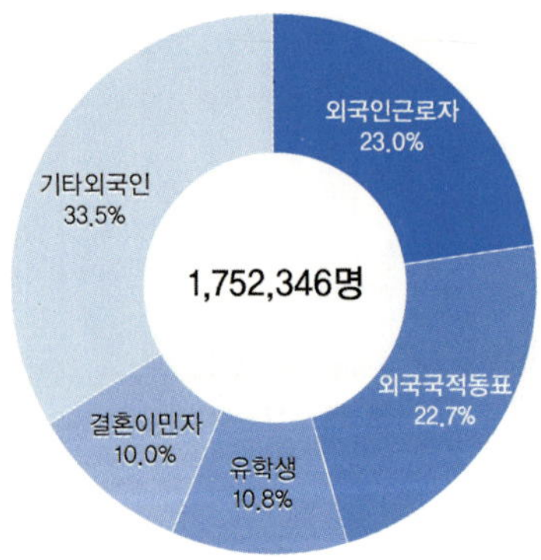

출처: 행정안전부(2021), 2022년 지방자치단체 외국인 주민 현황.

우리나라의 다문화 사회 형성의 기반에는 결혼이민자와 그들 자녀로 구성된 다문화가족이 있다. 다민족으로 국가가 형성된 다른 나라들과 달리, 우리나라의 다문화 현상은 혼인을 통해 이주민 여성에 의해 가족이 형성된다는 점에서 차이가 크다. 구체적으로 살펴보면, 2022년 다문화가족의 수는 결혼이민자에 대한 통계를 집계하기 시작한 2001년 2만 5,182명보다 8배 이상 증가된 16만 9,633명을 기록하고 있다(법무부, 2023).

실제로 국내 결혼건수 대비 다문화가정의 혼인 건수의 변화 추이를 살펴보면(그림 12-3), 국내 총 결혼건수가 지속적으로 감소 추세를 나타내는 경향과 함께, 2014년 국제결혼 건전화를 위한 결혼이민 사증발급심사 강화 및 국제결혼 안내 프로그램 이수 의무화 조치 이후 다문화가정의 혼인 역시 감소하였다. 2005년 전체 결혼건수의 13.5%를 차지하던 것에 비해 코로나 이후 전체적인 규모에 있어서는 2022년 9.1%로 줄었다. 그러나 2005년 13.5%를 기점으로 2015년까지 전체 결혼건수 중 7.4%로 줄었던 비율은 점차 증가하여 2019년 10.3%까지 증가하였으나 이후 코로나로 인한 사회적 거리두기와 함께 2021년 7.2%로 최저치를 나타내었으며, 코로나 19가 끝나면서 다시 9.1%로 올라서 증감을 반복하고 있다. 반면 외국인과의 이혼은 꾸준히 감소하였다가 코로나 엔데믹 이후 조금 증가하는 경향을 나타내고 있다. 이와 같은 등락을 통해 우리나라의 결혼이민자에 의한 다문화가족 형성이 사회·경제·정치적 다양한 영향을 받고 있음을 알 수 있다.

그림 12-3 다문화 혼인과 이혼의 건수와 비율

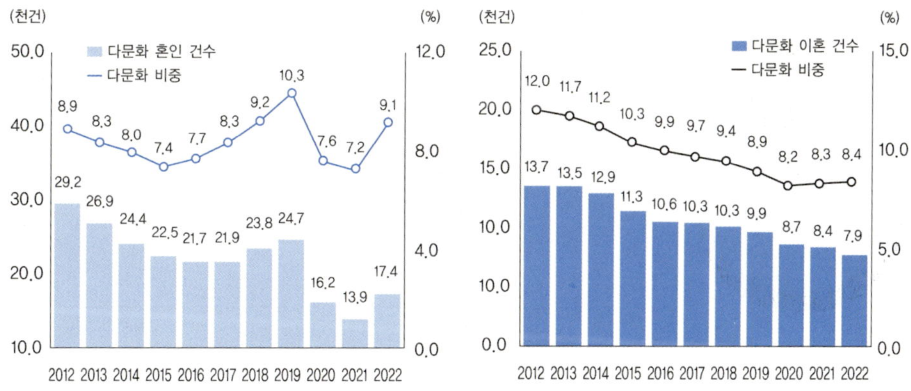

출처: 통계청(2021), 혼인이혼통계추이.

다문화가족의 결혼추이를 살펴보면(통계청, 2023), 지난 10년간 국제결혼 수는 계속 감소하여 반 가까이 줄어든 편이며, 코로나로 인한 사회적 거리두기가 끝나면서 2021년에 비해 2022년도에 33.6%, 13.6%로 급격히 증가하였다(표 12-1 참조).

한국 남성과 외국인 여성의 결혼이 2022년 12,007건, 한국 여성과 외국인 남성의 결혼이 4.659건으로 한국남성과 외국인 여성의 결혼이 약 3배 가까이 많은 것으로 나타났으며, 여전히 우리나라에서는 여성의 결혼이민으로 다문화가족이 구성되는 비율이 높은 것을 알 수 있다. 한편 한국 여성의 외국 남성과의 결혼 비율의 차이도 조금씩 줄어드는 추세임을 알 수 있다([그림 12-4]).

다문화가족을 형성하는 국적 구성비를 살펴보면, 한국 남자와 혼인한 외국 여자의 국적 구성비는 베트남(27.6%), 중국(19.0%), 태국(16.1%) 순으로 나타났으며, 한국 여자와 혼인한 외국 남자의 국적 구성비는 미국(29.6%), 중국(16.1%), 베트남(12.6%)의 순으로 나타났다.

그림 12-4 총 혼인 중 외국인과의 혼인 비중 및 혼인건수 추이(2002-2022)

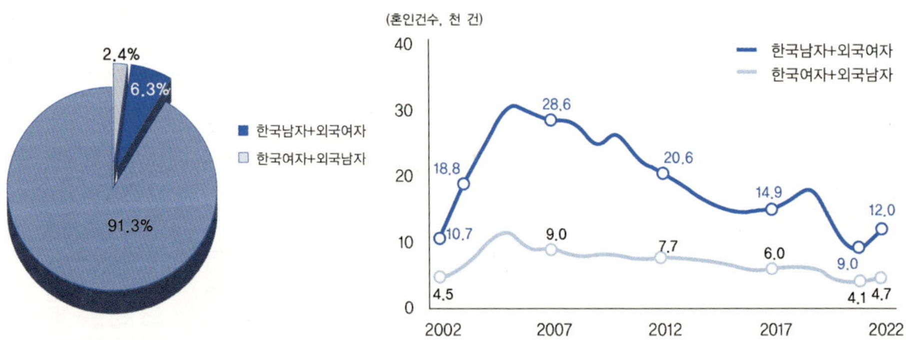

출처: 통계청(2021). 혼인이혼통계추이.

표 12-1 국적별 외국인과의 혼인(2012~2022)

(단위: 건, %)

	2012	2013	2014	2015	2016	2017	2018	2019	2020	2021	2022	구성비	전년 대비 증감률
한국男+외국女	20,637	18,307	16,152	14,677	14,822	14,869	16,608	17,687	11,100	8,985	12,007	100.0	33.6
베트남	6,586	5,770	4,743	4,651	5,377	5,364	6,338	6,712	3,136	1,319	3,319	27.6	151.6
중국	7,036	6,058	5,485	4,545	4,198	3,880	3,671	3,649	2,524	2,426	2,282	19.0	-5.9
태국	323	291	439	543	720	1,017	1,560	2,050	1,735	1,589	1,932	16.1	21.6
미국	526	637	636	577	570	541	567	597	432	457	600	5.0	31.3
일본	1,309	1,218	1,345	1,030	838	843	987	903	758	723	599	5.0	-17.2
필리핀	2,216	1,692	1,130	1,006	864	842	852	816	367	260	509	4.2	95.8
캄보디아	525	735	564	524	466	480	455	432	275	137	422	3.5	208.0
기타	2,116	1,906	1,810	1,801	1,789	1,902	2,178	2,528	1,873	2,074	2,344	19.5	13.0
한국女+외국男	7,688	7,656	7,164	6,597	5,769	5,966	6,090	5,956	4,241	4,117	4,659	100.0	13.2
미국	1,593	1,755	1,748	1,612	1,377	1,392	1,439	1,468	1,101	1,276	1,380	29.6	8.2
중국	1,997	1,727	1,579	1,434	1,463	1,523	1,489	1,407	942	777	750	16.1	-3.5
베트남	180	279	283	432	565	586	587	639	501	440	586	12.6	33.2
캐나다	505	475	481	465	398	436	402	363	257	223	310	6.7	39.0
영국	196	197	207	196	186	185	184	190	146	112	166	3.6	48.2
호 주	220	308	249	254	197	203	189	178	82	77	151	3.2	96.1
기타	2,997	2,915	2,617	2,204	1,583	1,641	1,800	1,711	1,212	1,212	1,316	28.2	8.6

출처: 통계청(2023). 2022년 혼인·이혼통계.

통계청에 따르면 다문화가족 구성원은 전체 인구 5,174만 명의 2.2%를 차지하고 2021년 기준 38만5천 가구로 전체 가구 수의 2%를 넘고 있으며, 그 증가세가 빠르다. 다문화가족을 이루는 결혼이민자·귀화자 본인이 여성인 비율은 82.5%로 남성(17.5%)에 비해 압도적으로 높고, 특히 결혼이민자의 비중보다 귀화자의 비중이 높아지고 있다(그림 12-2 참조).

그림 12-5 결혼이민자-귀화자 수 추이 (단위: 명)

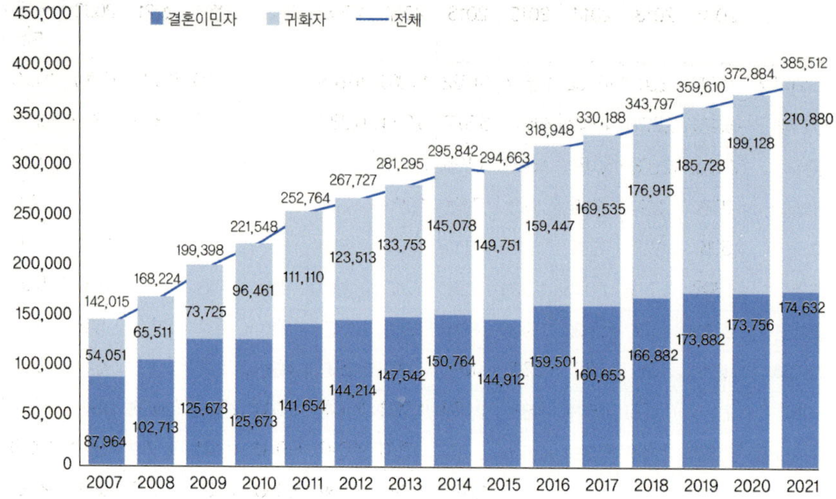

출처: 법무부(2023). 출입국통계.

또한 귀화자의 국적은 한국계 중국인(조선족)이 30.4%로 가장 많았고, 베트남(24.5%), 중국(18.0%), 필리핀(6.0%), 일본(4.1%), 캄보디아(2.5%), 태국(1.9%), 몽골(1.1%) 순으로 나타났다(표 12-2 참조).

표 12-2 국적별 결혼이민자-귀화자 현황 (단위: 명)

합계	중국(한국계)	베트남	중국	필리핀	일본	캄보디아	태국	몽골	기타
385,512	124,213	87,305	73,244	21,187	14,170	9,163	7,316	4,165	44,749

출처: 법무부·출입국외국인정책본부(2023). 통계월보.

지역별로는 경기 29.6%(33만 934명), 서울 16.7%(18만 7,022명), 인천 6.9%(7만 6,765명) 등 수도권에 반 이상(53.1%, 59만 4,721명)이 거주하고, 다음은 경남 6.3%(7만 210명), 충남 5.4%(6만 15명) 순이었다.

다문화가족의 이혼은 줄었지만, 이는 다문화가족의 결혼건수 감소와 관련된 것으로, 실제로 다문화가족 해체 과정에서 발생된 문제가 해결되어 나타난 결과는 아니다. 지난 1년간 배우자와 다툰 경험이 있다고 응답한 결혼이주여성은 48.5%로 조사되었고, 다툰 이유는 배우자의 성격이나 사고방식·가치관(56.3%)로 가장 많았으며, 다음은 자녀양육·교육문제(27.4%), 생활비 등 경제 문제(23.5%), 언어 소통의 어려움(19.2%), 배우자의 생활습관(음주, 늦은 귀가 등, 13.5%) 등으로 지적되었다(농촌여성신문, 2023).

결혼이민자의 의미는 전체 결혼에서의 비중 증가도 중요하지만 다문화가정의 출생아동수가 지속적으로 증가하고 있고 전체 아동 중 자녀수 비중이 지속적으로 증가하기 때문이다(그림 12-6 참조).

현재 다문화가족 자녀 현황을 살펴보면, 2012년 이후 10년간 꾸준히 감소하였다. 그러나 전체 인구수에서 일반 가정의 자녀수가 더 급격히 하락하여 총 출생아수 중 다문화 자녀의 비중을 지난 10년간 평균 5% 정도의 비중을 차지하는 것으로 나타났으며(그림 12-6 참고), 코로나시기 전후로 다문화 자녀의 비중이 다소 증가하였다가 다시 감소하는 추세를 보이고 있다.

그림 12-6 전체 출생아 중 다문화가정 출생아 비중

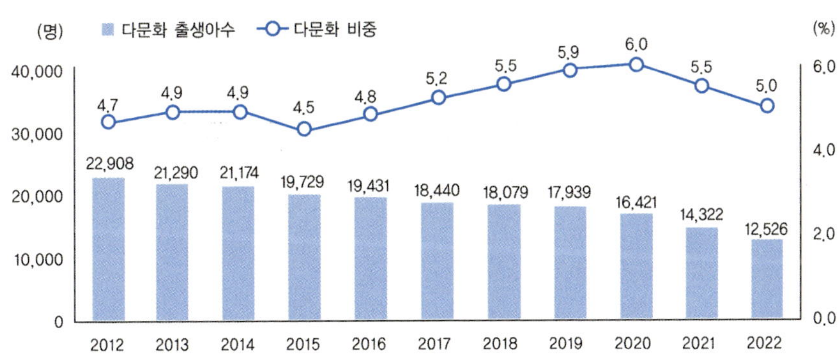

출처: 통계청(2021). 다문화 인구동태 통계.

그림 12-7 학교 급별 다문화학생 비율 추이

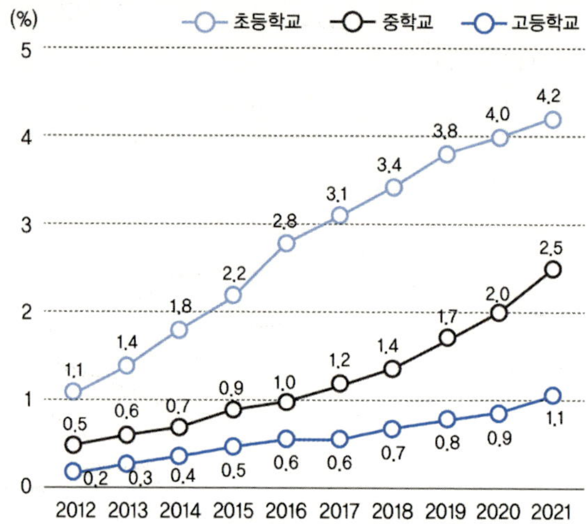

출처: 교육부 · 한국교육개발원(2021) 교육통계분석자료집.

그림 12-8 다문화 학생 수 추이: 초 · 중 · 고교 (단위: 만 명)

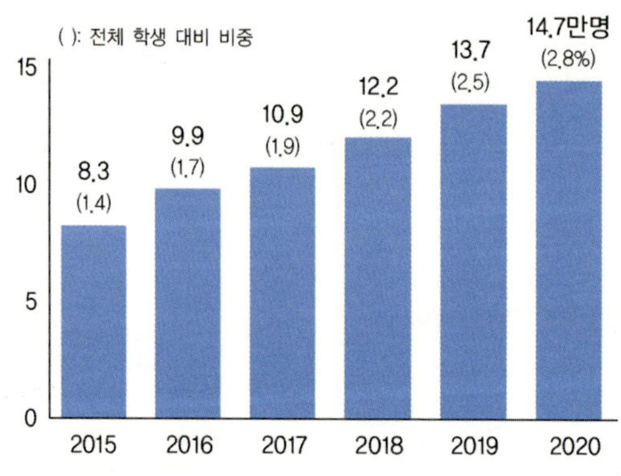

출처: 통계청 · 여성가족부(2021). 다문화 학생 수 추이.

표 12-3 **다문화가족 자녀 연령별 현황** (단위: 명)

연도	연령별 현황				
	계	만 6세 이하	만 7~12세	만 13~15세	만 16~18세
2020년	275,990	115,579	107,286	34,445	18,680
2019년	264,626	117,045	104,064	26,524	16,993
2018년	237,506	114,125	92,368	19,164	11,849
2017년	222,455	115,085	81,826	15,753	9,791
2016년	201,333	113,506	56,768	17,453	13,606
2015년	197,550	116,068	61,625	12,567	7,290
2014년	204,204	121,310	49,929	19,499	13,466
2013년	191,328	116,696	45,156	18,395	11,081
2012년	168,583	104,694	40,235	15,038	8,616
2011년	151,154	93,537	37,590	12,392	7,635
2010년	121,935	75,776	30,587	8,688	6,884
2009년	107,689	64,040	28,922	8,082	6,645
2008년	58,007	33,140	18,691	3,672	2,504
2007년	44,258	26,445	14,392	2,080	1,341

출처: 여성가족부(2023). 2022년 다문화가족 관련 통계 현황.

연령별 다문화가족 자녀를 살펴보면(표 12-3 참조), 각 연령대별로 다문화가족의 자녀수는 지난 14년간 꾸준히 증가해 왔으며, 가장 자녀수가 많은 연령대는 역시 만 6세 이하이다. 그러나 다문화 총 자녀수가 증가하였음에도 2019년 코로나시기 이후 만 6세 이하 자녀수가 2007년 이후 처음으로 약 1,466명 줄어들어든 반면, 만13~15세(중학생)와 만 7~12세(초등학생)에서 각각 7,921명과 3,222명이 증가하여 미취학자녀보다 초등학생과 중학생 다문화 자녀가 증가하는 것으로 파악된다. 이는 향후 중·고등학생인 다문화가족 자녀들을 위한 다양한 교육적, 사회적 지원 대책이 필요함을 의미한다. 또한 다문화가정의 자녀들은 학교뿐만 아니라 사회와 군대에서도 상당한 비율을 차지하며 살아갈 것으로 전망되므로, 이에 대한 준비와 정책적 지원이 요구된다.

다문화가족 자녀의 국적별 자녀수를 보면, 과거 중국(한국계)와 일본, 필리핀, 미국 등이 많았으나 2020년 현재 베트남이 가장 많고 그 다음으로 중국 및 중국(한국계)와 필리핀, 캄보디아 등이 많은 것으로 나타났다.

과거 결혼이주 초창기에는 다문화가족이 상대적으로 전통적인 가치를 지향하는 지역인 도시보다는 농촌에서 '농촌총각 장가보내기'사업으로, 그리고 젊은 층에 비해 보수적인 중장년층에서 이루어져 가부장적, 권위주의, 남성주의, 그리고 계급 문제가 함께 제기되었다. 그러나 최근에는 다문화가족이 도시에 더 많이 거주하고 있고 현재 가장 많은 결혼이민자와 자녀의 거주지역이 경기>서울>인천>경남 순으로 나타나고 있다(여성가족부, 2021).

표 12-4 국적별 다문화가족 자녀 수 (단위: 명)

국적	'07	'08	'09	'10	'11	'12	'13	'14	'15	'16	'17	'18	'19	'20
합계	44,258	58,007	107,689	121,935	151,154	168,583	191,328	204,204	197,550	201,333	222,455	237,506	264,626	275,990
중국(한국계)	14,201	16,681	18,669	31,404	33,186	39,278	42,294	43,890	35,439	36,610	38,090	39,642	41,149	41,529
중국	7,716	10,889	35,932	29,800	34,852	33,231	37,084	38,824	40,351	37,963	43,197	44,016	49,826	50,662
베트남	5,062	8,194	22,491	27,517	34,256	41,238	49,458	54,737	57,464	56,468	71,864	77,218	88,476	93,617
필리핀	6,013	6,378	10,687	11,926	13,937	15,820	18,020	19,568	19,918	20,146	22,270	22,873	24,502	24,243
일본	6,016	6,508	6,838	5,734	14,510	16,237	17,806	18,185	7,773	9,485	6,886	6,930	7,858	7,932
캄보디아	–	–	–	2,554	3,565	4,690	5,961	6,777	7,016	6,909	9,448	10,037	10,850	11,301
몽골	405	816	1,681	1,807	2,250	2,468	2,802	2,952	2,771	2,719	3,132	3,212	3,607	3,678
태국	799	870	1,563	1,711	2,082	2,427	2,663	2,767	2,254	2,543	2,609	2,875	3,944	4,389
미국	852	2,406	683	821	1,207	1,422	1,697	1,855	6,140	5,874	4,899	5,581	8,417	9,708
러시아	263	303	736	766	1,090	1,139	1,289	1,319	1,017	1,058	1,155	1,034	1,304	1,386
대만	878	1,515	770	1,129	1,191	1,615	1,758	1,892	2,877	2,522	2,995	3,081	3,543	3,609
기타	2,053	3,447	7,639	6,766	9,028	9,018	10,496	11,348	14,530	19,036	15,910	21,007	21,150	23,936

출처: 여성가족부(2021). 다문화가족관련 통계 현황.

3 다문화가족의 어려움

우리나라의 국제결혼은 주로 지인을 통하거나 직접 만나거나 종교단체, 중개업체를 통한 4가지 방식으로 주로 이루어지고 있다. 이중에서도 중개업체를 통한 결혼이 약 50%를 차지하고 있으며, 특히 동남아 여성과의 국제 결혼은 대부분이 결혼 중개업체를 통하여 이루어지고 있다. 그러나 이들 중개업체들이 대부분 영리만을 목적으로 하는 경우가 많아 결혼 이주여성들이 결혼 후에 많은 문제를 경험하고 있다. 대표적인 문제가 언어와 문화적 차이에서 오는 고립감으로 다문화 가정의 결혼 이민자들은 한국으로 이주하기 위한 준비나 한국어를 배울 기회를 사전에 갖지 못한 상태에서 입국하는 경우가 대부분이다. 이 때문에 대다수 결혼이민자들은 한국생활에서 의사소통의 어려움을 경험할 뿐 아니라 한국 사회 적응 과정에서 2차, 3차의 어려움을 갖게 된다(김제선, 2022).

다문화가족의 생활 상 문제점은 크게 네 가지로 구분될 수 있다. 첫째 언어와 문화 적응 문제, 둘째 경제생활 어려움의 문제, 셋째 자녀양육과 교육의 문제, 넷째 친척, 이웃과의 관계 및 사회적 편견문제 등이다. 다문화가족이 경험하는 문제를 구분지어 정리하면 다음과 같다.

1) 언어미숙으로 인한 의사소통의 문제

결혼이민자와 가족들은 공통적으로 언어 소통의 문제와 생활 전반의 문화적 차이로 인해 부부관계, 시댁 식구와의 관계, 지역사회와의 교류에 있어서 다양한 어려움을 가진다. 고국에서 적극적인 사회적 관계를 쌓아온 결혼이주 여성의 경우 단절된 상황에 적응하는 데 더 어려움을 경험한다(장연진·김영미,

2021). 특히 생활하는 가족뿐 아니라 정서적으로 상호작용 하여야 하는 배우자와도 원활한 언어소통이 어렵기 때문에, 사소한 일로도 오해할 뿐 아니라 간단히 해결될 일도 큰 부부문제로 이어질 수 있는 가능성을 갖고 있다. 심지어 언어의 단절이 가족 간의 정서적 단절로 이어지기도 한다. 또한 이주 여성의 언어 능력의 한계는 자녀와의 관계 및 양육에도 어려움을 가져오는 요인이 되는데, 자녀와의 관계적 측면에서 가장 큰 문제로 부모 자녀와의 의사소통의 한계가 가장 주요하게 거론되고 있다.

언어미숙으로 인한 의사소통의 어려움은 결국 가족이나 이웃과의 상호 이해를 방해하고 문제 해결을 어렵게 할 수 있다. 따라서 언어문제는 결혼이민자들에게 외로움이나 사회적 고립의 원인이 될 수 있다. 더구나 새로운 한국 문화와 생활에 전적으로 적응해야 한다는 이주 여성들의 부담과 외로움, 소외감은 결혼 이후의 삶의 적응에 치명적인 문제를 가져올 수 있다.

2) 경제적 어려움

결혼이주여성과 국제결혼을 하는 한국 남성들은 대체적으로 소득 수준이 낮은 계층이 많았다. 결혼이민자 가구의 절반 이상이 비정규직 근로자인 경우가 많아 최저생계비 이하의 빈곤 가구로 생활하는 경우가 많다. 그 이유는 대부분 농촌이나 도시 저소득층의 한국 남성들이 노총각에서 벗어나기 위해 국제결혼을 선택하기 때문이다.

결혼이주여성 중에는 고국에 생활비를 보내야 하는 여성이 많았는데 결혼 당시 받은 정보와 달리 빈곤한 상황으로 인해 돈을 부치지 못하게 되어 가족갈등으로 이어지는 경우가 많다.

2021 전국다문화가족실태조사에 의하면, 가정의 월평균 소득은 2020년 제4차 다문화가족 실태조사결과에서 다소 증가했으며, 고용률도 증가한 것으로

나타났다. 그러나 200~300만 원 미만이 24.8%로 가장 많고, 300~400만 원 미만이 22.7%, 400~500만 원 미만이 15.3%, 100~200만 원 미만이 14.3% 순이다. 전체 다문화가정의 절반에 가까운 47.5%가 200~400만원 구간에 있으며, 300만 원 미만은 줄고, 300만 원 이상은 증가하여 우상향의 경향을 보이고 향후 지속적 증가 추이를 유지할 것으로 보인다(여성가족부, 2021).

또한 팬데믹으로 인한 가구 소득에 있어서 결혼이민자 가구는 50.0%가 소득이 줄었다고 한 반면, 기타 귀화자 가구는 58.5%가 소득이 줄었다고 하여 결혼 이민자 가족보다 기타 귀화자 가족이 더 큰 영향을 받은 것으로 보인다. 또한 다문화가족 중 국민기초생활보장 수급 가구 비율은 6.4%로 2015년 이래 지속적으로 증가하고 있다.

특히 결혼이민을 선택한 상당수의 여성들이 저개발국 출신이거나 '경제력 향상을 위해 더 나은 나라의 남성'을 선택한 결혼이유로 인해 경제적으로 어려운 상황은 결혼을 선택하고 한국 사회에 도착하는 순간부터 현실과의 괴리에서 오는 갈등이 결혼생활에 부정적 영향을 줄 가능성이 매우 크다. 따라서 결혼이주여성들은 경제적 빈곤을 해결하고 모국의 친정에 생활비를 보태기 위해서 약 60.8%가 취업하고 있으나 단순 노무직이 가장 많고(32.4%) 서비스 종사자도 많으나 관리직이나 전문가 직종의 비중은 상대적으로 낮은 편이라 고용 불안정이 높다.

3) 생활문화와 가치관의 차이

다문화가족은 서로 다른 문화에서 성장한 성인이 결혼을 매개로 하여 하나의 가족을 구성함으로써 이루어진다. 같은 한국 사회에서 성장한 배우자끼리도 사고방식과 문화의 차이를 경험할 수 있음을 고려할 때, 다문화가족의 경우 그 안에서 가족 구성원들이 경험하는 어려움이나 문제 발생의 가능성은 더육 클 수 있다.

각자 나고 자라온 문화에서 당연하게 여겨온 습관, 믿음, 가치, 관습 등이 다른 문화에서는 잘 통하지 않는다. 특히 가족을 이룬 경우 부부의 역할 분담, 자녀 양육 방식, 확대 가족과의 관계 등에서 서로 다른 사고방식이 부딪히게 된다. 서로 다름을 인정하고 상호 수용하고자 하는 태도를 갖추지 않으면 갈등을 겪을 수밖에 없다.

결혼이민자여성들은 출신 국가의 가족구조와 이에 따른 여성의 권리와 역할의 평등에 익숙해져 있기 때문에 남성과 여성의 역할이 뚜렷이 분리되어 있는 한국 사회에 적응하는데 많은 어려움을 느끼게 된다(장연진·김영미, 2021).

결혼이주여성들은 부부간 문화적 차이를 경험했다는 응답이 반 이상(59.2%)으로 나타났으며, 특히 식습관(36.9%), 가족행사 등(23.0%), 자녀양육방식(19.0%)에서의 문화적 차이로 인해 가족원 모두가 긴장과 갈등을 경험한 적이 있다고 보고하고 있다. 이중 식습관의 경우에는 자녀양육 과정에서 결혼이주여성이 한국식 음식문화에 전적으로 맞추는 상황이 나타나고 한국어가 서툴러 가족행사와 자녀양육 방식에 있어서도 출신국보다 한국식에 맞추는 경향이 높다. 중요한 점은 이러한 일상생활 전반에 걸친 생활문화와 가치관의 차이가 언어나 성격차이를 뛰어 넘는 주요한 부부 및 가족 간 갈등 사유로 커진다는 것이다. 뿐만 아니라 부부간 그리고 친족 간 생활방식의 불일치는 가족 간 갈등을 불러일으키는 원인이 되고 있다. 따라서 일방적인 한국문화 중심의 동화주의가 아니라 상대방의 문화를 인정하여 다양한 문화가 공존할 수 있도록 하여야 한다.

4) 한국 사회의 차별과 편견

다문화사회로 도약하는 한국 사회에서 가장 어려운 숙제로 꼽히는 것은 외국인에 대한 편견과 선입견 같은 부정적 인식의 극복이다. 결혼이민자뿐 아니라 외국인 유학생과 이주노동자, 난민, 북한이탈주민과 해외귀화동포 등 모든 이주자들은 다른 나라에 와서 소수 신분(minority status)으로 인종적·문화적 배경과 상관없이 사람들에게 전혀 다른 외국인으로 보이게 되고 그 사회에서 새로운 소수 민족으로 사회적 위치가 정해짐으로써 심리·정서적 어려움을 겪게 된다.

우리나라의 다문화가족은 초기 '농촌총각 결혼 프로젝트'로 시작되어 한국보다 어려운 형편의 나라에서 피해 온 사람이라는 부정적 시각과 편견, 그리고 무분별한 결혼 중개업체들의 불법적인 행위, 간혹 다문화결혼을 악용해 한국으로 이주하고자 하는 불성실한 의도, 결혼이주여성들의 불행한 결혼생활에 대한 대중매체의 시각 등은 다문화가족에 대한 잘못된 시각과 차별적인 행동에 영향을 주었다.

2021년 전국다문화가족실태조사 결과를 보면, 한국에서 생활하면서 외국인이라는 이유로 차별이나 무시를 당한 적이 있는지를 질문한 결과, 전체 응답자의 40.7%가 '있다'고 응답했다. 또한 남성보다는 여성, 읍면 거주자보다는 동 거주자, 혼인상태로는 이혼·별거 상태에 있는 이들이 상대적으로 차별 경험을 높게 인식하고 있었다. 이는 2012, 2015, 2018년 실태조사 결과와 비교할 때 다소 완화된 수치이지만 여전히 다문화가족을 바라보는 한국 사회의 시선은 인식개선이 필요하다는 것을 알려 준 결과이다.

5) 부부관계의 문제

대부분 결혼중개업자의 소개로 비교적 짧은 기간의 만남을 하고 국제결혼에 이르게 되는 다문화 부부는 먼저 결혼이주 여성의 서툰 한국어로 인한 원활하지 못한 소통을 하게 되고, 부부 간의 이해가 부족한 상황에서 결혼생활 속에서 발생하는 많은 오해를 해소하지 못하고 부부 갈등에 이르게 된다. 이 같은 문제를 조금이라도 해소하기 위해 2014년 국제결혼 건전화를 위한 결혼이민사증발급심사 강화 및 국제결혼 안내 프로그램 이수 의무화 조치를 통해 한국 입국 전 간단한 한국어와 생활문화를 배움으로써 이해와 소통을 폭을 넓히고 부부 문제를 해소하기 위해 노력하였다. 이로써 지난 10년간 국제결혼 부부의 이혼은 지속적으로 감소되어 왔다.

그러나 다문화가정의 결혼의 특수성, 결혼의 목적이 결국 혼인의 성사에 있기 때문에 각기 다른 문화적 배경에서 자란 두 배우자가 진정으로 정서적 교감을 하기 힘들어지는 이유와 관련이 있다. 즉 일반적인 결혼과 달리 오랜 시간 연애를 하고 서로를 이해할 시간과 기회가 없을뿐더러 언어와 문화도 다르기 때문에 완벽한 의사소통이 불가능하여 잦은 다툼과 갈등이 발생할 수 있다.

제4차 다문화가족실태조사에서는 다문화가족부부의 이혼·별거 사유로는 성격 차이(50.7%)가 가장 많고, 경제적 문제(14.05), 학대·폭력(8.8%), 외도 등 애정 문제(7.5%) 등의 순이다. 특히 2018년 제3차 조사에 비해 코로나로 인한 사회적 거리두기 기간 동안 경제적 문제와 학대·폭력의 비율이 증가하였다.

반면 부부 관계에 있어서 배우자와의 관계 만족도는 4.35점으로 2018년(4.32점)에 비해 높아졌으며, 연령이 낮고 결혼 기간이 짧을수록 가구소득이 높을수록 배우자 관계 만족도가 높아지는 경향이 나타났다. 또한 부부간 하루 평균 대화시간도 2시간 이상이 40.9%로 가장 많았으며, 2018년 조사보다 대화시간이 전반적으로 늘어나 부부관계의 긍정적인 면이 높아진 것으로 분석된다. 이러한 면을 반영하여 부부 갈등도 지난 1년간 배우자와 다툰 경험은 46.3%로 2018년(61.8%)이 비해 매우 많이 감소한 것으로 나타났다(15.5%p). 배우자와 다툰 이유는 사고방식과 가치관 차이(56.6%)가 가장 많았으나 갈등 대처방식으로 '배우자와 대화로 해결한다'(63.9%)는 응답이 가장 많아 부부관계를 대화로 원만히 해결해나감으로써 관계가 좋아지는 것으로 보인다.

6) 자녀양육과 교육의 문제

앞서 다문화 출생아 수가 다소 줄어들고 있지만, 한국의 출생아 수가 지난 10여 년간 크게 줄어들면서 동시에 초·중·고등학교 학생 수가 모두 감소하는 초저출생 시대에 들어서게 되면서 전체 출생아 수 대비 다문화가족 자녀수의 비중은 증가하는 경향을 보이고 있다. 즉 다문화가정에서도 자녀수가 줄면서 저출생 현상이 나타나고 있으며, 다문화 출생건수의 감소로 향후에도 자녀의 평균 연령이 지속적으로 상승할 것으로 예측된다.

만 5세 이하 미취학 자녀 대상 교육/돌봄 시설이용 참여율은 71.9%이고, 자녀를 직접 돌보고 양육수당을 수령하는 경우는 23.3%, 둘 다 이용하지 않는 가정이 2.6%이다. 팬데믹으로 다문화가족도 아동 돌봄의 부담이 증가한 것으로 나타나며, 반면 부모(이전 75.7%, 이후 79.0%)나 조부모·친인척(이전 26.8%, 이후 27.4%)의 돌봄 비율이 증가하였다. 또한 전체 저학년 자녀의 42.4%가 평일에 혼자 방치되는 시간이 있었으며 평일에 평균 1.10시간 방치되어 2018년 조사 보다는 감소하였다(평균 1.30시간).

다문화 학생 수는 최근 5년간 매년 1만 명 이상 증가하여 2020년에는 14만 명을 초과하였다. 이들 다문화가정의 학생은 국제결혼가정의 국내출생 자녀와 중도입국자녀, 그리고 외국인 가정의 자녀로 나누며, 모든 유형의 학생들이 증가하고 있으며 최근 중도입국 자녀와 외국인 학생의 증가세가 뚜렷해지고 있다. 2019년은 전년대비 약 21%, 2020년에는 전년대비 15% 증가하였다.

특히 전체 학생 중 다문화학생 비율은 2021년 3%를 돌파하며, 향후 머지않아 해마다 16만 명가량의 다문화가정 자녀들이 초등학교에 입학할 것으로 예측된다. 이는 향후 다문화가족의 중요 정책 방향이 '다문화가정 자녀들의 적응과 성장'이라는 것을 보여 주는 것이다. 왜냐하면, 자녀가 있는 다문화가정의 부모들은 자신들의 문제보다 자녀들의 부적응 문제에 더 큰 어려움을 호소하고 있기 때문이다.

표 12-5 다문화학생 증가 추이

(단위: 명)

인원수 \ 연도	2013	2014	2015	2016	2017	2018	2019	2020	2021
다문화 학생 수(A)	55,780	67,806	82,536	99,186	109,387	122,212	137,225	147,378	160,056
전체 학생 수(B)	6,489,349	6,294,148	6,097,297	5,890,949	5,733,132	5,592,792	5,461,614	5,355,832	5,332,044
다문화학생 비율(A/B*100)	0.9%	1.1%	1.4%	1.7%	1.9%	2.2%	2.5%	2.8%	3.0%

출처: 통계청(2022). 다문화가족 관련 통계 현황.

다문화가정 자녀의 주요 관심사 중에 하나는 학업 중단률로 과거 일반가정의 학생들에 비해 4~5배 이상 높았기 때문이다. 그러나 제4차 다문화가족실태조사에서는 학교에 다니는 자녀가 전체의 92.3%로 거의 대부분 다니고 있고 7.7%만이 다니지 않고 있다. 재학 상태를 살펴보면, 초등학교 재학이 48.3%, 중학교 재학 25.7%, 고등학교 재학이 14.3%, 대학 이상 재학이 4.0%로 고등학교와 대학교 재학률이 상대적으로 낮다. 그러나 2018년과 2019년 다문화 학생 학업중단률은 전년 대비 하락하였으며, 부적응 관련 학업중단률은 전년과 비슷한 수준을 유지하고 있다. 특히 다문화 학생의 학업 중단률은 전체 학생과 유사한 수준이며, 부적응으로 인한 학업중단률(0.28%)은 전체 학생(0.51%)보다 낮은 반 정도의 수준이다.

다문화 학생의 학업중단은 이주배경 특성 상 해외출국 및 미인정 휴학으로 인한 경우가 가장 많아 학업중단 학생의 69.3%이다. 학교급별로는 학업을 중단한 다문화 초등학생의 87.8%, 중학생의 51.6%, 5고등학생의 22.2%가 해외출국 및 미인정 유학으로 인한 학업중단의 경우이다.

그림 12-9 다문화 학생 학업 중단율

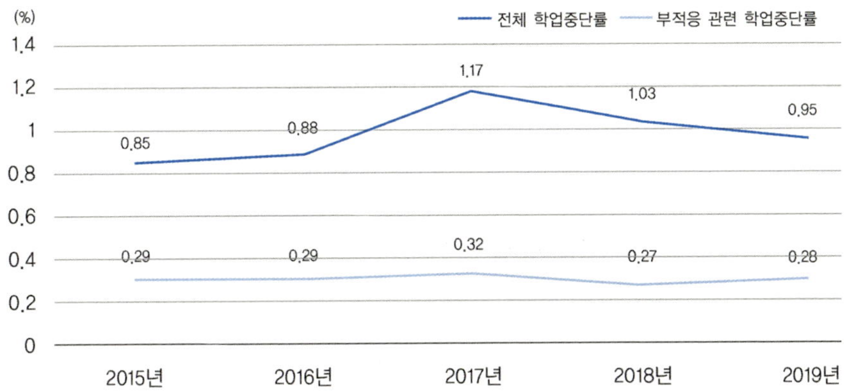

출처: 교육부(2021). 2021년 다문화교육계획.

4 다문화가족 정책과 서비스지원

1) 다문화가족정책의 현황

(1) 다문화가족 정책 관련 법

다문화가족을 위한 지원법은 「다문화가족지원법」이외에 「국적법」,「출입국관리법」, 「재외동포의 출입국과 법적 지원에 관한 법률」, 「외국인 근로자의 고용 등에 관한 법률」등이 포함된다.

이중 다문화가족지원 및 정책 대상으로 사업을 수행하는 가장 포괄적이고 광범위한 법은 「다문화가족지원법」(법률 제8937호)이다. 다문화가족이 증가하면서 2008년 제정 및 시행되어 그간 2011, 2012년 각각 일부 내용이 개정되어 왔다. 다문화가족에 대한 이해 증진, 결혼이민자에 대한 생활정보 제공 및 교육지원, 평등한 가족관계의 유지를 위한 조치, 가정폭력 피해자에 대한 보호 지원, 의료 및 건강관리를 위한 지원, 아동 보육 및 교육, 다국어 서비스 제공 등 다양한 정책적 지원을 명시하고 있다. 주요 내용은 다음과 같다.

다문화가족지원법의 개요

- 목적: 다문화가족 구성원이 안정적인 가족생활을 영위할 수 있도록 함으로써 이들의 삶의 질 향상과 사회통합에 이바지함
- 국가와 지방자치단체의 책무
- 다문화가족 지원을 위한 기본계획의 수립(5년 주기)과 연도별 시행계획의 수립
- 다문화가족 정책위원회의 설치: 국무총리 소속으로 소속다문화가족의 삶의 질 향상과 사회통합에 관한 중요 사항을 심의조정
- 실태조사: 3년마다 다문화가족에 대한 실태조사를 실시하고 그 결과를 공표
- 다문화가족에 대한 이해증진: 다문화가족에 대한 사회적 차별 및 편견을 예방하고 사회구성원이 문화적 다양성을 인정하고 존중할 수 있도록 다문화 이해교육과 홍보 등 필요한 조치를 함
- 생활정보 제공 및 교육 지원: 생활하는 데 필요한 기본적 정보를 제공하고, 사회적응교육과 직업교육훈련 및 언어소통 능력 향상을 위한 한국어교육, 교육을 실시함에 있어 거주지 및 가정환경 등으로 인하여 서비스에서 소외되는 결혼이민자 등이 없도록 방문교육이나 원격교육 등 다양한 방법으로 교육을 지원하고, 교재와 강사 등의 전문성을 강화하기 위한 시책을 수립 · 시행
- 평등한 가족관계의 유지를 위한 조치: 다문화가족이 민주적이고 양성 평등한 가족관계를 누릴 수 있도록 가족상담, 부부교육, 부모교육, 가족생활교육 등을 추진
- 가정폭력 피해자에 대한 보호 · 지원
- 의료 및 건강관리를 위한 지원: 결혼이민자 등이 건강하게 생활할 수 있도록 영양, 건강에 대한 교육, 산전 · 산후 도우미 파견, 건강검진 등의 의료서비스를 지원할 산전 · 산후 건강관리 지원
- 아동 보육 · 교육: 다문화가족 아동 차별 안 됨, 학교생활에 신속히 적응할 수 있도록 교육지원 대책 마련, 초등학교 취학 전 보육 및 교육 지원을 위하여 노력
- 다국어에 의한 서비스 제공
- 다문화가족지원센터의 지정 등
- 다문화가족 지원업무 관련 공무원의 교육
- 사실혼 배우자 및 자녀의 치우

• 민간단체 등의 지원: 다문화가족 지원 사업을 수행하는 단체나 개인에 대하여 필요한 비용의 전부 또는 일부를 보조하거나 그 업무수행에 필요한 행정직 지원

「국적법」(개정 2016.12.20.)은 결혼이민자가 대한민국 국민이 되는 요건을 정하는 법률이다. 이 법에서는 다문화가족을 "귀화 허가를 받은 자와 출생 시부터 대한민국 국적을 취득한 자로 이루어진 가족"으로 정의하고 있어(제4조) 결혼이민자와 국제결혼에 의한 자녀와 가족 구성원들을 모두 포함하여 포괄적으로 정의하고 있다.

「출입국관리법」(개정 2017.12.12.)은 대한민국에 입국하거나 출국하는 모든 국민 외국인의 출입국 관리와 체류 외국인의 체류관리 및 난민인정절차에 관한 사항을 규정하는 법이다. 이 법에 따라 입국하는 외국인(결혼이민자 포함)은 해당 지역의 출입국관리사무소에 '외국인' 등록을 하게 되며, 일정 기간 국내에 체류, 혼인생활을 유지하는 경우 한국국적 취득이 가능하도록 되어 있다. 2005년 9월 「출입국관리법」의 시행령을 개정하여 거주(F-2) 체류자격 결혼이민자의 영주권 취득요건을 완화하고 별도의 허가절차 없이 취업도 자유롭게 할 수 있도록 제도를 개선하였다.

「결혼중개업의 관리에 관한 법」(제정 2007.12.14., 시행 2008.6.15.)은 결혼중개업의 건전한 지도육성과 이용자 보호를 통한 건전한 결혼문화 형성을 목적으로 하는 법이다. 특히 국제결혼을 알선하고 중개하는 과정에서 야기된 인권침해나 문제를 예방하고 대처하기 위한 제도로서, 문제가 있는 결혼중개업소의 경우 영업정지나 폐쇄조치를 규정을 하며 결혼이민자뿐만 아니라 한국인 배우자 가정에게 정확한 정보와 안내 등을 통해 건전한 결혼과정을 형성하도록 돕는 것을 목적으로 한다.

가장 최근 제정된 2022년 법무부의 「재한외국인 등의 처우 기본법」(개정

2017.10.31.)은 재한외국인이 사회에 적응하도록 도움을 주는 데 목적이 있다. 여기서 재한외국인은 대한민국 국적을 가지지 않은 자이며, 대한민국에 거주할 목적을 가지고 합법적으로 체류하고 있는 자로서, 결혼이주민을 비롯하여 이주노동자 등 국내 장기거주 외국인이 이에 해당된다. 정부 차원에서 법적 지위에 따라 적정하게 처우하고, 재한외국인이 우리 사회의 건전한 구성원으로서 자신의 역량을 발휘하여 사회통합 및 국가발전에 기여할 수 있도록 외국인정책의 추진체계 및 그 기본방향에 관한 사항을 규정하는 데 목적이 있다.

또한 2003년 「외국인 근로자의 고용 등에 관한 법률」에서는 외국인 근로자의 노동권과 기본권을 보장하였고, 미등록 근로자를 양산하는 문제를 개선하기 위하여 2004년부터 고용허가제를 실시하고, 2007년부터는 산업연수생을 합법적인 근로자로 고용허가제에 포함하였다. 이 외에도 다문화가족과 관련된 중요한 법과 제도로는 국가 인권위원회에서 제정한 「차별금지법」이 있다.

(2) 다문화가족 정책의 추진체계

앞서 논의된 바와 같이 최근 우리나라의 가족의 변화가 저출생·고령화로 빠르게 변화되면서 다문화가족의 자녀 출산도 감소하는 경향이 나타나고 있다. 이와 함께 1인 가구와 이혼에 의한 한부모가족의 대규모 증가, 귀화한 해외동포가족 및 탈북가족, 난민가족의 등장 등 다양한 가족의 등장과 함께 전체적으로 다양한 욕구를 지니는 가족들을 위한 맞춤형 정책적 서비스가 제공되어야 한다는 시대적 요구에 따라 여성가족부에서 수행되던 다양한 사업들이 2023년부터 전국 200개가 넘는 가족센터에서 통합 제공되고 있다. 2023년 독립형 다문화가족지원센터는 20개만 남아 있다. 그러나 아직 17개 광역 시·도와 지방자치단체의 건강가정지원사업과 다문화족지원사업은 행정상, 그리고 예산상 아직 통합되지 못한 상황이다. 향후 지역의 인구나 가족유형 등에 따라 맞춤형 서비스를 제공할 수 있도록 재편될 예정이다.

그림 12-10 다문화가족정책 추진체계

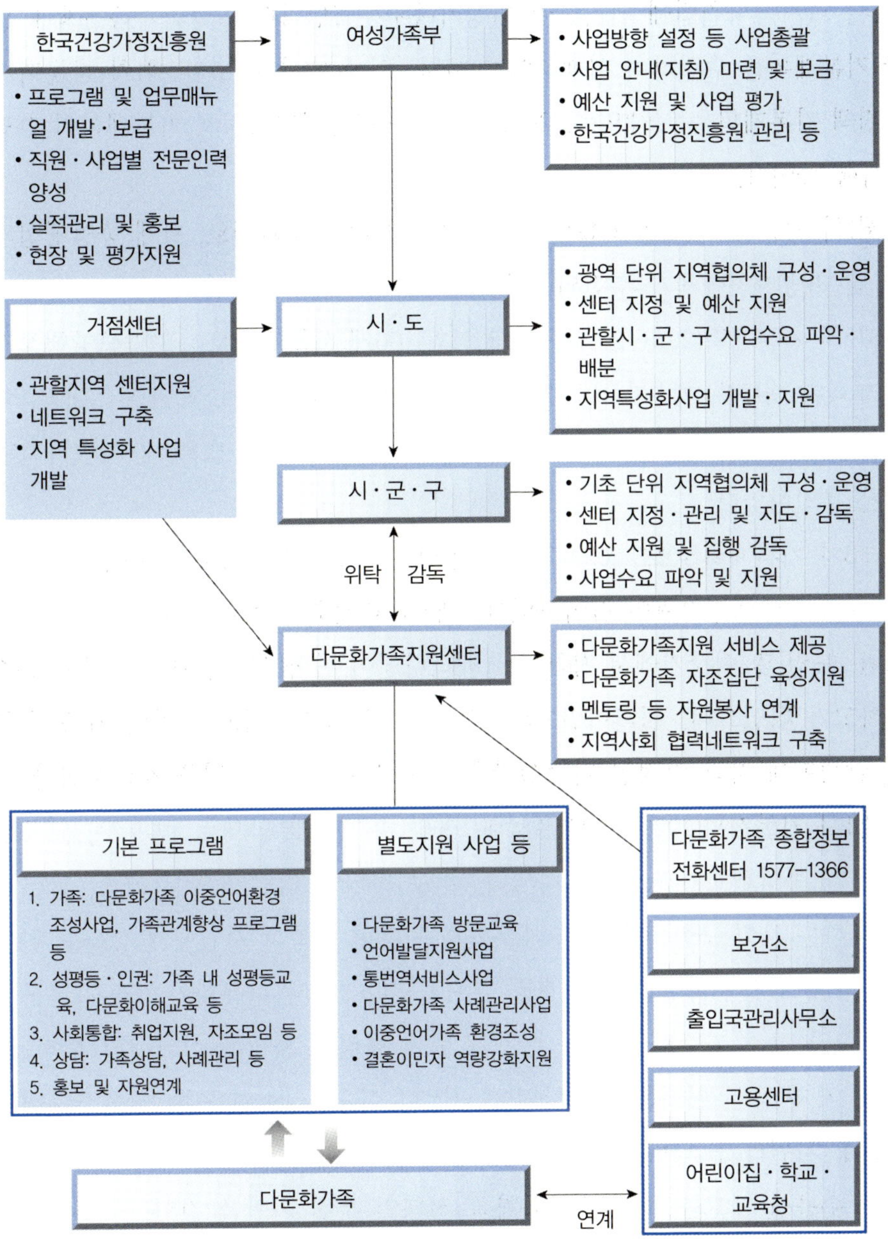

출처: 여성가족부(2023). 2023 다문화가족지원사업 안내(1).

(3) 다문화가족정책 기본계획

다문화가족지원법에 의거하여 여성가족부는 5년마다 다문화가족정책에 관한 기본계획을 수립하여 시행하여야 한다. 이에 따라 2010년 제1차 다문화가족정책 기본계획을 시작으로, 2023년 제4차 다문화가족정책 기본계획이 수립·시행 중이다.

제1차 기본계획(2010~2012)은 5대 영역, 61개 세부과제로, 11개 중앙행정기관 및 지방자치단체가 추진되었다.

제2차 기본계획(2013~2017)은 6대 영역, 86개 세부과제로, 13개 중앙행정기관(교육부, 법무부, 행정자치부, 문화부, 농·식품부, 국방부, 보건복지부, 고용부, 외교부, 경찰청, 방통위, 법원, 여성가족부 및 국무총리실 포함), 법원 및 지방자치단체가 추진하였다.

제3차 기본계획(2018~2022)은 4대 영역, 70개 세부과제로, 법무부, 교육부 등 17개 중앙행정기관이 참여하였다. 제3차 다문화가족정책 기본계획을 살펴보면, 도입 및 성장기에서 정착기로 패러다임이 변화하는 추세를 고려하여 추진하고자 하였으며, 결혼이민자의 정착주기가 장기화되고 다양한 가족 유형이 발생함에 따라 안정된 가족생활을 도모할 수 있는 지원을 강화하였다.

제4차 기본계획(2023~2027)은 4대 영역, 48개 세부과제로, 법무부, 교육부 등 17개 중앙행정기관이 참여하였다. 누구 하나 소외되지 않는 가족, 모두가 함께 하는 사회 구현을 목표로 다문화가족 자녀 맞춤형 지원체계 강화를 위한 실천과제 3개와 국정과제 48개를 수립하였다. 먼저 다문화가족의 가족구성 다양화와 장기 거주자 비중의 증가와 함께 학령기 자녀의 학교생활 부적응·학력 격차 등의 어려움이 심화되어 다문화 아동·청소년을 위한 성장단계별 맞춤형 지원과 결혼이민자 정착주기별 지원, 그리고 상호 존중에 기반 한 다문화 수용성 제고를 통해 다문화가족 정책의 추진 기반을 강화하고자 한다.

그림 12-11 제4차 다문화가족정책 기본계획의 개요

비전	다문화가족과 함께 성장하는 조화로운 사회	
목표	다문화 아동 · 청소년의 동등한 출발선 보장	다문화가족의 안정적 생활환경 조성

대과제	중과제
다문화 아동 · 청소년 성장단계별 맞춤형 지원	① 영유아 자녀양육 지원 ② 학령기 다문화 아동 학습역량 제고 ③ 다문화 청소년 진로개발 지원 ④ 다문화 아동 · 청소년의 정서안정 기반 조성
결혼이민자 정착주기별 지원	① 건전한 국제결혼 환경 조성 ② 다문화가족 가구상황별 맞춤형 지원 ③ 결혼이민자 경제활동 참여 확대 ④ 가정폭력 예방 및 피해자 보호
상호존중에 기반한 다문화 수용성 제고	① 다문화 이해교육 확대 ② 다양성 존중 인식 확산 ③ 다문화가족 사회참여 활성화
다문화가족정책 추진기반 강화	① 다문화가족정책 환류 시스템 구축 · 운영 ② 다문화가족 지원 서비스 접근성 제고 ③ 다문화가족정책 협력체계 강화

출처: 여성가족부(2023). 제4차 다문화가족정책 기본계획.

2) 다문화가족지원사업

여성가족부는 다문화가족의 안정적인 정착과 가족생활을 지원하기 위해 가족 및 자녀 교육·상담, 통·번역 및 정보 제공, 역량강화 지원 등 종합적인 서비스를 제공하여 다문화가족의 한국 사회 조기적응 및 사회·경제적 자립 지원을 도모하고자 다문화가족지원사업을 시행하고 있다.

다문화가족을 대상으로 지역 다문화가족지원센터와 가족센터가 제공하는 프로그램은 전국 230여 개의 센터에서 공통필수 사업과 지역에 따라 특성화

사업인 선택형 사업으로 구성되어 연중 제공되고 있다.

공통 필수 사업은 다음의 〈표 12-6〉과 같이 가족, 성평등·인권, 사회통합, 상담, 홍보 및 자원연계의 5개 영역으로 구성되어 있고, 사업 참여 모든 가족센터와 다문화가족지원센터에서 기본사업으로 공통적으로 수행하고 있다.

다문화가족 특성화사업은 별도지원 사업으로, 일부 기관에서만 운영되고 있으며 기본 사업과 마찬가지로 매년 연속적으로 시행되고 있다. 단지 다문화가족이 많이 거주하는 지역에서 〈표 12-7〉과 같이 다문화특성화에 따라 맞춤형 프로그램으로 선택적으로 운영되고 있다.

다문화가족 방문교육사업은 방문교육지도사가 한국어교육, 부모교육, 자녀생활서비스를 재택 방문하여 제공하는 서비스이다. 생활언어를 익히고 문화를 이해할 수 있도록 체계적·단계별 한국어교육과 언어·문화차이 등으로 자녀양육에 어려움을 겪지 않도록 결혼이민자에게 부모교육을, 그리고 자아·정서·사회성 발달에서 어려움을 겪지 않도록 다문화가족 자녀에게 자녀생활서비스를 제공한다.

다문화가족 자녀 언어발달지원사업은 체계적이고 전문적인 언어발달지원서비스 제공을 통해 다문화가족 자녀들이 건강한 사회구성원, 나아가 글로벌 인재로 성장할 수 있는 초석 마련하기 위해 시행된다. 다문화가족 자녀의 언어발달 상태를 평가하고, 의사소통에 어려움을 가진 아동에게 적절한 언어 교육을 실시함으로써 원만한 발달이 이루어지도록 돕는다. 또한 자녀의 언어 교육과 더불어 다문화 부모에게 상담 및 교육 방법을 제공함으로써 일상생활에서도 아동의 언어발달 촉진, 도모하는데 목적이 있다.

다문화가족 사례관리사업은 다문화가족의 복잡하고 다양한 문제 해결 및 욕구 해소를 위한 심리, 정서적 안정 및 자립 역량강화 지원 등 맞춤형 종합서비스 제공하는 사업이다. 체계적인 실적관리를 통한 사례관리 사업의 지원체계를 구축하고 안정화하기 위해 2024년부터 모든 다양한 가족을 대상으로 하는 사례관리사업이 통합되어 희망드림지원사업으로 운영하고 있다. 양질의 사례관리 서비스를 제공함으로써 결혼이민자 및 다문화가족의 안정적인 정착 기반을 마련하는 데 목적이 있다.

결혼이민자 통번역서비스 사업은 입국 초기 결혼이민자의 초기 정착 단계에서 경험하는 의사소통의 문제를 해결하기 위한 것으로 한국사회 조기 적응에 기여하고 통·번역 인력 채용등 사회적 일자리 확대로 결혼이민자의 자립 능력 및 주체적 역량을 강화하는 것이 목적이다.

이중언어 가족환경조성사업은 다문화가족 자녀가 가정 내에서 영유아기부터 자연스럽게 이중언어로 소통할 수 있는 환경을 조성함으로써 자녀의 정체성 확립 및 글로벌 인재로의 성장을 지원하는데 목적이 있다. 체계적이고 전문적인 부모 교육 및 부모자녀 상호작용 서비스를 제공하여 부모의 역량을 강화함으로써 부모와 자녀 간의 의사소통과 정서적 유대감 강화할 수 있다.

결혼이민자역량강화사업은 과거 한국어교육 및 취업역량강화 프로그램 사업이 변형된 것으로, 결혼이민자와 중도입국 자녀가 사회통합 프로그램과 차별화된 실용 한국어를 자율적으로 선택하도록 하여 다양한 학습 욕구를 지원하고 있다. 한국어교육과 취업교육 전에 기본적인 사전교육 프로그램을 이수하여야만 수강할 수 있다.

표 12-6 다문화가족지원 기본 필수 프로그램

구분	공통필수	선 택(예시)	비 고
가족	• 이중언어가족환경조성사업 (연간 10시간/20가정) • 다문화가족 학령기 자녀 입학 및 입시 정보 제공(부모 대상, 연간 4시간) ※ 상·하반기 각 1회	• 가족의사소통프로그램 • 가족관계향상 프로그램 • 결혼과 가족의 이해 • 가족의 의미와 역할 • 아버지교육 • 부모-자녀관계 및 자긍심향상프로그램 • 자녀교육프로그램 / 자녀성장지원사업 등 • 부모역할교육, 자녀건강지도 • 자녀생활지도 • 다문화가족자녀 사회포용안전망 구축 사업	연간 필수 14시간, 선택 26시간 이상 (이중언어코치 배치 센터는 공통필수 중 이중언어환경조성 프로그램 160시간 이상)

성평등·인권	• 가족 내 성평등 교육 • 다문화이해교육 • 인권감수성 향상교육 • 결혼이민자와 한국인 배우자·부모 대상 프로그램(多함께 프로그램) 등(2시간) • 폭력피해 대처 및 예방교육	• 결혼이민자 대상 인권교육 프로그램 • 다문화가족 관련법과 제도 • 이주민과 인권 • 찾아가는 폭력예방교육	20시간 이상 실시
사회통합	• 취업기초소양교육 • 구직자 발굴시 e새일시스템과 연계된 워크넷 등록 및 새일센터로 적극 연계 • 새일센터의 결혼이민자 대상 직업 교육훈련 개설 시 적극 협조(교육과정 설계·모집 등)	–	e새일시스템과 연계된 워크넷 등록 및 새일센터 연계 (10건 이상)
	• 다문화가족 나눔봉사단 소양교육 (4시간 이상) • 다문화가족 나눔봉사단 활동	• 한국사회적응교육 • 소비자·경제교육 • 학업지원반 운영 및 연계 • 다문화가족 자조모임 • 다문화인식개선 • 결혼이민자 멘토링프로그램 • 결혼이민자 정착단계별 지원 패키지 프로그램*(결혼이민자 자립지원 패키지 프로그램) 등 * 가족센터는 공통 필수 사업으로 실시 • 재난안전교육 • 다문화가족 교류·소통 공간 • 선거교육	15시간 이상 실시 (봉사자 소양교육 필수 4시간 포함)
상담	가족상담	• 개인상담 • 집단상담 • 사례관리 • 심리검사 • 위기가족 긴급지원 • 외부상담기관 연계 등	연간 80회기 이상
홍보 및 자원 연계	• 지역사회 홍보 • 지역사회네트워크 • 홈페이지운영 • 찾아가는 결혼이민자 '다이음' 등		센터 홈페이지 프로그램 안내 게시판에 익월 프로그램에 대한 안내글 게시(매월 30일까지)

출처: 여성가족부(2023). 2023년 가족사업안내(1).

표 12-7 다문화가족지원 특성화 프로그램(선택형)

<table>
<tr><th>구분</th><th>사업 내용</th></tr>
<tr><td>다문화
가족
방문
교육
사업</td><td>
<table>
<tr><th>세부사업</th><th>지원 대상</th><th>교육 내용</th></tr>
<tr><td>① 한국어
교육서비스</td><td>최초 입국 5년 이하 결혼이민자, 중도입국자녀</td><td>• 한국어교육 1~4단계
• 어휘, 문법, 화용, 문화</td></tr>
<tr><td>②
부모교육
서비스</td><td>생애주기별 각 1회 지원(총 3회 지원): 임신·출산·영아기, 유아기, 아동기</td><td>• 자녀양육 지원을 위한 부모교육(부모성장, 부모-자녀관계형성, 영양·건강관리, 학교·가정생활지도)
• 가족상담 및 정서 지원 서비스
• 기타 한국생활에 필요한 정보제공</td></tr>
<tr><td>③
자녀생활
서비스</td><td>만3세~만12세 이하 다문화가족 자녀·중도입국자녀
(초등 재학생은 만12세 초과해도 가능)</td><td>• 인지영역 : 독서코칭, 숙제지도, 발표토론지도
• 자아·정서·사회영역: 자아·정서·사회성 발달을 위한 지도
• 문화역량강화 영역: 문화인식, 정체성 확립, 공동체 인식지도
• 시민교육영역: 기본 생활습관, 건강 및 안전, 가정생활, 진로지도</td></tr>
</table>
• 운영시간 : 주 2회, 회당 2시간 서비스 제공 ※ 2시간 서비스 제공시간 중 20분 이내 휴게시간 준수
• 서비스 제공 기간: 매년 1월 ~12월(※ 본인 부담금 차등적용)
- 한국어교육서비스, 자녀생활서비스: 1회(80회) 원칙
- 부모교육서비스: 1회(40회) 원칙, 생애주기별 3회 지원
• 서비스 제공 방법
- 개별수업: 지도사와 대상가정 1:1 수업
- 그룹수업: 2가정 이상을 1개 반으로 그룹화 하여 수업(대상자 최대 3명까지)
</td></tr>
<tr><td>다문화
가족
자녀
언어
발달
지원
사업</td><td>• 지원 대상: 언어평가 및 언어교육이 필요한 다문화가족 자녀(만 12세 이하)
※ 지역 상황에 따라 외국인가족, 북한이탈주민가족 등 지원 가능
- 초등학교 재학 중인 아동의 경우 만 12세를 초과하여도 사업 대상에 포함
• 사업 내용
① 다문화가족 자녀 언어평가, ② 다문화가족 자녀 언어교육
③ 부모상담 및 교육 - 부모상담(1:1), 부모교육(2인 이상), 사후상담
그 외, 다문화 언어발달지도 모집, 양성교육, 보수교육 및 이용자 만족도 조사가 포함됨
• 서비스 제공 기간 : 매년 1월~12월
- 서비스 연장은 1회(6개월)교육 진행이 완료된 아동 최대 3회(최대 총 24개월)까지 가능</td></tr>
<tr><td>다문화
가족
사례
관리
사업</td><td>• 지원 대상: 다문화가족지원센터 회원 및 그 가족 등
- 다문화가족, 외국인근로자, 외국인유학생, 재외동포(외국국적동포+재외국민), 난민, 북한이탈주민가족 외 중위소득 100%이하의 취약위기가족
• 서비스 유형: ① 위기관리 가구, ② 일반형 관리 가구, ③ 통합형 관리 가구
• 서비스 제공 기간: 매년 1월~12월
- 서비스 연장은 1회(6개월)교육 진행이 완료된 아동을 최대 3회(최대 총 24개월)까지 연장 가능</td></tr>
<tr><td>결혼
이민자
통번역
지원
사업</td><td>• 지원 대상: 다문화가족 및 다문화가족을 직·간접적으로 지원하는 개인 또는 기관
• 해당 언어: 결혼이민자 주요 출신국 언어- 베트남어, 중국어, 필리핀어(영어, 타갈로그어), 몽골어, 태국어, 러시아어, 캄보디아어, 일본어, 네팔어 등 센터별 1~4개 언어
• 지원 대상: 다문화가족 및 다문화가족을 직·간접적으로 지원하는 개인 또는 기관
• 해당 언어: 결혼이민자 주요 출신국 언어- 베트남어, 중국어, 필리핀어(영어, 타갈로그어), 몽골어, 태국어, 러시아어, 캄보디아어, 일본어, 네팔어 등 센터별 1~4개 언어
• 서비스 유형: 통역, 번역, 정보제공 등 이외, 통번역 전담 인력의 채용, 양성 및 보수교육 실시</td></tr>
</table>

<table>
<tr><td></td><td>• 서비스 이용 방법: 내방, 전화, 이메일, 팩스, 출장(외부) 등(신청인이 편리한 방법으로 진행)
• 서비스 제공 기간: 1월~12월(무료 원칙)</td></tr>
<tr><td>결혼 이민자 역량 강화 지원</td><td>• 지원 대상: 결혼이민자, 중도입국자녀 등
• 사업 내용: 결혼이민자 역량강화지원 교육 과정 참여(실생활에 유용한 7개 과정의 한국어 교육)
• 서비스 이용 방법: 위탁 운영 기관(다문화, 외국인 관련기관)에 참여 신청 및 사전교육(인권, 양성평등, 가정폭력 등) 이수 후 교육 참여 가능
• 서비스 제공 기간: 3월~12월</td></tr>
<tr><td>이중 언어 가족 환경 조성 사업</td><td>• 지원 대상: 만 12세 이하 자녀를 둔 다문화가족(예비부모 및 만 12세 이하 자녀를 둔 다문화가족)
• 사업 내용
<table>
<tr><th>영 역</th><th>내 용</th><th>운영시간</th></tr>
<tr><td>이중언어 부모코칭</td><td>• 결혼이민자 및 한국인 배우자 대상 이중 언어 사용의 중요성 및 인식 개선 교육
• 아동의 발달 및 부모의 역할과 올바른 의사소통기술 등 가족의 역할 교육</td><td>20시간</td></tr>
<tr><td>부모자녀 상호작용 프로그램</td><td>• 가정 내 활용할 수 있는 다양한 신체활동 등 이중 언어를 사용하여 놀이 활동 프로그램 운영
• 동요·동화 등 교구 교재를 활용한 상호작용 코칭</td><td>120시간, 총 30가정 이상 (20시간/그룹, 2가정 이상/그룹)</td></tr>
<tr><td>이중언어 교실</td><td>• 다문화가족 자녀의 이중언어 능력을 개발하기 위하여 다양한 교재를 활용한 이중언어 교실 운영</td><td>20시간</td></tr>
<tr><td>이중언어 활용 프로그램</td><td>• 각국 결혼이민자 주체로 이중 언어 사용지지를 위한 부모지지체계 형성의 장마련
• 자녀와 상호작용하는 다양한 지식과 정보·방법 등을 공유
• 부모와 자녀가 함께 참여해 출신국 언어를 활용할 수 있는 내용으로 구성(예: 베트남의 날-베트남 음식 나누기, 전통놀이 등을 베트남어만 사용하기 등)</td><td>20시간</td></tr>
<tr><td>가족코칭</td><td>• 부모-자녀 상호작용프로그램에 참여하는 가정 중 희망하는 가정을 대상으로 가족 초청 또는 가정 방문을 통해 가족 구성원 전체(배우자, 시부모 등)에 대한 코칭 실시</td><td>자율운영</td></tr>
</table>
• 서비스 유형: 통역, 번역, 정보제공 등. 그 외 사전검사, 사후 검사, 만족도 조사
• 서비스 제공 기간: 1월~12월(160시간, 40가정 이상/ 이중코치 미배치 센터: 10시간, 20가정 운영)</td></tr>
</table>

출처: 여성가족부(2023). 2023년 가족사업안내(2).

다문화가족지원사업의 기본 필수 프로그램과 특성화사업의 프로그램의 구체적인 운영 내용과 방법은 〈표 12-6〉과 〈표 12-7〉에 소개하였다.

이외에도 지방자치단체별로 자체 예산으로 별도의 다문화 관련 사업을 수행하기도 한다. 지역의 시민단체가 연합하여 지역 주민들이 함께 어우러져 지역 축제 형식으로 운영하는 경우가 증가하고 있다. 지역사회 단위로 지역 다문화

축제를 통해 다문화가족과 이주노동자들에 대한 인식개선과 세계문화를 함께 공유, 체험하는 기회로 삼는다. 과거에는 지방자치단체가 후원하는 형식으로 이루어지는 경우가 많았으나, 최근 다문화가족과 이주노동자 및 유학생, 여행자 등 장기국내체류자들이 증가하면서 지방자치단체가 직접 공공 및 민간 기관뿐 아니라 기업체의 후원과 참여를 이끌어 내어 광범위한 대규모 지역사업으로 운영하기도 한다.

5 다문화가족정책의 과제와 방향

다문화가족에 대한 사회적 관심이 비교적 2000년대 이후 단기간에 높아지고 그 숫자도 증가면서, 우리나라는 다문화가족지원에 대한 관련법과 전달체계 및 정책과 서비스를 단시간 내에 마련하여 왔다. 여성가족부를 비롯한 여러 부처에서 결혼이민자의 결혼단계에서부터 정착, 적응에 이르기까지 다양한 서비스를 지속적으로 제공하여 왔음에도 단시간의 긴급한 문제를 해결하는데 집중하여 체계적이고 장기적인 접근이 이루어지지 못한 것이 사실이다. 한국어교육 외에 여러 사업에서도 관련 부처 간의 정책중복과 연계 미흡 및 서비스 전달에 있어서의 사각지대 문제들이 항상 제기되어왔다.

또한 최근까지도 다문화정책이 결혼이민자를 대상으로 하는 사업이 한국어교육에 치중되어 있고 전체 가족을 대상으로 하는 통합적 서비스 지원은 미흡한 상황이다. 결혼이민자와 다문화가족에 대한 정책적 지원이 앞으로 한국인으로서 살아갈 중·장기적 전망에 입각하여 국가적 차원의 국제사회에 대비한 미래전략으로서, 또는 적극적 인재 육성의 차원에서 고려되어야 하지만 현재까지는 선별적 시혜성 지원에 집중되어 있는 것이 현실이다.

따라서 다문화가족에 대한 정책적 지원이 코로나 팬데믹 이후 국경의 경계가 허물어진 무한 경쟁의 국제사회에서 전체 국민대상의 사회통합정책 진정한 다문화사회 구현의 기반이 되기 위해서는 다음과 같은 다문화가족정책의 과제 및 방향에서 보다 광범위하게 고민할 필요가 있다.

(1) 동화주의를 넘어 다문화 수용성과 다양성을 높이는 사회통합적 환경조성

여성가족부에서 실시한 '2018년 국민다문화 수용성 조사'에 의하면 국민의 다문화수용성이 일반적인 보편적인 사회적 바람직성을 측정하는 세계 시민 행동의 측면세서는 동의 수준이 높아지고 있지만 이주민에 대한 일반적 동화기대는 날로 증가하고 있다고 나타났다. 즉 우리 국민의 다문화 수용성을 일반적 인식 측면에서는 지속적으로 상승하고 있으나 실제 이주민들과의 직접적 교류를 하는 등의 실질적 통합 측면에서는 수용성이 오히려 낮아지는 경향을 보이고 있다(장연진 · 김영미, 2021).

아직까지 문화적 다양성과 수용성의 측면에서 공존보다는 동화주의적 경향이 높고, 다문화정책 역시 다문화가족이 보호나 돌봄의 대상이라는 시각, 그리고 문화정체성에 대한 인정보다는 주류문화집단과 동등해지기 위한 노력에 초점을 맞추고 있다. 이주자들이 가진 고유의 문화를 접어둔 채 한국의 상황에 적응해야 상황이 아니라, 자신의 문화를 인정받을 수 있는 사회적 환경이 마련되고, 그 토대 위에 자연스러운 사회적 통합이 진행되어야 한다.

다문화 이해교육이 초 · 중고등학교에서 꾸준히 이루어지고 있지만 아직도 많은 사람들이 일반 국민이자 이웃으로 다문화가족을 동등하게 수용하기보다 국제사회에 걸맞게 보편적으로 그래야 한다는 일반적 수준에서 이들을 받아들이는 정도이다. 따라서 다문화가족이 한국에서 생활하면서 느끼는 차별과 편견은 여전히 사라지지 않고 있다. 다문화 수용성의 질적 향상, 즉 다양한 문화의 차이 이해와 인정 및 문화 간 차이로 인한 불평등 문제에 대한 비판적 시각을 통해 다문화사회의 사회통합적 환경을 조성할 수 있는 프로그램이나 정책이 요구된다.

(2) 다문화가족 내 다양한 유형별 욕구에 대한 지원

다문화가족의 결혼이민자뿐 아니라 한국 내 다양한 이유로 장기체류하거나 생활하는 사람들이 증가하고 있다. 즉 북한이탈, 해외귀화동포와 귀화자, 난민 등이 능가하고 다문화가족 내에서도 다양한 욕구를 지닌 가족들이 증가하고 있다. 장기 정착한 다문화가족이 증가하면서 가정폭력의 피해자뿐 아니라 이혼이나 사별로 인한 다문화 한부모가족도 늘고 있다. 자자체별로 다문화가족을 위한 지원 사업들이 많이 늘어나고 최근에는 이주노동자지원센터도 생겨나고 있지만 다문화가족 관련 지원이 지역마다 차이를 보이고 정보 부족이나 언어소통의 어려움으로 서비스 접근과 이용에 어려움이 많다. 다문화가족 내에서도 자녀의 연령, 거주 지역, 가정폭력 발생 여부 및 한부모 가족 여부 등에 따라 다양한 욕구들이 발생하고 있으나 이를 모두 세분화하여 지원하기에는 행정적 예산상의 무리가 있다.

또한 현재의 다문화가족을 위한 서비스는 결혼이민자와 다문화가족의 초기 적응이나 자녀의 양육과 교육 등 중기 생활에 맞추어져 있다. 그러나 시간이 흐름에 따라 결혼이민여성도 중장년이 많아지고 다문화 자녀들도 성장하면서 다문화부모들의 연령도 높아지고 있다. 특히 연령차가 많게 결혼하는 경향이 높아 향후 가족생활주기 상 은퇴나 노후준비, 자녀의 사회진출 등 거시적으로 한국 다문화사회의 생애주기를 고려하는 정책들도 구상하고 실행할 준비가 이루어져야 할 것이다.

(3) 부처 간 협조체계 및 전달체계 간 협력 강화

현재 시행되는 다문화정책은 다문화가족지원정책을 총괄하는 여성가족부와 법무부, 교육부, 노동부, 행정자치부 등에서 각기 업무와 관련된 부분의 다양한 세부 사업들을 진행 중이다. 따라서 정부 부처 간의 협조체계가 마련되기 위해서는 현재 다문화가족지원정책을 총괄하고 있는 여성가족부가 다문화 관련 정책을 함께 실시하고 있는 법무부, 교육부, 보건복지부 등과 세부과제와 이행상황을 점검할 수 있는 관련 부처 담당부서 간 정보 네트워크를 구축하여 중복되거나 상충하는 정책을 조율할 수 있는 기구나 조직을 마련하어야 한다. 또한 중앙부처와 지방자치단체 간의 협력 강화도 역시 필요하다. 다문화가족이 많이 거주하는 지방자치단체의 경우에는 지역 특수성을 고려한 정책 개발이 필요하다. 중앙부처는 지방자치단체에 정책적 자율성을 부여하면서 효과적으로 정책을 수행할 수 있도록 지원하고, 광역단체는 다문화지원 인프라 구축과 사업지원을 담당하며, 기초단체는 사업 이행에 전념하여 각각의 역할이 조화를 이루고 협력할 수 있는 기틀을 마련하여야 할 것이다. 예를 들어 과거부터 다문화가족을 위한 한국어교육과 가족교육 및 상담 등을 지원해온 다양한 민간단체들이 지역사회 내에 존재하므로 이들 단체 간의 서비스 중복문제가 발생하지 않도록 조정 및 협의 기구가 정부 부처 차원에서도, 지역사회 단위에서도 필요하다. 정책이 중복되거나 상충됨으로써 예산의 비효율적 문제가 지속적으로 발생하기 때문이다. 다문화가족 자녀의 학교생활 적응 지원사업의 경우에도 여성가족부와 문화체육관광부 그리고 교육부의 프로그램 내용이 유사하게 이루어지고 있으며, 결혼이민자의 일자리 제공사업도 여성가족부, 고용노동부, 교육부, 행정자치부, 보건복지부가 제 각각 취업지원 및 일자리개발 사업을 추진하고 있어 유사하거나 동일한 사업들이 중복되어 진행되고 있다.

따라서 다문화가족정책과 관련하여 국가 예산의 낭비를 막고 명확한 정책효과를 얻기 위해서는 다문화가족을 위한 정책총괄부처 중심의 서비스전달체계가 마련되어야 할 필요가 있다. 각 부처 간의 사업을 조정하고 역할과 기능을 명료하게 하는 강력한 추진체계가 구성되어야 하며, 부처 간 기능에 있어서도 책임의 명료화가 필요하다.

(4) 다문화가족정책 대상과 법적 범위 확대

현재 다문화가족정책 지원대상은 결혼이주자 및 귀화자와 그 가족, 그리고 최근 들어 일부 사업의 경우, 유학생과 북한이탈주민까지 포함되어 있지만, 대부분의 정책내용은 결혼이주자와 그 가족을 중심으로 한 지원내용이 주를 이루고 있다.

특히 저출생의 영향으로 점차 젊은층의 노동인력이 부족해지고 산업별로 편중됨에 따라 고용노동부의 이주노동자들을 산업 인력으로 대거 입국시키고자 한다. 또한 학령인구의 감소로 인해 많은 대학들은 부족한 대학생을 외국 유학생을 유치하여 채우려하고 있다. 또한 세계적으로 재난재해와 전쟁으로 인하여 난민이 증가하고 우리나라의 인구감소로 인해 해외동포의 귀화와 북한이탈주민의 수용이 늘어나고 있다. 그러나 한국 사회의 다문화가족 지원정책은 아직까지 결혼이주여성과 그 가족을 중심으로 대부분 이루어지는 것이 현실이므로, 진정한 다문화사회로 가기 위해서는 한국 내의 다양한 외국인 전반을 아우르는 다문화정책이 보다 체계적이고 미래지향적으로 수립되어야 할 것이다.

(5) 폭력에 대한 법적, 제도적 보완 강화

다문화가정에서의 부부갈등이 심각하고 이혼과 가출 등의 가족해체 현상이 심각해지는 배경에는 좀 더 나은 삶과 취업을 위해 결혼을 선택하는 이주여성들에 대한 결혼알선업체들의 경제적 착취와 인권 유린 및 성혼중심주의가 그 원인이다. 국제결혼중개업과 관련된 법률의 제정 및 개정을 통해 혼인비자 발급절차와 심사서류의 표준화하고 인권 존중적 중개절차를 마련하였음에도 국제결혼 당사자의 권익을 보호하고, 사기결혼이나 위장결혼을 차단하기는 여전히 어려운 상황이다.

또한 다문화가족이 가정폭력 및 성폭력의 피해를 입었을 때 긴급전화와 일시보호 등의 체계는 마련되어 있으나 한국에서의 주거 및 자립 지원은 아직 미흡한 상태이다. 또한 다문화가족은 복합적 욕구 특성으로 인해 이들의 문제가 가정폭력 및 성폭력만이 아니라 자녀들의 학교 부적응, 남편 및 본인의 적응 어려움, 가족의 경제적 위기 등 다양한 위기 및 어려움과 연관되어 있으므로, 다문화가정의 안정적인 가족생활의 지원과 함께 다문화가족의 위기상황에서 가족을 보호하기 위한 전문적 대처가 강화되어야 할 것이다.

생각해 봅시다

1 다문화가족이 주인공인 시청각 자료(영화, 연극, 드라마 등)를 함께 보고 그들의 성공적 적응에서 자원이 된 요인들은 무엇인지 생각해 봅시다.

2 다문화가족에게 갖는 우리의 생각과 느낌을 구체적으로 정리해 보고 이를 통해 우리가 가지고 있는 선입견이나 편견은 어떠한 것이 있는지 생각해 봅시다.

3 다문화가족의 삶의 질을 향상시키고 사회통합을 이루어내기 위해 어떤 지원들이 이루어져야 되는지 생각해 보고, 현재 진행되고 있는 내용, 향후 진행되었으면 하는 정책을 정리해서 발표해 봅시다.

참고문헌

고명석, 김경원, 박선민 (2016). **가족복지론**. 서울: 동문사.

교육부, 교육개발원 (2021). 2021 다문화학생 통계.

김규식, 소진광 (2016). 여성 결혼이민자 한국 사회 정착화 과정 연구. **한국지역개발학회지, 28**(2), 205-238.

김유경, 최현미, 최소연, 김가희 (2013). 다문화가족 지원기준 개선방안 연구. 보건사회연구원.

김인선, 배희옥 (2012). 결혼이주여성 한국인 남편의 결혼적응에 관한 연구. **사회과학연구, 28**(3), 1-21.

김제선 (2022). **문화다양성과 다문화 사회복지**. 서울: 도서출판 어가.

농촌여성신문 (2023.06.10.). 결혼이민여성 절반 이상 직장생활 어려움 없어요. www.rwn.co.kr/news/articleView.html?idxno=71765

문혁준, 손서희, 김상림, 양성은, 임양미, 전영주 (2015). **건강가정론**. 서울: 창지사.

법무부 (2022). 결혼이민자 통계현황.

법무부 출입국, 외국인정책본부 (2023). 출입국 · 외국인정책 통계월보 2023년 1월호

법제처 (2022). 국가법령정보센터.

설동훈 (2013). 가족과 다문화. **월간 복지 동향, 175**, 28-32.

손병덕, 황혜원, 전미애 (2014). **가족복지론**. 서울: 학지사.

여성가족부 (2020). 제4차 다문화가족정책 기본계획(2013~2017).

여성가족부 (2021). 제4차 다문화가족 실태조사결과.

여성가족부 (2022). 다문화가족 관련 통계 현황.

여성가족부 (2023). 2023년 가족사업 안내(2).

장연진, 김영미 (2021). **가족복지론: 정책과 실천의 통합적 이해**. 서울: 도서출판 신정.

차성란, 정영금, 정지영, 윤소영, 조성은 (2015). **가족정책론**. 파주: 양서원.

통계청 (2021). 2020 인구주택총조사.

통계청 (2023). 다문화 인구 동태 통계.

저자소개

▪ 도미향

숙명여자대학교 대학원 아동복지학과 졸업(이학박사)
남서울대학교 대학원장, 아동복지학과 교수
한국부모교육학회 회장
(사)한국보육코칭협회 이사장
전) 한국가족복지학회 및 한국코칭학회 회장, 전국시군구육아종합지원센터협의회 회장
저서: 아이가 달라지는 엄마의 말, 가족정책론(공저), 가족복지론(공저), 아동복지론(공저), 성공적인 부모코칭(공역), 인간행동과 사회환경(공저) 외 다수

▪ 강기정

숙명여자대학교 대학원 가정관리학과 졸업(이학박사)
백석대학교 사회복지학부 교수 / 평생교육원 원장
전) 한국가족복지학회 회장, 한국부모교육학회 회장
저서: 가족정책론(공저), 가족복지론(공저) 외 다수

▪ 박경애

가톨릭대학교 대학원 사회복지학과 박사졸업(문학박사)
세한대학교 사회복지상담학과 부교수
장애아가족양육지원사업평가위원장(2021년~)
대한아동복지학회이사, 당진시사회복지재단이사
전) 가족센터 평가위원 역임(2023년)
저서: 인간행동과 사회환경(공저), 사회복지실천론(공저) 외 다수

▪ 이무영

숙명여자대학교 대학원 아동복지학과 졸업(문학박사)
성균관대학교 대학원 사회복지학과 졸업(사회복지학박사)
대덕대학교 사회복지과 교수
전) 광신대학교 사회복지상담학과 교수 및 부설 학생생활연구소 소장
저서: 가족정책론(공저), 가족복지론(공저), 아동복지론(공저), 사회복지실천론(공저) 외 다수

▪ 정지영

이화여자대학교 대학원 가정관리학과 졸업(문학박사)
여주대학교 사회복지상담과 교수
대한가정학회 가정학실천위 위원장
저서: 사회복지학개론(공저), 사회복지 현장실습(공저), 가족정책론(공저), 건강가정론(공저), 건강가정현장실습(공저) 외 다수

가족정책론(5판)

초판발행 2009년 9월 10일 **1판 1쇄 발행** | 2010년 9월 10일 **1판 2쇄 발행**
2판발행 2012년 3월 10일 **2판 1쇄 발행**
3판발행 2016년 9월 10일 **3판 2쇄 발행**
4판발행 2018년 3월 10일 **4판 1쇄 발행** | 2019년 3월 10일 **4판 2쇄 발행**
2019년 9월 10일 **4판 3쇄 발행**
5판발행 2024년 3월 10일 **5판 1쇄 발행**

지은이 도미향 강기정 박경애 이무영 정지영
펴낸이 최용구 | **펴낸곳 도서출판 신정**
주소 (04316) 서울시 용산구 원효로 89길 19(원효로1가)
전화 02)3211-4782, 0266(영업부), 3211-4783(편집부), 3211-4784(팩스)
이메일 shinjeong72@naver.com | **홈페이지** www.sjbook.co.kr
등록 2001년 5월 11일 제13-702호
기획마케팅 최용구 장만동 송대용 최충구 | **책임편집** 석기은 황가연

ISBN 978-89-5912-907-2 93590
정가 24,000원